Ullstein Sachbuch

Über den Autor:

Kurt (Hermann Eduard Karl Julius) Schwitters wurde am 20. Juni 1887 in Hannover geboren. Nach dem Studium an der Berliner Akademie zog Schwitters 1919 nach Hannover, wo er für seine Kunst – aus der zufälligen Fragmentisierung des Wortes ›Commerz‹ – den Begriff ›Merz‹ prägte. Von 1923 bis 1932 war er Herausgeber der Zeitschrift MERZ. 1935 emigrierte er nach Norwegen, 1940 nach England, wo er am 8. Januar 1948 in Ambleside (Westmoreland) starb.

Schriften: Gedichte: *Anna Blume*, 1910; *Die Kathedrale*, 1920; *Die Blume Anna*, 1923; Dichtung: *Memoiren Anna Blume in Bleie*, 1922; Prosa: *Auguste Bolte*, 1923; *Die Scheuche*, 1925; *La Loterie du Jardin Zoologique*, 1951; *Die Märchen vom Paradies von Kurt Schwitters*, 1979 (Faksimileausgabe der ersten Ausgabe Hannover 1924)

Über den Herausgeber:

Ernst Nündel (1930–1982) studierte in Jena, Greifswald und Münster/ Westfalen. Er wurde 1969 Professor an der Pädagogischen Hochschule Lüneburg, lehrte ab 1973 an der Universität Erlangen-Nürnberg, von 1977 bis 1982 an der Rheinisch-Westfälischen Technischen Hochschule Aachen.

Veröffentlichungen: *Kunsttheorie und Kunstpädagogik* (1971), *Die Kunsttheorie Thomas Manns* (1972), *Angenommen: Agamemnon* (mit W. Schlotthaus, 1978), *Kurt Schwitters* (Monographie, 1981) u. a.

Kurt Schwitters

Wir spielen,
bis uns der Tod abholt

Briefe aus fünf Jahrzehnten
Gesammelt, ausgewählt und
kommentiert von Ernst Nündel

Ullstein Sachbuch

Ullstein Sachbuch
Ullstein Buch Nr. 34324
im Verlag Ullstein GmbH,
Frankfurt/M – Berlin

Ungekürzte Ausgabe

Umschlagentwurf:
Hansbernd Lindemann
Alle Rechte vorbehalten
© 1974 by Verlag Ullstein GmbH,
Frankfurt/M – Berlin
Printed in Germany 1985
Gesamtherstellung:
Ebner Ulm
ISBN 3 548 34324 4

Januar 1986

CIP-Kurztitelaufnahme
der Deutschen Bibliothek

Schwitters, Kurt:
Wir spielen, bis uns der Tod abholt:
Briefe aus 5 Jahrzehnten / Kurt Schwitters.
Ges., ausgew. u. kommentiert von
Ernst Nündel. – Ungekürzte Ausg. –
Frankfurt/M; Berlin: Ullstein, 1986.
  (Ullstein-Buch; Nr. 34324: Ullstein-
  Sachbuch)
  Früher als: Ullstein-Buch; Nr. 3381
  ISBN 3-548-34324-4
NE: Nündel, Ernst [Bearb.]; GT

INHALT

VORBEMERKUNG

Ein solches Buch bedurfte der Mithilfe vieler. Es ist unmöglich, ihnen allen an dieser Stelle namentlich zu danken, und ich hoffe auf Verständnis, daß ich es so pauschal tun muß.

Besonders nennen aber muß ich Frau Marguerite Arp-Hagenbach, Frau Elisabeth Buchheister, Frau Grete Dexel †, Herrn Prof. Dr. Walter Dexel †, Frau Nelly van Doesburg †, Herrn Cesar Domela, Frau Dr. Carola Giedion-Welcker †, Frau Lotte Gleichmann-Giese, Herrn Raoul Hausmann †, Herrn Robert Michel, Frau Marthe Prevot, Frau Kate T. Steinitz †, Frau Edith Tschichold, die Mitarbeiter der Stadtbibliothek Hannover, des Sturm-Archivs in der Staatsbibliothek Preußischer Kulturbesitz Berlin, des Bauhaus-Archivs Berlin und der Yale University Library New Haven.

Am meisten zu Dank verpflichtet bin ich jedoch Herrn Ernst Schwitters, der mir großzügig die Arbeit im Schwitters-Archiv in Lysaker ermöglicht und mit Rat und Auskunft zu Verfügung gestanden hat.

EINLEITUNG

Diese Briefe sind Dokumente besonderer Art. Sie markieren die Spur eines Individualisten, der sich heute als Repräsentant seiner Epoche und, so will es scheinen, noch oder gerade der unsrigen erweist. Der scheinbare Widerspruch zwischen Originalität und Repräsentanz sollte nicht verblüffen, er ist vielmehr konsequenter Ausdruck einer bedingungslos auf das Paradox gestellten Existenz, der seit Kierkegaard künstlerisch allein möglichen. Dazu gehört auch die Untrennbarkeit von Kunst und Leben, Privatem und Öffentlichem, Gedanke und Tat, und das rechtfertigte schon die Herausgabe dieser Briefe.

Es ist nicht die einzige Rechtfertigung. Anekdoten, solche mit wahrem Kern ebenso wie böswillig erfundene, haben lange Zeit Kurt Schwitters' wahre Leistung, das künstlerische Element, den tiefen »Ernst des leichten Spiels«, die Odyssee seines Lebens, seinen Kampf ums Überleben verdeckt, verharmlost und verzerrt. Seit seiner Wiederentdeckung in den fünfziger Jahren hat sich die Publizistik bemüht, sein wahres Bild wiederherzustellen, sein Leben und die Entstehung seiner Arbeiten nachzuzeichnen. Es gibt die Apotheose von Stefan Themerson, die monumentale Monographie von Werner Schmalenbach, die deutsche und erweiterte amerikanische Fassung des Erinnerungsbuches von Kate T. Steinitz, die Einleitung zu den Anna-Blume-Texten von Ernst Schwitters, das für das literarische Werk aufschlußreiche Buch von Friedhelm Lach* und eine große Zahl bescheidenerer Versuche, die Hans Bolliger gewissenhaft bibliographiert hat – und was sagt Schwitters selbst dazu? »Nur Kurt Schwitters kann über Kurt Schwitters schreiben.« Die Briefe

---

* Inzwischen erschienen weitere umfassende Arbeiten zum Werk Kurt Schwitters: Mary E. Burkett, *Kurt Schwitters, Creator of Merz*, Ulverston, Cumbria 1979. – Heinz E. Hirscher, *Der Merz-Künstler Kurt Schwitters und sein Materialbild*, Stuttgart 1978. – Stefan Lohr und János Nádasdy, *Die Geschichte der Aktion Kurt-Schwitters-Platz*, Hannover 1979. – Bernd Scheffer, *Anfänge experimenteller Literatur*. Das literarische Werk von Kurt Schwitters, Bonn 1978. – Ernst Nündel, *Kurt Schwitters* (Bildmonographie), Reinbek 1981.

sind das Buch, das Schwitters über sich selbst nicht geschrieben hat. Sie sind die Biographie, die kein anderer schreiben kann: erlebte und erlittene, erdachte und verarbeitete Wirklichkeit, naiv und durchtrieben, direkt und verfremdet vermittelt. Diese Briefe sind der Rohstoff, aus dem sich der Leser selbst ein Bild von Schwitters machen muß.

Wie bei jedem Rohstoff ist er auf die unterschiedliche Ergiebigkeit der Funde angewiesen. So ist die Jugendzeit durch gar keinen und die Studienzeit nur durch einen Brief belegt. Aus den Jahren des Ersten Weltkriegs, der Tätigkeit im Eisenwerk Wülfel fehlt jedes Zeugnis. Dafür sind sehr viele Stücke der ausgedehnten Korrespondenz in den zwanziger Jahren erhalten. Im folgenden Jahrzehnt, insbesondere vor der endgültigen Emigration nach Norwegen, hat sich Schwitters aus gebotener Vorsicht sehr zurückgehalten. Deshalb ist ein Brief wie der an Tristan Tzara 1936 von besonderer Bedeutung, in dem er auf das den Nationalsozialismus decouvrierende Bildmaterial anspielt, das Schwitters aus dem faschistischen Deutschland ins Ausland geschmuggelt hatte. Nach Kriegsende entfaltete er wiederum eine unerhörte briefstellerische Aktivität. Die Briefe aus den letzten Lebensjahren sind außerdem oft sehr umfangreich, 12 oder 16 Seiten sind keine Seltenheit. – Trotz dieser unterschiedlichen Verteilung der gesamten Briefe, auf die unsere Auswahl angewiesen ist, läßt sich daraus die Biographie ohne Mühe und angemessener als auf jede andere Weise erschließen, denn die nicht belegten Zeiten und Begebenheiten treten aus ihrem Dunkel durch Berichte und Anspielungen in den erhaltenen Stücken, und zwar so, wie Schwitters sie gesehen und empfunden hat oder wie er wollte, daß die Umwelt sie verstehen sollte.

Wenngleich dieser Band also auch als Autobiographie in Briefen gelesen werden könnte, so wird, wer »Enthüllungen« erwartet, nicht auf seine Kosten kommen. Es verstand sich von selbst, daß auf Briefe oder einzelne Passagen verzichtet wurde, deren Veröffentlichung noch lebende Personen als Indiskretionen hätten empfinden können, ebenso wurden viele Briefe bloß familiären Inhalts nicht aufgenommen. Aber auch in der nicht veröffentlichten Korrespondenz gibt es nichts Kompromittierendes, weil dies seinem innersten Wesen zuwider gewesen wäre. Schwitters war vielmehr ein zur Freundschaft ganz ungewöhnlich begabter Mensch, der von der Relativität aller Normen und Standpunkte überzeugt, jeden in seiner Besonderheit und auch Absonderlichkeit anerkannte. Auch seine Gegner hat er im Grunde nie böswillig verletzt, er hat sie – wie Richard Huelsenbeck oder Ernst Cohn-Wiener – humoristisch abgefertigt, aber nicht diffamiert, weil er auch die Auffassung, die er nicht teilte, gelten ließ. »Alles stimmt, aber auch das Gegenteil. Deshalb und desganz gebe ich jedem recht« (26. 2. 40).

Seine Briefe zeigen, mit wie vielen und mit wie verschiedenen Zeitgenossen Schwitters in Verbindung gestanden hat. So wie andere Briefmarken, Trophäen oder Kunstwerke sammeln, so hat Schwitters Menschen gesammelt. Es ist bezeichnend, daß die frühesten erhaltenen Aufzeichnungen Adressen in einem Schulheft sind. Aber nicht nur die Zahl seiner menschlichen Verbindungen war ungewöhnlich, auch ihre Intensität war es. Selbst in Zeiten eigener Not hat er versucht, anderen zu helfen, nicht als lebensfremder Altruist, sondern mit nüchternem Geschäftssinn und nicht ohne List. Aus den Briefen und Karten der zwanziger Jahre geht hervor, wie er die Bilder der Freunde auf seinen häufigen Reisen quer durch Deutschland und ins angrenzende Ausland mit sich geführt hat, um sie an den Mann zu bringen. Die Korrespondenz der Exiljahre dokumentiert, daß er, selbst gefährdet, auch dann noch zu helfen versuchte.

Am stärksten aber war die Bindung zur Familie. Die wenigen Briefe, die aus der großen Zahl der an seine nächsten Angehörigen gerichteten ausgewählt wurden, beweisen einen ausgesprochen »bürgerlichen« Familiensinn des »Bürgerschrecks« Schwitters, ein weiteres Paradoxon, ohne das Schwitters nicht Schwitters gewesen wäre. So erwog er den Plan eines Buches »mit dem Titel: ›Die Schwitters‹« (5. 9. 46), dessen ersten Teil die Briefe seiner Mutter bilden sollten. Die dominierende Rolle jedoch hat seine Frau Helma gespielt. 1939 schrieb er an sie: »Ich bilde mir oft ein, für die Kunst zu leben, aber jetzt weiss ich, ich tue es nicht. Denn das Beste und Schönste im Leben und im Tode bist mir Du.«

Mehr als für eine äußere stellen diese Briefe das Rohmaterial für eine innere Biographie dar. Sie sind Ausdruck eines Selbstverständnisses, das unter der Oberfläche vielgestaltiger Erscheinungsformen seine Identität unbeirrt festhält: »Tempora mutantur, aber ich kann das nicht« (6. 10. 46). »In meiner Seele leben so viele Herzen, als ich Jahre gelebt habe. Denn ich gebe nie eine Periode auf, in der ich mit Energie gearbeitet habe« (19. 12. 46). Trotz mancher Äußerungen dieser Art darf man jedoch keine schlüssigen theoretischen Rechtfertigungen und Interpretationen seiner künstlerischen Tätigkeit, seiner Werke und Aktivitäten erwarten. Die muß der Leser selber leisten mit dem Material, das ihm dieses Buch an die Hand gibt. Es ist freilich ein in dieser Hinsicht vertracktes Material, weil Schwitters' Briefe weniger Erklärungen seiner künstlerischen Tätigkeit sind als vielmehr die Fortsetzung dieser Tätigkeit mit anderen Mitteln – mit den Mitteln der Korrespondenz: Briefe, »so lang, wie sie breit sind ... Enden genug, aber keine Ziele ...« (11. 6. 47).

Immerhin geben sie Aufschluß über Konzeption, Entstehung und Verbleib mancher wichtigen Arbeit, über die wesentlichen künstlerischen Unternehmungen wie Merzbau, Lautsonate, Zeitschrift MERZ, Zeitschrift PIN, über die vielfältigen künstlerischen Aktivitäten, Tourneen und »Feldzüge«, über Filmvorhaben, Revuepläne, Schrift- und Sprachreformen, Überlegungen zu einem neuen Zahlensystem, zur Reklame, und nicht zuletzt enthalten sie Auseinandersetzungen mit Kunstrichtungen und Künstlern, die Schwitters tangiert hat: mit dem Expressionismus, der »Brücke«, dem Dadaismus, dem Konstruktivismus, der Neuen Sachlichkeit, dem Surrealismus etc. – Vor allem um den Merzbau kreisten seine Gedanken. Vom ersten in Hannover, den amerikanische Bomben zerstört hatten, hoffte er – vergeblich –, wenigstens Reste zu retten. Der zweite in Lysaker, das »Haus am Bakken«, den er bei der Flucht vor den deutschen Truppen verlassen mußte, blieb ihm später unerreichbar, nach seinem Tode fiel er einem Feuer zum Opfer. In Little Langdale bei Ambleside begann er einen dritten, die »Merz Barn«, darüber starb er. Die Korrespondenz läßt erkennen, daß sich Schwitters der Bedeutung dieses interessantesten plastisch-architektonischen Vorhabens seiner Generation bewußt war. Er nannte den Merzbau häufig sein Lebenswerk und kam, vor allem in den Briefen der letzten Jahre, immer wieder darauf zurück.

Der Merzbau demonstrierte in äußerster Konsequenz, daß Merz keine materialen Grenzen kennt, daß Merz das Prinzip der Verwandlung aller Dinge in Kunst bedeutet, deren »Entformelung«, wie Schwitters es nannte, zum Zwecke ihrer künstlerischen Verwertung. Merz ist der totale Triumph der Kunst über die Wirklichkeit. Merz kennt keine Beschränkung, und so war es keine Marotte, sondern Folgerichtigkeit, wenn Schwitters auch seine menschlichen Beziehungen zum Material seiner Kunst machte, sie sozusagen materialisierte, indem er sie in den Merzbau in Hannover einbezog, denn so sind die später zum Teil verschlossenen »Grotten« mit den dinglichen Erinnerungen an ihre »Bewohner«, Herwarth Walden, Hannah Höch, Sigfried Giedion-Welcker, Lissitzky etc., zu verstehen. Wie die Höhlen des Merzbaus die Innenseite der Außenseite, so stellen die Korrespondenzen die Außenseite der Innenseite von Merz dar. Die Adressaten, ihr Kunstwollen und ihre Programme sind Bestandteile von Merz. Wenn sich Schwitters mit Theo van Doesburg verband, so nahm er den elementaristischen Konstruktivismus auf, wie er früher mit Herwarth Walden den Expressionismus, mit Hans Arp den poetischen oder mit Raoul Hausmann den aktivistischen Dadaismus aufgenommen hatte, ohne einem einzelnen ausschließlich anzuhängen.

Kaum besser als durch die Präsentation seiner Briefe läßt sich zeigen, wie Schwitters eine Schlüsselfigur der Moderne war; nicht durch den semantischen Inhalt der Texte, sondern durch die Verbindungen, die sie repräsentieren, und durch die Art und Weise, in der Schwitters damit umgegangen ist: durch die Untrennbarkeit von Spiel und Ernst in allen seinen Äußerungen. »Wir spielen, bis uns der Tod abholt« (24. 7. 46). »Ein Spiel mit ernsten Problemen. Das ist Kunst« (8. 8. 46). Weil er mit dem Spiel ernst machte, vermochte er alle Tendenzen seiner Zeit zu integrieren, ohne einer zu verfallen, und dies wiederum ist der Grund, weshalb sich viele Künstler der Gegenwart auf ihn berufen oder ihm verpflichtet sind, nicht als dem Erfinder der einen oder anderen artifiziellen Neuerung, noch nicht einmal wegen der Kultivierung der Collage, seinem vielleicht wichtigsten formalen Beitrag zur Kunstgeschichte, sondern wegen des Prinzips der Integration aus dem Grunde des Spiels, das alle Grenzen der Genres und alle Beschränkung durch irgendwelches Material überwand und alles, was er tat, durchdrang.

Die vorgelegten Briefe sind noch in einer weiteren Hinsicht exemplarisch. Als Zeitdokumente spiegeln sie die politische und soziale Problematik, in die jeder Künstler geraten muß, der als Maxime seines Tuns nur das Gesetz seiner Kunst gelten lassen kann. Wie jeder, der menschlichen Fortschritt nur auf politischem Wege für möglich hält, auch Kunst allein unter dem Aspekt ihrer politischen Funktion einzuschätzen vermag, so muß umgekehrt jeder, dem die gesamte Wirklichkeit nichts anderes als Kunstmaterial sein kann, auch die Politik allein unter dem Aspekt ihrer künstlerischen Verwertbarkeit betrachten, und das war Schwitters' Fall. Die Reaktion totalitärer politischer Systeme auf solchen Kunstanspruch ist zwangsläufig dessen Auslöschung. Dem Künstler bleibt nur die

13

Wahl zwischen Liquidation und Emigration. Die Briefe von Schwitters artikulieren das Schicksal der Emigranten. »Alles in allem ist das Leben so grauenhaft, dass man lieber nie geboren wäre« (13. 10. 37).

Jenseits ihrer vielfachen dokumentatorischen Bedeutung als biographische, kunsthistorische und zeitgeschichtliche Zeugnisse zeichnen sich diese Briefe schließlich durch Qualitäten aus, die mehr noch als ihr Quellenwert die Veröffentlichung rechtfertigen: Viele von ihnen dürfen einen eigenen künstlerischen Rang beanspruchen, in bildnerischer und literarischer Hinsicht.

Einige Briefe, wie der an Grete Dexel vom 2. 3. 1922, sind regelrechte Collagen, nur kompliziertere, mehrdimensionale, weil man Stücke davon abklappen kann, wodurch weitere Teile sichtbar werden und ein neuer Zusammenhang entsteht. Für sie gelten die Gesetze der Collage, vermehrt um die Beziehung auf den Adressaten. Die verwendeten Teile haben Bedeutung im Zusammenhang der Komposition, und zugleich assoziieren sie den Zusammenhang, dem sie entstammen, beides bezogen auf die Mitteilung an einen bestimmten Empfänger. Manchmal hat Schwitters Reproduktionen eigener Arbeiten wiederum vermerzt. Solcherart vermerzter Merz stellt nicht nur eine kunsthistorische Rarität dar, sondern ist – en miniature – ebenfalls die konsequente Verwirklichung des Merzprinzips, das keine Grenzen kennt, dem alles zum Kunstmaterial wird, endlich auch die eigene Hervorbringung. – Daß darüber hinaus viele Briefe und Karten mit Zeichnungen versehen sind zur Verdeutlichung beschriebener Sachverhalte (Grundrisse der Merzbauten, Skizzen einer Knochenfraktur etc.), mit Entwürfen, Karikaturen oder auch nur ornamentalem Schmuck, dürfte nichts Ungewöhnliches sein.

Ganz bestimmt aber ist einer Reihe von Stücken literarische Qualität zuzusprechen, und zwar eine eigenständige, unverwechselbare, nur Schwitters mögliche. Das beginnt mit solchen Briefen, in denen Geschichten oder Szenen erfunden werden, die später ausgearbeitet werden sollten, wie die vom Schnellen Graben, von der Familiengruft, von der Katze und der Maus, und mit solchen, in denen tatsächliche Erlebnisse berichtet werden, die literarisch entwickelt werden könnten, wie die Episode vom verlorengegangenen und wiedergefundenen Hänschen (Fahrrad) oder die Sache mit dem Schwan und der Uhr. Aber schon die Schwanen-Geschichte entzieht sich einer solchen Erklärung. Sie zeigt, wie Schwitters die

Kommunikationsform der Korrespondenz benutzt, um Fiktion mit Realität so zu vermischen, daß Kunst und Leben sich nicht mehr trennen lassen. Er hat nämlich mehreren Adressaten die Geschichte so berichtet, daß sie gar keinen Grund zum Zweifel haben konnten, um dann zu erklären, daß alles erfunden sei – was wiederum nicht für bare Münze genommen werden darf, was das »alles« betrifft.

Oft ist das Spiel der Imagination an Sprache gebunden, durch Sprache ausgelöst. Die Sprache wird wie in »Anna Blume« oder »Auguste Bolte« zum Material, sie wird thematisiert. An Luise Spengemann, die sich darüber beklagte, schrieb er: »Wer aber einmal mit dem Worte spielte, wird immer wieder mit dem Worte spielen« (24. 7. 46). Daß es ihm ernst war mit dem Spiel, zeigen jene Briefe, geschrieben in Grenzsituationen, in denen er mit dem Ernst spielt, wenn er mit den Affidavits Witze, sprachliche, treibt, während es um das Entkommen vor den Deutschen geht, oder jener Brief, in dem er unmittelbar nach einem lebensbedrohenden Blutsturz Betrachtungen darüber anstellt, ob er wohl auch richtige Tinte spucken könnte, und wenn er sein Herz-Asthma in ein Merz-Asthma verwandelt. Das Merzprinzip, grundsätzlich alles zum Material für Kunst zu machen, gilt auch für die eigene Person. Schon in den zwanziger Jahren hatte sich Schwitters zum Bestandteil seiner Kunst erklärt. »Ich selbst bin Merz.« 1946 schreibt er an Raoul Hausmann: »Ich kann nicht ganz erfassen, was ich als MERZ anderes schreiben könnte als MERZ« (3. 10. 46). Deshalb ist dieser Band so etwas wie ein Merzbau aus Briefen.

Damit ist er zugleich eine Parodie der üblichen Ausgaben von »Künstlerbriefen«, die Privates um des Anekdotenhaften und Kunsttheoretisches um der eigenen Rechtfertigung willen präsentieren. Schwitters spielt mit dem Üblichen und erzeugt so das Unübliche. Bewußt und ebensooft unbewußt vermittelt er so Einsichten verschlüsselterer Art und ein Vergnügen höherer Ordnung.

DIE TEXTE

Dresden, 2. 5. 09.

Sehr geehrter Herr Schlösser!
Jetzt sind schon 14 Tage verstrichen, seit ich Hannover verlassen habe, und es kommt mir vor, als wären es 2 Tage gewesen. So interessant gestaltet sich hier das Leben.
Nachdem ich 2 Probearbeiten, im Zeichnen und Malen, geliefert habe, bin ich jetzt in die Malklasse zu Herrn Professor Bantzer aufgenommen. Als ich mich ihm am ersten Tage vorstellte, sagte er: »Also Sie sind der Schüler von Herrn Schlösser«, und hat seitdem mir gegenüber eine besondere Freundlichkeit bewahrt. Bis Pfingsten bleiben wir in Dresden, weil Professor Bantzer den Auftrag bekommen hat, im Sommer mehrere Dresdener Ratsherren zu malen. Dann fahren wir nach Willingshausen in Hessen.
5 literarische Vorlesungen höre ich bei Herrn Professor Walzel. Vielleicht haben Sie ihn früher auch gehört? Ich bin sehr zufrieden mit seiner Vortragsweise. Weniger eingenommen bin ich bisher für den anatomischen Unterricht bei Herrn Maler Dittrich. Meine freie Zeit verwende ich auf Literatur und besonders auf Musik. Ein Mitschüler von mir spielt gut Geige, und wir spielen zusammen. Es ist ein herrlicher Klang zusammen, Geige und Klavier. Im Sommer will Herr Professor musikalische Abende veranstalten. Dann wollen wir auch vortragen.
Seit dem 1. 5. ist hier die intern. photographische Ausstellung eröffnet. Anfangs war ich überrascht, wie malerisch sich die Photographie behandeln läßt. Ich wurde neidisch und ängstlich vor der Konkurrenz.
Aber jetzt habe ich eingesehen, daß die Photographie einen Mangel hat und immer behalten wird: ihr fehlt das Persönliche, die Auffassung.
Hoffentlich geht es Ihrer Frau Gemahlin und Ihnen gut und dem kleinen Bimbo. Ich bitte um freundliche Grüße, auch an Ihre Atelierschüler.
In den Pfingstferien besuche ich mal die Atelierkorona und berichte.
Mit freundlichem Gruß
zeichnet hochachtungsvoll

Kurt Schwitters.

Hannover, Waldhausenstr. 5^{II}.
12. 6. 18.

Lieber Herr Spengemann!
Anbei sende ich Ihnen den Katalog meiner Ausstellung im Sturm.
Sie kennen wohl die meisten. Die Nummern 51 und 55 waren ja in
der hannoverschen Secession ausgestellt. Ende Juni wollten wir
einmal nach Berlin fahren, uns Herwarth Walden mal vorstellen.
Dürften wir da wohl auch Ihren Freund vom Sturm aufsuchen?
Bitte schreiben Sie doch mal.
Dörries war neulich in der Bahlsenschen Sammlung und hat mir
ganz dringend geraten, doch auch mal hinzugehen. Nun erinnere
ich mich, daß Ihre Frau Gemahlin so liebenswürdig war, uns ihre
Führung anzubieten. Sollte es wohl nachmittags nach 5 Uhr möglich
sein? Bitte schreiben Sie doch mal.
Meine Frau ist augenblicklich bei Verwandten auf dem Lande, und
ich murxe so allein herum. Ich male zur Abwechslung mal mit
Tempera, denn Papier ist billiger als Leinwand.
Mit den herzlichsten Grüßen
Ihr

Kurt Schwitters.

31. 3. 1919

Sehr geehrter Herr Dexel!
Es freut mich, daß nun aus der Ausstellung Hannoverscher Künstler
bei Ihnen doch etwas wird; und ich glaube, in dieser Form wird es
eine gute Ausstellung werden. Herr Spengemann hat meine Bilder
und Zeichnungen schon ausgesucht. Mit großem Interesse habe ich
Ihre beiden Arbeiten in unserer Sezessionsausstellung gesehen. Ich
fühle ein verwandtes Streben. Besonders formal gefallen mir diese
intensiv erlebten Fabrikstadtbilder außerordentlich. Versteint Er-
lebnis dauert Ewigkeiten.
Mit vorzüglicher Hochachtung
Ihr ergebener

Kurt Schwitters.

An Walter Dexel

14. 6. 1919

Lieber Herr Dexel!
Vielen Dank für Ihren Brief und die Kritik, die ja nicht gerade
sehr verständnisvoll klingt: »Ut desint vires . . .« Es freut mich, daß
die Bilder zu Ihnen sprechen. Neulich sah ich einen sehr schönen
Holzschnitt von Ihnen bei Gleichmanns. Sind meine Bilder zum
Sturm schon abgeschickt? Sonst bitte ich um möglichst große Be-
schleunigung. Die Bilder müssen bis 25. Juni spätestens in Berlin
sein. Adr. Sturm, Potsdamerstr. 134 a. Bitte geben Sie mir doch
gleich Nachricht, wann die Bilder abgegangen sind, damit ich
Walden benachrichtigen kann.
Mit frdl. Grüßen

Ihr Kurt Schwitters.

An Christof Spengemann

25. 6. 19.

Lieber Herr Spengemann!
Ihre Worte über Anna Blume erscheinen im Julisturm *(ohne Honorar)*. Das Bild selbst hat Walden für seine Sammlung erworben. Er
fand es sehr schön. Walden fragte mich, ob Sie als Dichter oder
Schriftsteller der *Internationalen* beitreten wollten. Sie müßten dann
allerdings sich der Aufnahmekommission unterwerfen; ich glaube
aber, es wird ohne Zwischenfälle gehn. Schreiben Sie mal?
Frdl. Gruß

Ihr Kurt Schwitters.

An John Schikowski

Berlin, den 27. Juni 1919

Sehr geehrter Herr.
Hierdurch gestatte ich mir, Sie zu der Eröffnung meiner Juliaus-
stellung im Sturm, Potsdamerstr. 134 a am
                    Sonntag, den 29. Juni vormittags 11 Uhr
ergebenst einzuladen.
Auf dieser Ausstellung werde ich neben meinen älteren Abstraktio-

nen zum ersten Male in Berlin Merzbilder zeigen, auf die ich Sie besonders aufmerksam machen möchte.

Das Vorwort zu meinem Kataloge wird Ihnen vielleicht eine kleine Einführung in meine Ziele sein. Einen Katalog füge ich bei.

Hochachtungsvoll

Kurt Schwitters.

An Herwarth Walden

30. XII. 19.

Dem Sturm.

Sehr geehrter Herr Walden!

Von Ihren Mitteilungen Kenntnis genommen. Lichtbild folgt, sobald es fertig ist. Würden Sie oder Herr Dr. Blümner vielleicht gegen das B. T. schreiben? Ich würde mich sehr freuen. Ich bitte um Nachricht. Im Augenblick wüßte ich selbst nicht, was ich schreiben sollte.

Würden Sie wohl, wenn Sie das Selbstbestimmungsrecht der Künstler abdrucken, in Klammern darunter vermerken: »(Vorwort zu dem Gedichtbande Anna Blume, Verlag P. Steegemann.)« Außerdem bitte ich Sie, die Korrektur nach dem Gedichtbuche selbst zu lesen, da ich noch viel geändert habe. *Vor allen Dingen muß der Satz gegen den alten guten Göthe gestrichen werden.*

Beste Grüße Ihr

Kurt Schwitters.

An B. Guttmann

Hannover, Waldhausenstr. 5^{II}
31. 12. 1919 [Poststempel]

Sehr geehrter Herr od. Fr. Guttmann!

Ihr Mitleid rührt mich, und ich freue mich an dem Anteil, den Sie an mir Unglücklichem nehmen. Ihre Idee, eine Sammlung zur Heilung meiner »Nerven« zu veranstalten, finde ich famos, daß Ich (Verzeihung.) ich selbst mich entschlossen habe, die Verwaltung des gesammelten Geldes zu übernehmen. Ich denke an ein großzügiges Unternehmen, an eine Kur von 1 Jahr Dauer in dem vornehmsten Kurhause im weißen Hirsch. Bei dem schlechten Stande der Valuta müßte natürlich eine beträchtliche Summe zur Ver-

Kurt Schwitter's. Merzplastik. Der Lustgalgen.

fügung stehen. Ich hoffe auf Ihr volles Verständnis, wenn ich infolgedessen den Mindestbetrag auf 500 Mark festsetzen muß und rechne nach Ihrer Karte auf Ihre tatkräftige Propaganda und besonders auf Übersendung Ihres Anteils.
Mit ganz vorzüglicher Hochachtung Ihr ergebener

Kurt Schwitters.

An Roland Schacht

Hannover, Waldhausenstr. 5II.
21. 3. 1920.

Lieber Schacht!
Meine Ausstellung soll nun statt Mai schon im April stattfinden. Ich wäre Dir sehr dankbar, wenn Du meine Merzzeichnungen *19* und *22* und die Deiner Frau gehörende *20* bald zum Sturm schicken könntest. Natürlich nur, wenn es Dir nicht viel Mühe macht. Ich weiß nicht, ob es in Berlin wieder menschlich ist. Es ist früh genug bis zum 29. März. Wie geht es Euch?
Wahrscheinlich komme ich zu Ende April nach Berlin und hoffe Dich dann zu treffen.
Herzliche Grüße
sendet

Kurt Schwitters.

An Christof Spengemann

10. 4. 20 [Poststempel]

Geliebter Bruder in Anna!
Du bist das Licht meiner dunklen Feuerstunde brennt die Ecke Wald auf der Abhangwiese der 3 das Mariele und Franz Müller den Tran
    der Einwohner und Feuerwehr.
    30 Spritzen dampfen Strahl.
                    Und
    Du bist der Licht die Licht
    das Leuchter.
            Herzlichst
    Kuh Witter –

24

An Christof Spengemann

(Lieber KRISCHAN.)
Lieber Herr Spengemann!
Kurt hat noch unerhörte Mengen von Briefen zu erledigen*. Darum
beauftragt** (sie sehen: es stimmt) er mich, Ihnen diesen Zettel, der
sich Kritik nennt, zu schicken. Kurt meint, Sie dürften wohl kaum
jene Beleidigungen (besonders die von Kurt corrigierte) auf sich
sitzen lassen. Laß Dich das nich gefallen, hörste Krischan? –
Er scheint übrigens, den vielen Zwischenrufen nach, gar nicht so
sehr arg beschäftigt zu sein. Ferner sollte ich Sie darauf aufmerksam
machen, dass er so ganz anders dastände. Bitte lesen Sie den Artikel
des Vorwärts!

>   siehste! nu stehen Sie im Hemd da***
>   (Ich mache die Augen zu.)
>   Eloquencia mundi.

Ich soll Sie ferner auf den Annoncentausch aufmerksam machen, da
der Fahrstuhlführer dauernd behauptet, der Zweemann sei verreist.
                                              Gruß Ku Wi.

»Daß« schreibt man mit ß, befiehlt der Mann mir zu schreiben.
Einen herzlichen Gruß   die Schwitterin.

Da glaubt sich der Briefträger geohrfeigt.†
Entschuldigen Sie, meine Sekreteuse ist noch nicht ganz eingear-
beitet.   z
Es tut mir leid, dass Sie vielleicht Sonnabend allein nach Haus
pilgern müssen. Möglicherweise reisen wir nach De. Herzl. Gruss
für die ganze familia.   Marifleckter, Obersekretärin.

Berliner Börsenkukukunst.

Der Berliner Börsenkukurier schreibt immer so drollige Artikelchen
über Kunst. (Beim Einkauf bitte genau auf Firma zu achten.) Im
Juli widmete ein Herr Ku-Kurt Glaser meiner ersten Kollektivausstellung von Merzbildern im Sturm einen so kukokomischen

Hannover, 18. April 20

(Baby KRISCHAN)

B36

Lieber Herr Spengemann!

Ich hab noch unendlich Neu-
gen von Ihnen zu erledigen.
Ihnen beauftragt

Ihr eigener Kurt Sch.

Eloquencia
= mündl.

Artikel, in dem er mich (Abstrakte Kritik) immer »der junge Mann« nannte (das Lastautomobil unter anderen Umständen.) Großer Preisskat. Der alte Herr Kuku schrieb etwa folgendermaßen:

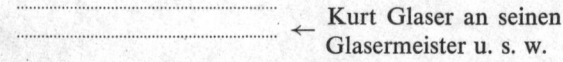 ← Kurt Glaser an seinen Glasermeister u. s. w.

Bitte vergleichen Sie mit dem betreffenden Artikel, ob mich mein Gefühl getäuscht hat. (Contradictio in adjecto.) (Damenwäsche nach Maß.)

Seit der Zeit erfreut mich der B. Bkukurier ungefähr jeden Tag 3–4 mal mit kleinen Artikelchen und interessiert sich scheinbar wirklich für die Farben von Anna Blumes Vogel. (Taghemd a. Madapol. m. Stick. Ein- und Ansatz. 22.50 M.) Ich verrate aber Anna Blumes Vogelfarbe nicht eher, als bis mir der Berliner Börsenkuku verrät, inwiefern seine Artikelchen ernst zu nehmen sind. (Damenbeinkleid mit Stoffvolant und Hohlsaum 25,00 M, Damenbeinkleid mit Stick. Eins. u. Ans. 27,00 M) die Dessous sind Herrn r. d. delikatissime zugeeignet als Gegengabe für seinen deliziösen Unterrockartikel. (Ich würde das zweite Beinkleid wählen, um die paar Mark ist es doch gleich viel netter.)

Übrigens, Herr Kuku rd., Sie haben sich viel Mühe bei Ihrem Artikel »Merz« gegeben, nur schade, daß Sie unserer Zeit so völlig verständnislos gegenüberstehen. (Du siehst heute wieder außerordentlich reizend aus!) Übrigens scheint mein sogenannter Schüler künstlerisch völlig unbegabt zu sein (r. d. – merzt sich selbst.)

Die Bilder der Merzmalerei sind abstrakte Kunstwerke. (Lesen Sie Valori Plastici.) Der Künstler schafft durch Wahl, Verteilen und Entformeln der Materialien. (Auch Unterröcke.) Wenn ich zum Beispiel Herrn Kurt Glaser, ein Damenbeinkleid und einen Berliner Börsenkurier (Verceiung courier) als Material verwendete (Ich würde diese Zusammenstellung übrigens wahrscheinlich nicht treffen.), dann würde ich etwa den BBcourier trotz seiner netten Artikelchen als Malgrund verwenden, den alten Herrn und das Damenbeinkleid würde ich zerteilen und entformeln und nach den Gesetzen der künstlerischen Logik auf die Bildfläche verteilen. Ich würde also Herrn Kurt Glaser als schöne und ausdrucksvolle Form, als Rhythmus und als helldunkel modellierte Masse verwenden. Mein so genannter Schüler scheint das Panoptikum mehr zu lieben, als die Kunst. Er würde beispielsweise Herrn Kurt Glaser als rich-

tigen Kritiker verwenden, mit einer Zornesstirn und einer Tinten-
feder in der Hand, das Damenbeinkleid »dezent« dahinter aus-
breiten und den Börsencourier als wirkliche Zeitung respektvoll auf
den Tisch legen, als das führende Blatt in Bezug auf Kunstkritiken.
(Hierzu 3 Beilagen.) Ich da dagegen fordere die abstrakte Verwen-
dung der Kritiker. (Lesen Sie »Anna Blume«, Verlag Paul Steegemann: »Die Merzbühne«.) Kurt Schwitters.

L. Sp.
Es würde mir sehr wertvoll sein, wenn dieser Artikel in die dritte
Zweemannnummer käme.
Merz.   Gruß Kurt S.

An Roland Schacht

20. 4. 1920 [Poststempel]

Lieber Schacht!
Vom 26. 4. ab bin ich in Berlin und werde Dich aufsuchen. Ich
danke Dir für pünktliche Ablieferung der Zeichnungen. Ich freue
mich auf die Tage in Berlin und bin auf meine Ausstellung gespannt. Man sieht sich doch gern mal in guten Räumen hängen,
d. h. seine Bilder.
Herzl. Grüße   Dein Kurt Schwitters.

An Christof Spengemann

Berlin, 29. 4. 1912 [1920]

Geliebter Christof!
Ich muß Ihnen die traurige Mitteilung machen, daß ich etwas für
Ihren Zweemann habe: eine Besprechung von Waldens Buch durch
C. Liebmann Marianacht zitronengroß und lila Schmirgelcirkus.
Bitte geben Sie Antwort. Adr. K. Schwitters b. Frl. Fischer, Friedenau, Rheingaustr. 23^{II}. Nämlich ich werde vielleicht länger in
Berlin bleiben, da ich die künstlerische Leitung eines Films angeboten bekommen habe. Vorläufig besteht nur noch wegen des Honorars eine Schwierigkeit, da ich 12 000 M gefordert habe, und
man mir nur 2000 M bieten will. Heckart war hier. Arp ist noch
da. Er soll Sie Freitag in Hannover mal aufbesuchen. Schreiben Sie

mal einen Film, damit kann man viel Geld verdienen. Ich bin der
Ansicht, der Film muß von der Litteratur befreit werden und nur
aus dem Material entstehen. Gruß an euch 3,

Kurt.

An Christof Spengemann

17. 8. 20.

Lieber Christof.
Eben fällt mir ein, daß Herr Dr. Stadelmann, Dresden A, Nürn-
bergerstr. 55^I gewillt ist, über die Ausstellung Schlemmer, Baumeister und Kuwitter, event. auch die Lennenstraßenausstellung
für den Zweemann kurz zu berichten. Willst Du vielleicht Nachricht
geben, *ob,* wann und wie lang. Vielleicht komme ich Sonnabend
nach Hannover. Würde ich Dich abends antreffen? Ich telefoniere,
wenn ich komme. Gruß an Luise.
Mit den besten Grüßen auch von Helma und Mari.

Dein *Kurt.*

An Hans Arp

Oegenbostel, den 4. 9. 20.

Gutestbeleibter PRA!
Dieser Brief ist geschrieben, bevor ich Sprachmönch wurde. Nun
spreche ich am Krückstock, gleichsam der Schluck um die Achse,
und trage meine Schuld Honigseim auf Fingerspitzen rund um die
Hand. Wer hat die Brunnen aufgeschlossen? Nun fließen die Vögel
aus den kühlen Röhren rund um den Schluck.
– Galaia –
Nun (lat.: nunc.)
Galeia (ert.: Galeria.)
Röhre (lat.: res, rei.)
Wer (engl.: where.)
Wo (Engl.: who.)
sonst bricht dein Backsteinzopf. F f F f F f . P f .
O la galaia tit galaia tott galaia fanfa te.
Wir sind mit dem Erfolge zufrieden. (Betrifft Roßfett.)
fanfa te (deutsch: Fanfare.)

Kurt Schwitters. Merzplastik. Der Lustgalgen.

Mich rührt ein lackierter Apfel, kariert, daß ich Euch, beleibter pra, allzudemnächst in meiner Kapitale an der Leine begrüßen werde gedurft haben können zu dürfen. (Betrifft Lederappretur und Tran.) Von wegen des sabotageartigen Kunstraubes am Damesteinbild sind Nachforschungen am Tage der Erhebung des Expressisses aus köln erhoben worden, welche hoffentlich bis zu Ihrem allzudemnächstlichen Leineaufenthalte getilgt sein werden gehabt haben (Antwort steht noch auß) sonst picken Dir die winde. – Das Bett in meinem Hause steht breit. A O o A o i e A u E u O a .

    breit (deutsch: bereit)
    f 210

Bis zum 10. 9. bin ich in Oegenbostel, vom 13. oder 14. werde ich wieder an der Leine liegen. Ich bitte Ihren Besuch bald fest anzuzeigen, und möglichst zwischen 14. und 20. Sept. zu verlängern, da ich daraufhinkünftig eine eingedehnte Hofreise beabsichtige.
Ihro Gnaden die Gletscher küssender

kurt schwitters.

An Roland Schacht

Hannover, Waldhausenstr. 5/II.
16. 10. 20

Lieber Roland Schacht!
Hier in Hannover ist eine neue Wochenschrift, Die Pille, bis jetzt in 8 Heften erschienen. Die Zeitschrift hat 5000 Auflage. Sie sucht einen Berliner Mitarbeiter für Kunstbriefe und Kinowesen. Kannst Du regelmäßig möglichst 4 Beiträge monatlich liefern? Honorar 50 Pf die Zeile. Sende mir umgehend etwas, dann werde ich die Verhandlungen vermitteln. Du brauchst Dir keinen Zwang anzutun, die Zeitschrift will Radikales, am liebsten etwas ironisch, damit sich der Leser amüsiert.
Herzlichst

Dein Kurt Schwitters.

Kurt Schwitters. Das Merzbild

18. 11. 1920.

Geliebter Christof.

Geliebt sei Anna Blume, tit solei.
Anbei eine Anna und eine Kathedrale.
Geh in Dich, Christian, geh in die Drale.
Geliebt sei Anna Blume, Crithian!
Geh ein in die Pforten des geliebten Buches,
lies es in Demut, geh hin und zeuge.
Tit solei.
Geh hin in alle Welt und zeuge die
Wahrheit, die einzige Wahrheit, die es gibt: die
Wahrheit über Anna Blume.
Halleluja tit solei.

Kurt.

wenden!

Und wenn Du Burchartz siehst, grüß ihn und laß Dir für mich die
Adresse von von der Heydt in Barmen geben.
Bald sende ich Dir das Packet. Kommst Du nach Köln? Sonst
bricht Dein Backsteinzopf. Dann mußt Du die Sachen für Nieren-
dorf bei Koch abgeben.
Willst du das für mich tun?
Gruß von Helma.
Sonnabend sind wir mit Mari bei Louiehse.

Kwit.

Hannover, Waldhausenstr. 5/II.
20. 11. 20.

Lieber Roland Schacht!
Ich habe noch einmal eine Pillensendung angeordnet und dem
Zweemann Deinen Wunsch, statt Honorar Zweemannbücher zu
bekommen, mitgeteilt. Bitte übersetze mir doch folgenden Satz: et
si nous devons continuer l'envoi pour hommage. Außerdem bitte

ich Dich, zu überlegen, ob Du ev. Lust hättest, das Anna-Blume-Gedicht und vielleicht noch ein groteskes Gedicht ins Französische zu übersetzen, ich brauche es für eine Pariser Dadapublikation. Dein Name als Übersetzer soll genannt werden. Als Honorar kann ich Dir nur meinen Dank und eine Merzzeichnung anbieten, da die Zeitschrift kein Honorar zahlt.
Herzliche Grüße

Kurt Schwitters.

An Hans Arp

[Vor 25. 11. 1920]

leiber pra!
zunächst sage ich weshalb?
weshalb schreibt man groß und klein? ich schreibe alles klein.
dann sage ich warum? warum macht man interpunktion ich schreibe ohne interpunktion dann frage ich wozu wozu schreibt man umlaute ich laute nicht mehr um ich schreibe zurich erfüllt zuruckgezogenheit personlich überbringen alsdann erinnere ich mich an den alten satz aus der mathematik namlich daß es beliebig ist in welcher reihenfolge ich addiere respektiere multipliziere und schreibe nun leibe statt liebe weil liebe leiber leibt und gebe nun endlich die reserve der wörteruntereinanderauffindemichnur nocheinriesenhaftgroßeswortschreibeoderweilmehrschriebetitsoladi northographieistnaturlichnebensachegewordenunddensinngebeichn unmehrzugunstendesunsinnspreisworaufdannnderdiedassklmnoppq rsutabelgikemaminopetroleumseuchekakrrrkrrrksrsrstopetitonobila menteyakkaanteelinguekitonpausbakrokodilemadiemadedilemma*

kuwitter

* Hier erlitt der Setzer einen Tobsuchtsanfall und drohte mit dem Generalstreik, wenn ihm zugemutet würde, weiter von dem Kuhgewitter etwas zu setzen. D.H.

607.

Geliebter Christof in Amerika!

27. 11. 1920.

Hoffentlich wird dir das [...] noch zu Weihnachten, aber ich will nicht [...] Also: Für [...] Elße mein Postwart. [...] Für dich meine [...] Gieb sie auf und behalte sie in wertvollen Werten. Dazu [...] 2 Postkarten sind an Beuning abzugeben: Kohlenhandlung [...] nochmals 68. Die beiden Postkarten für [...] und das eine für [...] Doch sind bei dir noch Postk. Groß abzugeben. Dabei brauchst du [...] nicht. Dann ist die Karte an [...] in ihre Postfächer zu stecken. Das ist [...] für Heinrich J.B. abzugeben, [...] das schickst du ja in Düsseldorf. [...] Du nimmst nochmals das Geld von 60 M [...] verwende, [...] Ist ab diesem [...] nicht schrecklich schwer geworden, [...] wenn das so weiter [...] Es geht bunt her in der Welt. Und Anna Blume [...] in der Kestnergesellschaft.

An Christof Spengemann

27. 11. 1920.

Geliebter Christof in Anna Blume!
Hoffentlich wird Dich das diesmal nich zu ville werden, aber es
war nicht anders zu machen. Also: Für Tante Else mein Portrait.
Nimm es gelegentlich mit. Für Dich meine 11 Karten. Heb sie auf
und besieh sie in weihevollen Stunden. Dazu zünde Dir Dein
rechtes Ohrläppchen an. 2 Packete sind an Brüning abzugeben:
Buchhandlung Bädecker, Königsallee 68. Die beiden Packete für
Räderscheid und das eine für Nierendorf, sowie der Brief an Nierendorf sind bei Koch mit frdl. Gruß abzugeben. Dabei brennt
das Ohr vorteilhafterweise nicht. Dann ist die Karte an Nierendorf in den Postkasten zu stecken. Das eine Päckchen ist für Neumann I B abzugeben, wo, das erfährst Du ja in Düsseldorf. Neumann hatte *bar* bestellt. Du nimmst vielleicht das Geld an? 60 M
von Leaouiehse habe ich bekommen. Ist es diesem Namen nicht
schrecklich schwer gemacht, auf das i zu kommen, ohne das er
undenkbar wäre? Es geht bunt her in der Welt. Und Anna Blume
wandert in der Kestnergesellschaft.

wenden.

So, hast Du gewendet oder gewandt? Nun zeig Dich auch gewandt
in bezug auf das Päckchen, dann wird das Unglück sich bald
gewendet haben, und die Sonne leuchtet über Gerechte und unge-
Rechte.† Ich sende Dir auch ein Päckchen Briefe und Zeitung mit,
Sozialdemokrat vom 2. 11. 20. Bring mir dieses Päckchen Weihnachten wieder mit zurück. Du siehst, daß die Novembergruppe
tanzet mit Butterbrotdadaismus im Gesicht, innerlich aber sind sie
reißende Bürger. Du siehst, daß Parti Bilder ausgestellt hat, Lowis
Bock und Rehe 1000 Mark wert ist, Bock allein 500, die Secession
getagt hat, Brüning mir dankbar wäre, und Frau Zietlow nach
Bremen gereist ist. Zietlows waren unsere Nachbarsleute. Das sind
Naturnährmittel für Dadaisten. Iß davon und bleib gesund.
Hier* siehst Du eine Marke, deren Offenheit auf ihrer Stirne
geschrieben steht. Möge es allen guten Menschen so ergehen!
Grüß Wollheim.
Ob ich Lust habe? Wenn sie schreiben vielleicht, ich warte. Gold-

† bekannte Bibelstelle [Anm. v. Schwitters]

schmidt ist immer noch krank. Plakat Steegemann wird bestellt. Grüß Kerschkamp. Grüß Tante Else und sei Du selbst herzlichst gegrüßt von Deinem

Kurt.

Helma und Lehmann auch.

An Roland Schacht

27. 11. 1920.

Lieber Roland Schacht!
Ich danke Dir für Deine Bereitwilligkeit zur Übersetzung meiner Dadabeiträge. Bitte erlaube mir, zuerst davon zu schreiben. Ich möchte *als erstes* das Annablumegedicht haben, das Du ja dort hast. Natürlich hast Du alle Freiheiten beim Übersetzen, mach es wie Du es für richtig hältst. Ich würde den Namen auch übersetzen und finde *Eve-Mafleur* sehr gut. Ich will dann bei Tzara bitten, daß das ganze Annablumegedicht *auch* in Deutsch erscheint. Unter dem Gedicht muß vermerkt werden: »Aus der Gedichtsammlung Anna Blume von Kurt Schwitters, Verlag Paul Steegemann, Hannover.« Es sollen dann folgen *2.* »Die Merzbühne« aus Normalbühne, 8te Folge, *3.* »Der Gefangene«, *4.* »Das große Dadagluten« und *5.* »An das Proletariat Berlins«, aus Sturmbilderbuch 4. Ich sende Dir noch 3, 4 u. 5 mit, vielleicht kannst Du noch eines davon übersetzen. Aber – die Arbeiten müssen bis Mitte Dezember *in Paris* sein. Ich bitte Dich daher, mir bis spätestens *6.* Dezember alles zurückzusenden, Übersetzung und Originale. Wenn es Dir zu kurze Zeit ist, so schick es mir bitte ohne Übersetzung zurück oder nur einige Sachen übersetzt, dann muß das in Paris gemacht werden. Wegen der Merzzeichnung hat es wohl Zeit bis Februar 21?
Beiliegende Kathedrale betrachte als Dein Eigentum, und lies oder höre darin Deine Merzmessen.
Deine Beiträge zur Pille sind sehr niedlich, aber ich halte sie nicht für den Anfang für geeignet. Ich fürchte, sie werden Herrn Gröttrup nicht genügend überzeugen, daß Du noch ganz bittere Pillen drehen willst. Schreib doch lieber etwas Neues, etwas gegen einen Aufklärungsfilm oder so. Am besten hielte ich es, wenn Du regelmäßig kleine Kritiken, abwechselnd über Berliner Ausstellungen und Filme schriebest. Du siehst ja sowieso alles. Laß uns dann

später, wenn Du schon in der Pille gestanden hast, dann noch die liebenswürdigen Anekdoten dem Gröttrup anbieten, ich halte es für praktischer. Vorläufig lasse ich sie hier liegen und warte auf Deine Antwort.

Mit den herzlichsten Grüßen,

Dein Kurt Schwitters.

An Herwarth Walden

1. 12. 1915 [1920]

Lieber Herr Walden!

Ich habe mich riesig gefreut, daß Tran 16 noch im Dezember erscheint, dann wird man den Torfmann noch rufen hören können. Ich hatte ursprünglich gedacht, Herrn Westheim herauszufordern zu einer kurzen Erklärung, weshalb er es als peinlich empfinden würde, an uns abstrakte Künstler erinnert zu werden, und dann, wie er es begründen könnte, daß er abstrakte Malerei allgemein als Liebhaberei bezeichnet. Man müßte Westheim einmal veranlassen, mit Gründen aufzuwarten. Westheim ist nicht sehr klug, und Gründe gegen die abstrakte Malerei kann der Klügste nicht anfuhren, weil es keine gibt. Die Gründe, die ein Westheim finden könnte, müßten sehr komisch sein. Vielleicht könnte ich das gelegentlich noch nachholen, Westheim direkt zu examinieren. Anbei 2 Bestätigungen »Amerz«. Ich bitte auch um Bestätigung durch den Sturm.

Können Sie mir schon mitteilen, wann meine Februarsturmausstellung eröffnet wird. Der 30. Januar und der 6. Februar sind Sonntage. Ich hielte es für am besten, wenn Sie die Ausstellung am 30. Januar eröffneten und dazu Kritik und Leute einlüden. Vielleicht lassen Sie dann meine Ausstellung bis zum 27. Februar. Dann würde ich am Dienstag den 25. Jan. nach Berlin kommen und bis einschließlich Donnerstag 3. Febr. bleiben. Ich könnte dann am 26. Jan. und am 2. Febr. lesen, wenn Sie es für richtig halten. Wenn Sie wollen, lese ich den Abend allein, beide Teile; lieber wäre es mir aber, Sie spielten in jedem Teile des Abends etwas. Dann würde das Programm etwa so aussehen:

I. Walden: Heeresmarsch.
    Schwitters: Der Mann steht, aus Franz Müllers Drahtfrühling.
    Pause.
II. Walden: – – –
    Schwitters: Manifest Merz.
                Manifest Merzbühne.
                Gedichte.
                Zwiebel.
                Tränen.
                An Anna Blume.

Ich würde dann je Teil etwa 40 Minuten lesen. Als Honorar
möchte ich vorschlagen: der Sturm gibt mir die Hälfte des Reinge-
winns, mindestens aber je Abend 100 M. Ich möchte auf keinen
Fall, daß der Sturm durch meinen Leseabend Unkosten hat, andererseits aber an einem eventuell großen Gewinn beteiligt sein,
da mir der Aufenthalt in Berlin große Unkosten macht. Wenn Sie
mir für meine Ausstellung beide Räume vorn geben wollen, so bitte
ich um Bescheid. Ich habe Arbeiten genügend, und Sie haben
auch noch von meiner letzten Reise her einige noch nicht ausge-
stellte Arbeiten da. Außerdem stellt Herr Dr. Blümner gern schon
bekannte Sachen mit aus. Ich bringe Ihnen einige meiner besten
Arbeiten, soweit ich es beurteilen kann, z. B. das Weihnachtsbild
mit Spieluhr, das Bild auf schiefer Ebene und einen Merzbühnen-
entwurf. Für den Katalog schlage ich vor, ein kurzes Vorwort zu
nehmen, welches ich sorgfältig schreiben werde. In diesem Vorwort werde ich zunächst kurz hinweisen auf mein Manifest Merz
in Sturm № X, 4. S. 61. und Manifest Merzbühne in Normalbühne achte Folge. Dann würde ich über Merzplastik, Merzarchitektur und Merzgedichte schreiben und dazu kurz Urteile von
Irgendwem anführen, etwa zur Merzarchitektur das von Spengemann aus dem Zweemann 8–10: »Ich sehe in Haus Merz die Kathedrale: die Kathedrale, nicht den Kirchenbau, nein, das Bau-
werk als Ausdruck geistiger Anschauung . . . Das ist absolute Architektur, die lediglich einen künstlerischen Sinn hat.« Oder von
Behne den Vorschlag zum Ankauf des Schicksals durch die Natio-
nalgalerie, oder Blümner: »In 7 Jahren, lieber Westheim . . .«
u.s.w. Dann würde ich kurz die Gegensätze zwischen Merz und
Hülsenbeck-dada auseinandersetzen und zum Schluß den Begriff
Merz erklären, soweit er sich bis jetzt schon erklären läßt. Merz

läßt sich nur vorläufig definieren, indem man rückschauend die bisherige Bedeutung von Merz betrachtet. Merz hat kein Programm mit vorherbestimmtem Ziel, aus Prinzip. Merz geht von ganz bestimmten Voraussetzungen aus und verarbeitet Vorhandenes sinngemäß.

Dann folgt Aufzählung der Bilder. Dabei mache ich den Vorschlag, nicht nur die ausgestellten Werke aufzuzählen, sondern auch noch sämtliche bislang verkauften oder verschenkten oder irgendwie durch Abbildung öffentlich zugänglichen. Vielleicht könnte man bei den ausgestellten Arbeiten den Vermerk »ausgestellt« oder »verkäuflich« machen, bei den anderen etwa: »Privatbesitz«, »Privatbesitz Köln«, »Besitzer Herr Alfr. Flechtheim«, »Abgebildet im Cicerone . . .«, »erschienen im Sturm . . .«, »Sammlung Walden« u.s.w. Ich schätze, es würden etwa 100 Arbeiten mehr aufgezählt werden müssen. Dafür glaube ich, würden wir viel mehr verkaufen können. Der Künstler soll nur Künstler sein in seiner Kunst. Ich glaube, wer das ist, darf im Civilberuf auch überlegen, wie er seine Bilder am besten an den Sammler bringt. Und der Sammler hat Zutrauen, wenn er liest, daß von dem Künstler schon zahlreiche Sammler Arbeiten besitzen. Der Sammler ist in dieser Beziehung dem Kritiker ähnlich, der etwas gut findet, das ein anderer anerkannt hat, weil ein dritter es erkannt hat. Unter den Besitzern meiner Arbeiten sind viele bekannte Sammler, etwa: Stinnes, Flechtheim, Spengemann, Küppers, Koch, Rubin, Conrad, Biermann, v. Garvens, Kaut, Schmidt Rosenhain, Kestnermuseum, Dresdener Museum, Storm und Köstler, etwa Gleichmann, Burchartz, Hohlt, Hönle, Ernst, Molzahn, Topp, Behne, Döblin, Schacht, Däubler. Man könnte diesen Katalog dann an auswärtige Sammler, auch an die erwähnten, schicken. Ich glaube, es würde Erfolg haben. Wenn Sie wollen, will ich die Mehrkosten, die durch Aufzählen der nicht ausgestellten Bilder entstehen, tragen. Vielleicht könnte man auch einen üblichen Katalog machen und diesem das Vorwort und eine Liste der bislang in Privatbesitz übergegangenen Bilder beilegen. Wie groß müßte die Auflage dieser Liste sein? Für das Buch »Amerz« schlage ich vor, eine Abbildung beizugeben, und zwar den Entwurf einer Merzbühnendekoration. Fotographie liefere ich. Man könnte das Klischee so wählen, daß davon auch 1000 Postkarten hergestellt werden können.

Nun bitte ich um Nachricht:
1. Westheim.
2. Amerzbestätigung.
3. Ausstellungstermin.
4. Leseabendtermin oder -termine.
5. Lesehonorar.
6. Leseprogramm.
7. Ob beide Räume für meine Ausstellung.
8. Katalogvorwort.
9. Bilder im Privatbesitz, ev. Liste beilegen.
10. Abbildung Merzbühne in Amerz.

Ich bitte um einen freundlichen Gruß an Dr. Blümner. Der Verkauf des Hochgebirgsfriedhofes hat mich sehr gefreut. *Geld bekommen.*
Mit herzlichen Grüßen

Ihr Kurt Schwitters.

ANNA BLUME*

An Roland Schacht

11. 12. 1920

Lieber Roland Schacht!
Dank für Übersetzung. Meine Ausstellung ist bis März verschoben. Ich komme Anfang März und werde Dir dann die kleine Zeichnung mitbringen, eine Merzzeichnung. Deine Pillenbeiträge haben Gröttrup gefallen, aber er sagt, unter Pseudonym könnte er die Pille allein schreiben. Da mußte uns also mitteilen, ob er nicht Deinen vollen Namen, Roland Schacht, daruntersetzen darf. Schreib doch bitte direkt an Herrn Bernhard Gröttrup, p. Adr. Verlag der Pille, Ernst Opitz Verlag, *Hannover,* Andreaestraße.
Herzlichst Dein

Kurt Schwitters.

11. 12. 1920.

Geliebter Christof!
Es ist nicht leicht, ein dickes Stück Pappe auf einen dünnen Brief
zu kleben, aber im Namen Anna Blumes geht eben alles. Sodann
bitte ich Dich, Brüning zu veranlassen, die Sachen, die ich ihm geschickt habe, entweder selbst vorzustellen, ein Stück Pappe gibt
doch so einem Briefe einen mächtigen Stiehl! oder an Dich zu-
rückzugeben. Wenn Stallmann mich ausstellen will, möchte er mir
schreiben, dann mache ich etwas Dolles dort. Haste Dir die Pappe
auch schon mal angesehen? Ein richtiges Auge sitzt darauf.
Alsdann sende ich Dir Tran 16 und bitte um Rückgabe Weihnachten. Er erscheint im nächsten Sturm. Hast Du schon einmal einen
Torfmann singen hören? Wennsde Kerschkamp triffst, so grüß ihn,
und sag ihm, wo meine Mz. sind, denn er wollte seinem Freunde
eine davon anreden. Vergiß es nicht! Um Dir zu zeigen, wie ich
Dir vermisse, brauche ich bloß zu schreiben, daß außer Luse und
Mari hier in Hannover nur meine nächsten Angehörigen mich
menschlich interessieren. Beim Zornenschmidt sind offenbar alle
meine Wege vergeblich.
Ich grüße Dich.

ewig Dein Kurt Schwitters.

31. 1. 21

Lieber Herr Dexel!
Dank für 25 Merzschafe etc. Ihre Einladung nehme ich gern für
1 – 2 Nächte an, oder wie war das gemeint? Ich hoffe, Sie werden
wohl geneigt sein, mit mir etwas zu tauschen? Aber wann sehe ich
Sie? Es genügt, wenn Sie mir beim Bauhaus Nachricht geben lassen.
Herzlichst.

Kurt Schwitters.

11. 12. 1920.

Geliebter Schischko!

Es ist nicht leicht, ein
dickes Stück Zucker nach
einem dünnen Brief
zu kleben, aber im Namen unserer Liebe
geht eben alles. Indem bitte ich dich,
Bruning zu veranlassen, die Sachen
die ich ihm geschickt habe, anderen
gefälligst vorzustellen, ein Stück Zucker
giebt doch zu einem Briefe einen
mächtigen Reiz! oder von dir zu-
rückzuzahlen. Wenn Bullmann
mir nichts erstatten will, mag er es
mir schreiben, dann weiß ich
etwas Volles doch. Erst die die
Sachen doch schon mal angesehen?
Ein wichtiger Kerze geht daraus.

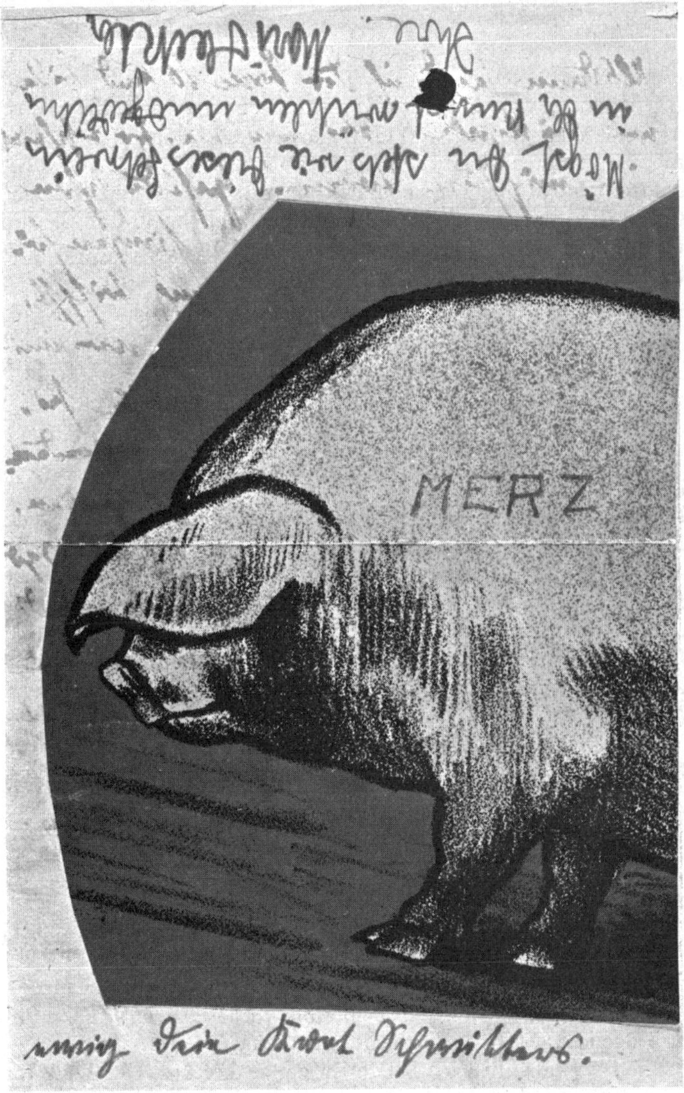
MERZ
ewig Dein Kurt Schwitters.

10. 2. 21

Lieber Herr Dexel!
Ich bedauere unendlich, daß ich nicht kommen kann, dieses Mal nicht. Leider bin ich mit Gropius noch nicht im Klaren, und möchte vorher nicht in die Gegend kommen. Ich hoffe aber doch bald durch Thüringen zu kommen, dann melde ich mich rechtzeitig an. Ich finde es sehr freundschaftlich von Ihnen, daß Sie mir Gelegenheit geben wollen, vor einem kleinen Kreis zu lesen. Vielen Dank. Wie denken Sie über Tausch?
Herzliche Grüße

Ihr Kurt Schwitters.

An Walter Dexel

5. 3. 21.

Lieber Herr Dexel!
Ihre angekündigten Aquarelle sind soeben angekommen, 6 Stück. Ich habe mich sehr gefreut. Ein Bild das etwa so aussieht* habe ich ausgesucht. Ich sende Ihnen zur Auswahl einige Merzzeichnungen in ca 4 Wochen erst, da ich jetzt wegen der Sezessionsausstellung und Sturmausstellung April wenig da habe. Ist Ihnen das recht? Das Aquarell betrachte ich erst als Eigentum, wenn Sie Gegenwert ausgesucht haben. Die 5 anderen Arbeiten habe ich der Sezessionsjury, die Montag beginnt, zur Verfügung gestellt. Ich hoffe, es wird Ihnen recht sein. Von morgen bis zum 15. [3.] bin ich in Berlin Friedenau, Rheingaustraße 23^{II}, bei Frl. L. Fischer. Dank. Herzl. Grüße.

Kurt Schwitters.

An Hans Arp

[Vor 12. 5. 1921]

Beleibter pra!
Ao 0,05 am 0,2 Merz I nach dem Ableben des großen Franz Müller frage ich Sie, ob Sie eine geneigte Seite haben?
Ich setze voraus, daß ich bei Ihnen ein senkrechtes Ohr finde für tit den Austausch von Gedanken.

ANNA BLUME

Hälse 1,23 M.
Flanken 0,90 M.
und schlage vor, selbigen Briefwechsel wie Brombeeren zu sammeln und als Gemüse zu addieren.
Ao 0,05
Mit festem Bauchschlag

Kurt Anna Schwitters.

An Walter Dexel

Hannover, 27. 5. 21

Lieber Herr Dexel!
Also ich war in der Kestner, sobald ich Ihre Karte bekam. Die Bilder nach München sind gleich abgeschickt. Von Kersting habe ich keine Nachricht. Die Glasbilder sind heile bei v. Garvens, der sie sehr gut fand und sich sehr freute. Steegemann kann nur verlegen, wenn Sie die Druckkosten übernehmen. Honorar erst von der dritten Auflage. Ich rate ab. Was wollen Sie auch herausgeben?
Ich bitte Sie, sich doch einmal mit Herrn Biedermann zu besprechen. Ich warte auf Nachricht über Preise und für wann Saal gemietet ist. Die Zeit eilt, und es muß auch Reklame gemacht werden. Wollen Sie sich darum kümmern? Für Ihre Gastfreundschaft nochmals besten Dank. Es waren 2 sehr schöne Tage in Jena. Ihr Bild habe ich nun eingerahmt. Es erfreut mich jeden Tag. Morgen will Molzahn uns besuchen. Weil Ihre Frau meinen diesen bildschönen Kopf nicht leiden mag, habe ich Anna Blume als Binde darübergeklebt.
Mit den herzlichsten Grüßen von Merz zu Haus.

Kuwitter und Frau.

An Christof Spengemann

Hannover,
27. 5. 21.

Urkunde.
Hierdurch ernennen wir, insoweit dieses in unserer Macht steht, Herrn Christof Spengemann zum Ehrenmitgliede des Vereins zur

Veredelung der Hunderacen, und zwar für gantz Deutschland, einschließlich der besetzten Gebiete, sowie der verbündeten Länder.

ANNA BLUME*
I. A. Merz.

Anbei ein Diplom.

An Walter Dexel

2. 6. 21

Lieber Dexel!
Dank für Bemühung. Mir ist der 26. recht, aber das ist ein Sonntag. Ist das günstig? Ich fahre nachher nach Dresden, das eilt
nicht so sehr. Vielleicht kommt Helma mit. Sie müssen übrigens
einmal nach Hannover kommen. Molzahn hat hier ganz gut verkauft. Und vorher hatte er durch seine Ausstellung nichts verkaufen können. Die Leute wollen son Künstler sehn, wenn sie ihn
schätzen sollen.
Grüße von Merz zu Haus. Kuwitter.

An Walter Dexel

12. 6. 21

Lieber Dexel!
Herzlichen Dank für Ihre Bemühungen. Bei den Verhältnissen in
Jena bitte ich Sie nun, sich der Sache noch mehr anzunehmen, damit es endlich wahr wird mit meinem Vortrage. Ist es Bummelei,
Interesselosigkeit oder Widerstand von Biedermann, daß er sich
überhaupt nicht regt? Ich habe *noch keinen* Brief von ihm bekommen. Ich lege Ihnen nun den Brief an Biedermann mit ein und bitte Sie, sich möglichst gleich zu ihm zu begeben und ihn zu bitten,
mir endlich zu schreiben, damit ich endlich Bescheid weiß und
mich einrichten kann. Falls er die Sache nicht mehr machen will,
wollen Sie dann den Saal mieten und die Propaganda übernehmen, und ist das überhaupt ohne Mitwirkung der Buchhandlung
möglich in Jena? Ich bitte Sie um Beantwortung dieser Frage.
Dann bitte ich um Nachricht, wie lange die Schweden in Jena
sind, ob ich am 4. 2. überhaupt noch auf Publikum rechnen kann.
Wenn Walden sich beteiligt, was ich für sehr wahrscheinlich halte,

so werden wir also an einem Abend lesen, er um 8, ich um 9. Walden kann auch Anfang Juli kommen. – Molzahn war wieder hier, und da bin ich wieder mit ihm in die Kestnergesellschaft gekommen. Gleichmann, Molzahn und ich, wir schätzen Sie und haben oft und nicht erfolglos von Ihren Arbeiten gesprochen. Ich glaube Küppers und auch v. Garvens wollen von Ihren Glasbildern kaufen. Garvens drängt Küppers ziemlich, sie wollen beide das ovale Glasbild. Ich glaube, wenn Sie mal nach Hannover kommen, sind für Sie Möglichkeiten hier. Küppers meinte einmal, er würde nicht mehr ewig Leiter der Kestnergesellschaft bleiben, und wenn [er], vielleicht erst in einigen Jahren, vielleicht schon bald etwas anderes fände, würde er Ihnen seinen jetzigen Posten anbieten. Sie sehen, Hannover ist die Dexel-freundlichste Stadt der Welt. (Mama, da steht ein Mann.)
Herzliche Grüße von Merz zu Haus.

Kuwitter.

An Walter Dexel
Dresden, 16. 7. 21
Lieber Dexel!
Also Frau Dr. Schmidt hat ihren Mann benachrichtigt. Er wird etwa Dienstag dort sein, wenn er Zeit hat. Sonst melden Sie sich doch bei Schlemmer in Weimar. Über die Kritiken habe ich mich köstlich gefreut. Sie sind doch fabelhaft gewissenhaft im Besorgen. Ich danke Ihnen. Walden schreibt, daß er sehr gern einen Abend in Jena gibt. Also ich lese in Erfurt, Weimar, Jena, Leipzig, Dresden. Deshalb muß früh genug der Saal gemietet werden. Bitte besorgen Sie mir für den 21. Oktober einen Saal und schicken Sie mir umgehend die Bestätigung des Abvermieters, daß ich den Saal bekomme. Auslagen, auch für die Kritiken, ersetze ich dann natürlich.
Herzlichst

Kurt Schwitters.

An Christof und Luise Spengemann
Amselfall 10. 9. 1921
Liebe Krise!
Also PRAHA i o Cislovensky da hams a Paradies. – a paradies hams da. Schreibt mich mal p. Adr. Dresden (Anton Graffstr. 12^{II}).

Gruß KUwitter.
Ich denk an Euch und grüße Euch Eure Helma.
Gruß Hanna Höch.
fms. fms bwtäzäu Hausmann.

An Grete Dexel

6. 10. 1921

Liebe Frau Dexel!
Soeben von der Reise zurück. Sie sind natürlich herzlich willkommen und sollen beide à la Lineal schlafen. Für gute Verpackung à la Bettfedern wird gesorgt. Waldhausen ist gewissermaßen Kurort. Ihre Nerven werden sich gut erholen. Dieses Manifest gilt mir als Tat. Erfaßt von der Bewegung unserer Zeit, bitte ich Sie zu kommen. Straßenbahn 1, 18 von Kröpke bis Döhrener Turm. Ihrem Mann kann ich keine Nachricht geben, wollen Sie das tun? Also auf Wiedersehen freut sich

Kuwitter.
Helma läßt herzlichst grüßen.

An Grete und Walter Dexel

29. 10. 21.

In Merz geliebte Dexels!
Herzlichsten Merz für den Brief vom 26. 10. 0,1. Er war lang und leserlich.
Dank für KRAGEN und Messer.
es tut mir leid daß sie lieber graf im rheinland so wenige leute getroffen haben, Während mich andererseits Ihr Verkauf bei K o c h sehr freut.
An der Mausefille sitzt Speck.
Also der Löscher löscht noch und Merz merzt noch.
Übrigens erzählte mir Dr. Koch selbst von dem Kauf Ihres o o o o walen Glasbildes.
ER hat von mir Mz. 333 mitgenommen und bei Garvens Klee, Groß, Chagall gekauft. Den Dixschen Salon bei ihm haben Sie ja selbst gesehen. (keine Ursache!)
Herr von Garz-vens will uns beide nun also gemeinsam zusammen

DEUTSCHES REICH 40

HANNOVER
4.11.21
10-11N
S 1

25798

Familie Siegal

Herrn

(handschriftlicher Text, unleserlich)

Ojährigen Bestehens,
nen ist in den Jahren
en grossen Kunden-
s. meine Kundschaft
teilhaften Waren zu
olge meines Unter-
undschaft in dieser
kommen zu bringen
igkeit zu beweisen,
n Jubiläums-Verkauf
Zeit entsprechend
en.

(für die Herren Beamten)

(handschriftlicher Text, unleserlich)

Schürzen
Wiener Damen-Ke
Blusen
ANNA

Damenkonfektion

BLUME

Heute begehe ich den Tag meines
was Menschenhände schaffen kön
geschaffen worden, ich habe mir ein
kreis erworben, dank meines Prinzip
auch in der schwersten Zeit mit vo
versorgen. **Ich bin stolz auf die Erf
nehmens.** Um meiner treuen K
schweren Zeit ein grosses Entgegen
und gleichzeitig meine Leistungsfä
habe ich mich entschlossen für diese
hervorragend schöne Waren der
sehr billig abzuge

ausstellen und einen Katalog mit Abbildungen machen, falls wir uns
an den *Kosten* (Sie hören schlecht?) mit etwa je 750 M beteiligen.

Die Fille ist für HERTWIG.

Die Fille ist für Meise.

Die Fille ist für Hertwig.

Das Lauseaß soll Speck fressen.

Lause AAS!

einer begreift im Stehen, der andere steht im Begriffe.
Ich bin dafür.
An der Mausefille sitzt Speck.
Dieses ist eine Mausefille. Für Falle reicht es nicht ganz hin. Fille
ist der expressionistische Ausdruck für FALLE. Daher der Name
Emil FILLA für einen hervorragenden Tschechischen Expressioni-
sten. Dof ist wirklich dof, lieber Graf. Emil ist der Mann, dem
unerwartet der Kopf abgeschnitten wurde, lieber Jraf, daß wir das
noch erleben mußten, Graf, wenn das Dein Vater selig noch erlebt
hätte, Graaaaf!
Anbei 2 Pakete.
Herzlichste Grüße von Helma und Puttchen mit Gummikragen.
Spengemann kommt wahrscheinlich

n i c h t.

Die Tschechen rüsten weiter. Nach dem Fall war ich ziemlich
krank, sozusagen ganz auf neu durchgearbeitet. Nun wird es wieder besser, langsam aber konsequent. Ich bin die heilige Kümmer-
niß geworden. An der Mausefille sitzt Speck.

An Familie Dexel

Hannover 4. 11. 21 [Poststempel]

1.) Gesund, war krank.

2.) Ja.

3.) Nein, aber bald.

4.) Noch keinen neuen Hut, kein Geld, alte gräfliche Familie nämlich.

5.) Ja. Beine gesund.

6.) Antwort verweigert.

7.) Dem Volksbuchhändler geantwortet.

Also liebe boshafte Freunden, ich bin nicht mehr gehirnverschüt-
tet.

Herzlichst   Dein Kuwitter.

Notabene, nichtzuverwechseln mit Behne Adi, nämlich Herr von Garvens ist krank. Ich bin sehr traurig.

An Grete und Walter Dexel

20. 12. 21

Liebe Dexelsleute!
Das Paket ist wohl angekommen. Ich danke für Ihren Hinweis auf Kritik im Frühlicht, die ich noch nicht kannte, ich bitte stets um solche Hinweise. An Spengemann habe ich telefoniert. Er will sehen, was sich machen läßt. Biermann hat Laune und immer viel Stoff. Für Lebensstellung des Jrahfen am Kunstverein Jena hurrah! *Wann steigt denn mein Vortrag in Jena?* Ich brauche Geld! Können Sie nicht davor Sorge tragen? Heben Sie mein Herz weiter gut auf, es lohnt sich. Jacke und Weste sind sehr schön, ich freue mir und mich abwechselnd, und zwar sehr.
Herr von Garvens hat alles besetzt außer dem Monat März, an dem Sie nicht schicken können. Läßt sich die Sache nicht verschieben in Essen? Ich selbst glaube übrigens bis März nicht viel mit ausstellen zu können, was für Hannover neu wäre. Ob es für mich Zweck hätte? Ich weiß es nicht, ob ich gut tue, eine Ausstellung von nur Merzzeichnungen zu machen.
Soeben habe ich übrigens wieder einen Radunfall gehabt. Ich bin in ein Stacheldrahtgitter geraten und habe mir dabei 7, in Worten sieben Löcher gerissen. Au tut das weh! Geht vorüber, geht vorüber.

9. 1. 22

Inzwischen hat sich viel geändert, und manches gilt nicht mehr, was ich am 20. 12. schrieb. Z. B. kann ich durch Garvens Stellungnahme nicht mehr durchfinden, nachdem Sie ihm selbst geschrieben haben. Ich halte diesen Weg auch für den besten. Schreiben Sie immer selbst, und wenn Sie eine Ausstellung vereinbart haben, schließe ich mich vielleicht an. Dreieckige Verhandlungen sind ungünstig. Garvens sagte jetzt, er hätte auch den März nicht frei. An Gleichmann schreibe ich sowieso in den nächsten Tagen. An Heimann habe ich seinerzeit im Brief 1072 als Antwort auf *sein Angebot* geschrieben: . . . in der ersten Februarwoche *oder der zwei-*

Dresden, 150 Pfund

Eine Aufnahme des früheren Kaisers, die Prinz Oskar in Doorn gemacht hat.
Copyright Keystone View Co.

„Rapid"

LA
Teplicit
Beste
Einreibung

O alte Zeit, wo bist du hin?
Du gingest und ich blieb,
Und ach, seit ich dir ferne bin,
Hab ich dich doppelt lieb.

Ich denke deiner spät und früh,
Wie an mein fernes Glück,
Und dennoch, dennoch wünsch'
ich nie:
O kehrtest du zurück!

vom Deu

Offener Brief ⚡ 2. 3. 1922

Lieben Yorck! In deinen Geburtstag
möge nunmehr Ihnen Gesundheit und

Viel Geld können. Wir Sie freuen

über Euere Familien Nachricht.
Wir mir aufsehen Sie zum Geburtstag
ein Ledel Schreiben **gratis!** Deine

ehemalige Werkstatt hat mittlerweile
einen ganzhen Wollbrot bekommen.
Wie geht die Arbeit? Jedenfalls noch die
durch 15 Pfoefun, das genügt. Wenn es
nicht anders läßt, geben die Yorck und schain Wort auf

Dresden, 150 Pfund Nachger.

fürsch sind hier. Sie kommen mir mit Ausdruck,
lieben Yorck Siegel

HANNOVER

ANNA DUHME

Mordsache
Wildhagen!

Extrablatt.

Alte Frau: Mit dem Telegraphieren ist es doch etwas
Wunderbares — Da habe ich heute zu meinem Geburtstag ein
Telegramm von meinem Sohn aus Indien bekommen — denkt
Sie, und so weit weg!
Zweite alte Frau: Und die Schnelligkeit erst!
Alte Frau: Das ist schon mehr Zauberei. Denken Sie
nur, das Bananenblatt hinten war noch feucht.

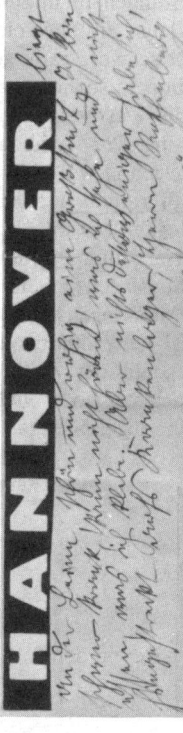

HANNOVER

ANNA BLUME

STAATLICHES BAUHAUS
ZU WEIMAR

Ehemalige Großherzoglich Sächsische Hochschule
für bildende Kunst und ehemalige Großherzoglich
Sächsische Kunstgewerbeschule in Vereinigung.

Extrablatt.

Sehr geehrter Herr Paſtor!

Ihrer Predigt vom 8. Februar, welche
erfolgt, geſtatten wir uns ergebenſt, folgendes
zu Ihnen beflügen auch mit auf das Tief

ten lese ich bei Ihnen für 400 M Honorar . . . Ich muß ihn also immer noch an seine Karte vom 14. 9. erinnern und den Tag fixieren lassen.

Sehr erfreut sind wir über die Schreibmaschinenschrift. Aber kommen zu Besuch können wir, respektive ich, vorläufig nicht. Wir sind alle drei sehr erkältet und leben in einem Zimmer. Übrigens ist am 7. 1. Herr Dr. Küppers an Lungenentzündung gestorben. Unmittelbar nach einer sehr vergnügten Silvesterfeier mit Garvens, Heitmüllers und Gleichmanns ist er schwer krank geworden. Der Fall war so schwierig, weil Dr. Küppers sowieso lungenkrank war. Es ist sehr traurig, auch um die Kestnergesellschaft. Nun herrscht Biermann unumschränkt. Kurz vor Weihnachten waren wir bei Küppers, der mir erzählte, Biermann wollte ihn herausekeln, um die Stelle Habicht zu geben. Biermann und Habicht sind ja sehr intim. Wäre da nicht die Möglichkeit für den Jrahven Dexel, sich zu bewerben? Denn ohne Versammlung mindestens des Beirates kann Biermann die Stelle nicht besetzen, nehme ich an. Ich weiß nicht, wie das zu machen wäre, überlegen und schreiben Sie mal. Vielleicht schreiben Sie einmal ganz dumm an den Vorstand der Kestnergesellschaft, Sie hätten aus der Zeitung erfahren u.s.w., Gehaltsansprüche vielleicht nicht zu hoch, vielleicht 15–20 000 M, oder gar nicht fordern. Also überlegen Sie mal.

Mit besten Grüßen von Graf zu Graf

Kuwitter,
Helma,
Lehmännecken.

An Grete Dexel

Revon den 2. 3. 1922

Offener Brief

Liebe Grete!

Zu Deinem Geburtstage wünsche ich Ihnen gute Gesundheit und V i e l   G e l d . Wie k ö n n e n Sie sich freuen über Eure herrlichen Verkäufe. Von mir erhalten Sie zum Geburtstage ein Bild des Kaisers g r a t i s ! Seine ehemalige Majestät hat mittlerweile einen prächtigen Vollbart bekommen. Oder sagst Du »haben«? Jedenfalls nach Bedarf 15 Tropfen, das genügt. Wenn es also dabei

Sächsischer Offizier-Dienstzaum

Kurt Schwitters. Das Kreisen. (Merzbild.)

bleibt, fahren der Graf und ich im Mai nach D r e s d e n , 150
P f u n d Reisegepäck sind frei. Sie können auch mitkommen, liebe Frau Dexel!

HANNOVER liegt an der Leine, schön und ruhig, eine Großstadt. Ich
bin schwer krank, kann nicht hören, was ich sehe und nicht essen,
was ich klebe. Aber nichtsdestoweniger habe ich, hingestreckt
aufs Krankenlager, Herrn Rothenberg ANNA BLUME empfohlen und
ein Ölgemälde für 6000 verkauft.

Aus Weimar sandte mir die Firma Staatliches Bauhaus zu Weimar
Ehemalige Großherzogliche Sächsische Hochschule für bildende
Kunst und ehemalige Großherzoglich Sächsische Kunstgewerbeschule in Vereinigung einen ihrer Herren Professoren, namens
Schlemmer. Ich lasse dieses per E x t r a b l a t t . bekanntgeben. Es
waren angeregte Stunden von Meister zu Meister.

Also Gruß und Kuß in Merz Geliebte.

Kuwitter.

An Walter Dexel

15. 4. 22

Liebe Dexels!

Fröhliche Ostern! Im Mai stelle ich im Sturm aus. Vielleicht fahren wir dann nach Berlin. Und vielleicht ließe sich dann ein Besuch in Jena anschließen, das würde dann etwa Anfang oder Mitte
Juni sein. Ich würde es sehr gerne tun, wenn es Ihnen paßt. Den
Vorschlag, daß ich mit Ihnen und später mit Gleichmann ausstellen will, kann ich Garvens nicht machen, das sähe unverschämt
aus. Können Sie mir nicht eine Ausstellung in Weimar vermitteln?
Bims die Händ mit Abrador. (Sächsischer Offizier-Dienstzaum)
Preisfrage: Welcher Offizier trägt einen Dienstzaum?

Herzlichst, auch an Gretefrau.

Ku. Witt. Err.

An Walter Dexel

29. 5. 22

Liebe Dexelsens!

Wir sind in Berlin und wollen mal sehen, wie uns das Reisen bekommt. Ob wir nach Jena zu kommen noch Mut haben, das

schreibe ich noch. Die Wahrscheinlichkeit ist $66^2/_3$ %. Wir kämen dann frühestens Pfingsten, wahrscheinlich aber erst Dienstag oder Mittwoch. Schreiben Sie mir bitte noch per Adr. Frl. L. Fischer, Friedenau, Rheingaustr. 23 II. Am 31. lese ich im Sturm.
Herzlichst

Kuwitter.

Wenn wir nun schon Sonnabend kämten? Der Graf soll sich natürlich in der Arbeit nicht stöhren lassen.

An Grete Dexel

2. 6. 22

Gnädige Frau Gräfin!
Die Kunde von Ihrem plötzlichen Ableben kam mir wie ein Donner im Auge. Hoffentlich bassiert nichts dabei, daß alles gut geht, daß Sie richtch wieder zusammengesetzt werden. Wir bleiben nun noch in Berlin und ich besuche Euch dann im August oder Ende Juli allein.
Alles Gute wünscht Dir Dein Kuwitter. Revon, Nesuahdlaw V/2.
Iberschrift »der Zwiebel«
Recht schnelle Gesundung und viel frohen Mut wünscht Ihnen Ihre Helma Schw.

An Grete Dexel

14. 7. 22.

Liebe Frau Dexel!
Dieses ist Auguste Bolte. Außerdem sind wir in Einbeck und malen und wandern. Ferner habe ich mal in einem Orte *Altendorf* in der Nähe von *Opherdicke,* wo wir wohnten, den Vorsteher gezeichnet. Ich glaube, daß er Schulze hieß. Ist das Ihr Schulze und Ihr Altendorf? Ob und wann ich mal nach Jena kommen kann, ist noch sehr ungewiß. An wen soll ich denn in Weimar schreiben? Ich kann den Namen nicht lesen. Schreiben Sie bitte noch einmal *deutlich* Namen und Adresse. Grüßen Sie den Jrafen. Portraits habe ich wenig und nicht vorteilhaft haft haft haft. HAFT.
Herzlichst

Ku Witter.

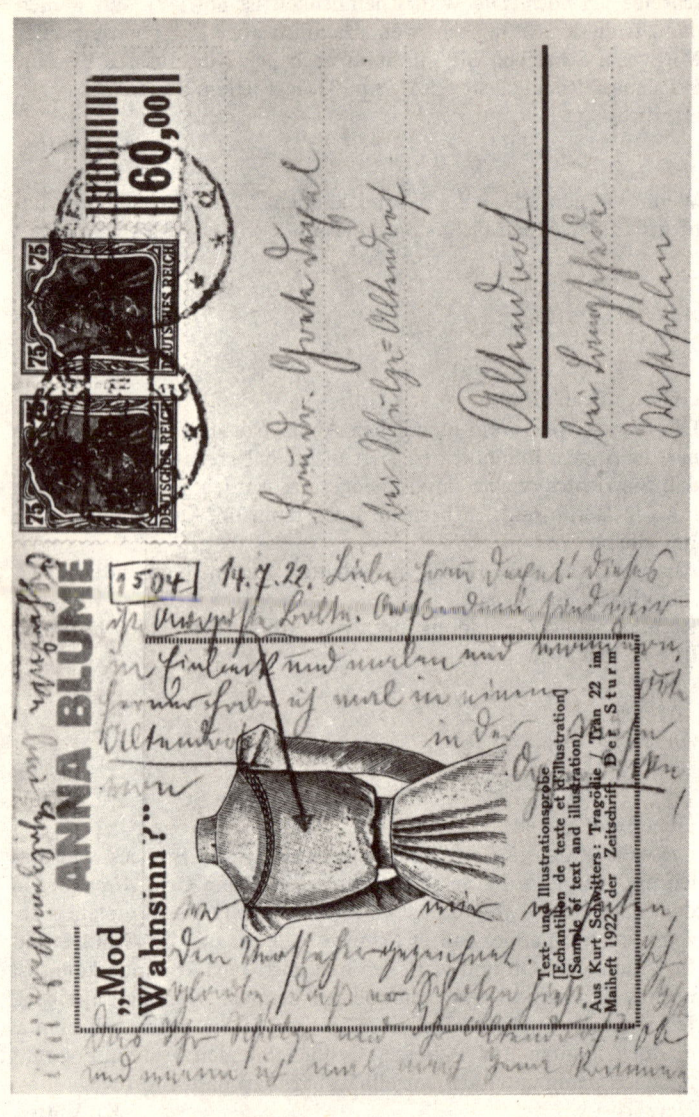

Text- und Illustrationsprobe
[Echantillon de texte et d'illustration]
[Sample of text and illustration]
Aus Kurt Schwitters: Tragödie / Titan 22 im
Maiheft 1922 der Zeitschrift Det Sturm

Der Sturm im Mai 1922

Kunstausstellung Der Sturm

Potsdamer Straße 134a

Kurt Schwitters

L. Kosinzova-Ehrenburg

Sturm-Gesamtschau

Geöffnet täglich von 10—6
Sonntags von 11—2 Uhr

Sturm-Abende

Jeden Mittwoch 7³/₄ Uhr
Rezitation:
Rudolf Blümner
Musik:
Herwarth Walden
Am 24. Mai: **200. Sturm-Abend**
Karten an der Abendkasse

Pa-Fa-Ma

D. R. P.

erscheint Ende Mai

Monatsschrift Der Sturm

Jahresbezug: 180 Mark
Ausland: 300 Mark
Einzelheft: 20 Mark

Maiheft: Beiträge von Herwarth Walden: Das Lehrbuch der Deutschen / Variété delectat
Kurt Schwitters / Tragödie
siehe Illustrationsprobe auf der Vorderseite

Kostümskizze von Larionow / Dreifarbendruck

Sturm - Buchhandlung

Potsdamer Str. 138a (Laden)

nimmt Bestellungen auf alle Bücher, Kunstwerke und Zeitschriften des In- und Auslandes entgegen

Verlag Der Sturm

Neuanzeige:
Kokoschka-Mappe / 3. Aufl.
Menschenköpfe / 12 Porträtzeichnungen auf Japanpapier von Dehmel / Kraus / Loos Yvette Guilbert / Scheerbart Blümner u. a.

Luxusausführung 360 Mark

Der Sturm / Leitung: Herwarth Walden

Berlin W 9 / Potsdamer Str. 134a / Fernruf: Lützow 4443

An Grete Dexel

14. 8. 22

Liebe Frau Dexel.
Freuen Sie sich nicht zu früh, vor Mitte Oktober können wir nicht
reisen. Ob wir dann erst nach Dresden fahren, ist auch noch unge-
wiß. Wir schrrrrrreiben noch vorher. Wie angenehm muß es für
Sie sein, daß wir Sie seit Januar besuchen. Leider immer nur per
Postkarte. Meine Frau scharniert sich schon ordentlich.
Herzlichst

Merz.

[Mit Tinte darüber geschrieben:] Kommen HERR Graf nach Revon
zu derr hochwohlgeborenen Ausstellung?
Wie steht es mit meiner geplanten Ausstellung in Weimar?
Soll ich selbst an den Direkttttttttor schreiben?
Wie ist seine Adresse?
Was denken Sie?

An Walter Dexel

24. 8. 22

Lieber Jhrahff!
Ihre Ausstellung ist sehr fein. Jrahtuliehre. Einige neue Glasbilder
sind fasanenhaft. Äh. Gl: Wollt Ihr nicht nach Revon kommen
und uns besuchen? Biß das wir nach Anje kommen, kann noch
immerhin länglich dauern. [. . . . . .] Wir wollten nämlich jern inne
Alpen, und das jet über Frankfurt–München. Schreiben Sie, kommen Sie und jeben Se Antwort, ob ich nach Weimar schrrrrrrrrrei-
pen sohl. Uff.
Herzlichst

Graf MERZ.

Garvens selbst verreist nach Wien.

Kurt Schwitters. Konstruktion für edle Frauen

An Grete Dexel

4. 9. 22

Liebe Dexelin!
Ferleicht habe ich richtig gelesen, daß Sie ferleicht im Sept. nach
Revon ferleicht kommen. Ich kann immer so schlecht lesen, wie
Sie gut schreiben. Das Alter! Nun wollte ich Sie nur mitdeilen, das
(mit Schlußeß) ich (kleingeschrieben) ferleicht bestimmt ab Sonn-
abend in 8 Tagen Revon vür unbestimmte Dauer ferlasse, teils mit
Weib und Kind. Edle Frau, am 16. 9. gedenke ich nach Vrestorf zu.
Wennde also kommen willst, dann bisken bletzlich. Ssonnnnst im
Sbetherpst inn Jena.
Mid Krus

KuWi.

An Theo van Doesburg

Hannover
13. 9. 1922

Lieber Doesburg!*
Ihr Vorschlag betr. Dada-Tournee Holland freut mich sehr. Ich
bin gern bereit mitzumachen und beeile mich, Ihnen zu schreiben.
Sie fragen, was ich tun würde auf der Tournee. Das müßten wir
miteinander bereden. Ich kann sehr viel schöne Sachen machen,
für mehrere ganze Abende hätte ich schönen Stoff genug. Ich nehme aber an, wenn all die anderen genannten Herren mitmachen,
wird für den einzelnen nur $1/4$ Stunde Zeit bleiben. Wenn wir Zeit
zum Proben hätten, so könnten wir ja etwas gemeinsam machen,
vielleicht einen Sketch in 5 Sprachen, bei dem keiner den Anderen
versteht. Die Zusammensetzung ist ja gut. Besonders Bonsels gefällt mir bei Dada. Nun bestünde die Möglichkeit des Probens bei
Hausmann und mir. Wir beiden hatten sowieso vor, ein gemein-
schaftliches Klopfstückchen zu bearbeiten. Ich nehme an, Hausmann hat noch Zeit, dann machen wir es. Und zwar handelt es
sich dabei um wechselnden Vortrag von abstrakter Poesie und
Tanz mit Klopfbegleitung, eigenes System. Wenn ich selbst etwas
allein vortragen sollte, so fragt es sich, ob ich deutsch sprechen
kann in Holland. Jedenfalls wird man von mir das Anna-Blume-
Gedicht hören wollen, und ich würde es nacheinander in Deutsch,

Englisch und Französisch vortragen. Sonst könnte ich das Gedicht »Wand« (aus einem Worte), 3 *Zahlengedichte,* wenn Sie mir die holländischen Zahlen sagen, und *Lautgedichte* vortragen, die ohne Sinn, ohne Sprache, jedem Holländer verständlich sind. D d s s n n r – Je – M – M p – Mpf – Mpft – Mpftl – u.s.w. Wenn wir überlegen, werden wir schon das Rechte finden. Bezüglich des Honorars hoffe ich und nehme ich an, Sie werden es jedem gleich geben. Dann bin ich einverstanden, wenn bei freier Reise und freiem Logis und Kost etwas für uns übrig ist.

Nach Weimar wollte ich das ganze Jahr schon kommen, aber meine Reise hat sich infolge von Krankheit und Arbeit und anderen Reisen stets verschoben. Jetzt fahre ich nach Lüneburg=Hamburg und wollte nun endlich im Oktober nach Jena Weimar bis Dresden fahren. Sind Sie dann da?

Ich will Ihnen noch einige gesetzte Gedichte schreiben: *(stark verkleinert)***

Wenn Sie meine neuesten gesetzten Gedichte für den Stijl verwenden könnten, sollte es mich freuen.

Bei dieser Gelegenheit möchte ich noch einmal anfragen, ob Sie ev. geneigt wären, mit mir ein Aquarell oder Bild zu tauschen. Ich würde mich glücklich schätzen, von Ihnen ein repräsentables Bild zu besitzen. Eine Propaganda für Hannover wäre Ihnen sicher. Wenn ja, dann könnten wir ja im Oktober in Weimar tauschen. Schreiben Sie bitte über alles ausführlich.

Herzlichst

Kurt Schwitters.
Hannover Waldhausenstr. 5^{II}.

An Walter Dexel

19. 9. 22

Liebe Dexels!

Da kanst halt nix mache, da stehst halt machtlos wisawi. Wenn der Köhler ein Schaf ist, dann nützt mein Gebell nichts. Ich sende dem Herrn jedenfalls meine ganze Serie als Drucksache. Dann komme ich ja im Oktober und melde mich persönlich. Ihre Ausstellung ist so schön nur unverkäuflich, leider. Aber Sie müssen mit mir tauschen! – ! – ! – ! – ! Ich hätte sehr gern den Eisenbahnsignalmast, oder 22,8 – oder 21,11. Nun hatten Sie seinerzeit das Bild 1918 II, Wald mit dem Schatten, mir mit der Bemerkung vertauscht: »für Kurt Schwitters, Umtausch jederzeit gerne gestattet, bitte Kassazettel vorlegen.« Nun habe ich das Bild allerdings liebgewonnen und würde lieber einen neuen Gegenwert für eines von diesen bezeichneten Bildern geben. Aber neben *Peri* muß ich eine neue straffe Arbeit von Ihnen haben, aus Gründen der Sittlichkeit. Hat Ihnen Frau Dr. Steinitz die *begabte* Besprechung von Dr. Sydow geschickt? Gratuliere! Ich wußte es ja, daß Sie begabt sind. Sydow hat Sie doch erkannt. Soll das nun heißen, begabt aber faul oder begabt und soo fleißig?? Schreiben Sie bitte wegen Tausch *umgehend,* da ich *bald verreise.*

Herzmerzlichsttt

Kuwitttter.

An Herbert von Garvens

Jena im gastlichen Hause des
Dr. W. Dexel, 24. 9. 22.
Sonntag. Während eines Ge-
witters.

Lieber Herr von Garvens!
Am Freitag den 29. wollten wir in Hannover einen Abend DADARE-VON geben. Mitwirkende:

Hans arp
Tristan Tzara
Petro van Doesburg
Theo van Doesburg   Raoul Hausmann
Kurt Schwitters

Wir geben am 25. 9. einen Abend in Weimar und am 26. in Jena. Außerdem kommen als Gäste mit Lissitzky, Peter Röhl, Gräff, Dexels, Burchartz, Moholys. Wir wollten den Abend bei Ihnen machen. Honorar oder Reisevergütung wird *nicht* verlangt. Dexels und Gräff wollten gern bei Ihnen wohnen, die anderen sonst. Wenn Freitag nicht paßt, kommen wir Sonnabend. Bitte laden Sie Leute ein und machen Sie sonst die nötige Propaganda. Hannover wird solch reichen Dadaabend nicht wieder erleben. Die Gelegenheit ist aus verschiedenen Gründen sehr günstig. Bitte geben Sie umgehend telegrafische Nachricht an Burchartz, Weimar, Kunst-

Kurt Schwitters. Das Undbild. (Merzbild.)

schulstraße 3^{III} und ausführliche Nachricht an Dr. W. Dexel, Jena, Fuchsturmweg 15. Wenn Sie großen Mut haben, mieten Sie den Rathaussaal?
Herzlichst

Kurt Schwitters. Hans Arp
Tristan Tzara (Paris) Theo van Doesburg
Werner Gräff Petro v. Doesburg
Peter Röhl L. Moholy-Nagy
Max Burchartz

An Christof und Luise Spengemann

27. 9. [1922]

Lieber Krischan und
Liebe Luise!
Ihr werdet verstehen, daß ich schreibe, statt zu kommen. Ich wähle das Wort, weil Worte das Mißverstehen zwischen uns verschuldet haben. Ich werfe Euch vor, daß Ihr meine künstlerische Ehre gekränkt habt, indem Ihr Zweifel an meinem künstlerischen Gewissen hattet. Ich fühle mich nicht mehr gekränkt, ich habe es abgeschüttelt und halte es für momentanes Mißverstehen, das wertvolle Menschen nicht trennen sollte. Ihr werft mir vor, ich hätte meine Freundespflicht versäumt, indem ich gegen Euch oder Weber gesprochen hätte. Ihr irrt Euch; im Gegenteil habe ich nicht nur nicht gegen, sondern für Weber mich wiederholt eingesetzt. Und für Krischan habe ich mich mit aller Kraft eingesetzt. Ich bin unschuldig daran, daß Fischer nichts gekauft hat, und begreife Euer Mißtrauen nicht, da wir uns doch so lange kennen. Jedenfalls drängt es mich, Euch zu schreiben. Wenn Ihr wollt, so schreibt mir wieder, daß wir die Angelegenheit ausstreichen wollen. Lange Aussprachen liebe ich nicht, und mit Weber will ich nie wieder etwas zu tun haben. – Wir veranstalten Sonnabend d. 30. 9. bei Garvens einen dadaabend, Arp, Tzara, Doesburgs, Hausmann und ich. Ihr seid herzlichst eingeladen.
Mit besten Grüßen

Kuwitter.

An Nelly van Doesburg

17. 10. 22.

Geliebte Frau Nelly.
Soeben finde ich in meinem Atelier unter Gemälden von Ernst
Lehmann Dein verlorenes Notenheft, 21 moderne Tänze: Tanz-
teufel, nur echt mit stehender Frau: das Weib entzückt ... ich
habe keine. Arme Nelly, armer Hausmann, armer Kuwitter, daß
das geschehen mußte. Wie aber der stark bezechte Kellner in den
Brunnen geraten ist, bleibt rätselhaft, jedenfalls ist er tot. Ich fah-
re jetzt via Lüneburg. Meine Adresse ist: bei Liekfeld, Rittergut
Vrestorf bei Bardowick, Bez. Lüneburg. Wie geht's Theovan?
Welche Antworten sind aus Holland leider noch nicht gekommen?
Herzlichst*

Kuwitter.

An Walter Dexel

9. 11. 22

Lieber Graf!
Ich war in Lüneburg und fahre am 20. wieder hin zu einem Leseabend. Ich hätte dort *vielleicht* Gelegenheit, für Kollegen etwas an
einen Sammler zu verkaufen. Wenn Sie das Porto nicht scheuen,
mir einige *alte* und *2* neue zu senden, Preise etwa 3–5 tausend M,
so ist die Wahrscheinlichkeit groß. Aber, ich kann nicht garantieren und möchte auch nicht so bald die Arbeiten wieder zurücksenden müssen. Bedingung: Sie zahlen beide Portos und lassen mir
die Sachen $1/2$ bis 1 Jahr. Inzwischen sehen wir uns, dann gebe ich
Rest zurück. Ich hoffe stark, daß der Sammler etwas Älteres
nimmt. Außerdem nehme ich die Sachen wahrscheinlich nach
Holland mit, hoffentlich im Dezember. Also, was meinst Du?
Grüß Deine Frau die Margarete ohne Gleichen.
Herzlichst

Kuh Witter.

An Walter Dexel

17. 12. 22

Lieber Graf!
Richter in Dresden will im Februar eine Ausstellung der Künstler
machen, die um den Fortschritt kämpfend Bionierarpeid leisten.
Sie sollen mit ausstellen. Hoffentlich können Sie um die Zeit etwa
10 Arbeiten abstelln. Vielleicht einige ältere und neuere, sozusagen
Entwicklung. Also entweder Ende Januar bis Mitte Februar oder
Mitte Febr. bis Anfang März. Schreiben Sie bitte auch an mich,
ob und wann es bast. Ich bin ideell beteiligt und würde mich tatsächlich jlicklich schezen. Op wir nach Jena kommen werden können glaube ich nämmmlich nicht.
Grüß Margarete ohne Gleichen.
Herzlichst Merz, z. Zt. Dresden, Weiße Schleife, Johann Georgen-
allee 16. Wir sind im Erzgebirge.

An Hans Arp

[vermutlich vor 1923]

Lieber Hans Arp.
Ich bin jetzt in Berlin. Hausmann und ich arbeiten lebhaft an dem
Manifest. Wir wollen noch vielleicht Puni, Viking Eggeling, Does-
burg auffordern. Wissen Sie noch jemand in Frankreich? Das
Manifest wird elementare Kunst fordern, d. h. Kunst der Elemen-
te und elementaren Künstlerkraft. Wir wollen eine Zeitschrift
q n g E gründen, an der wir sämtlich mitarbeiten, zur kraftvollen
Förderung elementarer Kunst. Material sammelt und Druck leitet
Hausmann. Die erste Nummer soll von jedem etwas bringen.
Schicken Sie an Hausmann, der Sie übrigens herzlichst grüßen
läßt, unveröffentlichte Manuskripte, Klischees nach möglichst
genagelten Sachen, vielleicht Holzschnitte, und besonders etwas
Geld, etwa 50–100 Franken. Wir müssen sämtlich etwas Geld stif-
ten, um beginnen zu können. Die nächsten Nummern sind als
Sondernummern geplant, und Sie sollten die erste haben, also
Nummer 2. Sie stellen diese Nummer im Umfange der ersten
selbst zusammen nach eigenem Gutdünken, nach der Parole: »Nur
gute Kunst, kein Bluff.« (Liebeswerben, Parfüm der Dame, berau-
schender Wohlgeschmack.) Die Sondernummern sind auf das Risi-

Kurt Schwitters, Stilleben mit Abendmahlskelch; 1909.

ko des betreffenden Sonderkünstlers, er trägt sämtliche Kosten und hat sämtliche Einnahmen der betreffenden Nummer. Das Stiftungsgeld und die Einnahmen der ersten Nummer sollen für Propaganda verwendet werden. Die letzte Seite jeder Sondernummer dient für Kampf, etwa Antworten oder Alarm an die Kritik, die erste Seite dient zur Austauschreklame. Wir wollen Steegemann für den Verlag gewinnen.

Ich bitte um baldige Antwort, damit wir beginnen können, und hoffe auf Ihre tatkräftige Unterstützung. Sie wissen ja, wie sehr gerade mir an Ihrer Mitarbeit liegt.

Merzl. Gruß

Kuwitter
p. Adr. Hannover . . . .
. . . .

Schreiben Sie *mir*. Sie können auch *mir* das Material senden.

An Walter Dexel

d. Haag 13. 1. 23

Liebe Dexels!
Helma schreibt mir, Ihr hättet 7 Holzschnitte geschickt. Seit 8 Tagen bbbbin ich aaber schon in Holland. Do you speek english? Ich habe mir twee nachschicken lassen, werde sie zeigen, ou je peux, moar je ne peux pas garantieren. Die Sachen sollen auch etwas sehr demoliert angekommen sein. Ich bedaure es sehr, aber die BOST allein driffd tie Schult. Goad het U good? Ich gevoel mij zeer wel. 100 Centen sind ein Gulden bei der augenblicklichen Valuta. Avec beaucoup de salutations:

Kuwitter von Merts de Revon.
Aquarelle noch nicht angekommen, Holzschnitte sehr zerrissen. Signalmast noch nicht verkauft.

An Grete und Walter Dexel

26. 1. 1923

Liebe Dexels!
Ihre zwei Karten und die Holzschn. und Aqua. erhalten in Hannover. Helma schreibt, die wären sehr schlecht angekommen. Drei

EINLADUNG zum

MERZABEND am *3   2*   192~~4~~, 8 Uhr,

in *Atelier Dungert, Charl. Hebbelstr. 20*

✕ # KURT SCHWITTERS

■ ~~liest seine AUGUSTE BOLTE~~
trägt vor Zahlendichtungen, ~~ANNA BLUME~~, Sonate in Urlauten, Revolution in Revon, ~~BLEI-E.~~

MERZ   KARTEN zu ~~0.50, 1,~~ 2, ~~3, 4, 5~~ M. an der Abendkasse.

KURT SCHWITTERS „Das Kreuz des Erlösers" 1919, Sammlung Walden, Berlin.

Vorverkauf bei

MERZABENDE fanden statt u. A. in Amsterdam, Berlin, Braunschweig, Bremen, Delft, Drachten, Dresden, Einbeck, den Haag, Haarlem, Hamburg, Hannover, s'Hertogenbosch, Hildesheim, Jena, Leer, Leiden, Leipzig, Lüneburg, Magdeburg, Prag, Rotterdam, Sellin, Utrecht, Weimar.

Lesen Sie die Zeitschrift **Merz**, und auch Sie werden gesund werden.

Holzschnitte hat sie mir hierher geschickt. Ich beschneide und glätte sie und versuche zu verkaufen. *Ob, aber?* Aber mehr als $1^1/_2 - 2$ Gulden f. Holzschnitte und $10 - 15$ f. Aquarelle kann man hier nicht erzielen. Schreiben Sie mir am besten Ihre Mindestforderungen nach Hannover, wenn es nicht eilt. Post wird gesammelt und nachgeschickt. Sonst Den Haag, Kliewonstraat 18. Wir haben mit Leseabend Riesenerfolg. Unendliche Arbeit. $2 - 3$ Wochen ist sicher noch hier zu tun. Helma kommt morgen nach hier. Die Idee der Doktorin (Auktion?) ist nicht dumm. Ich werde versuchen, dafür zu interessieren.

Gruß an Mächen ohne Gleichen.

Kuwitter.

An Walter Dexel,

26. 1. 1924 [Poststempel]

Lieber Dexel!

Ein Aquarell verkauft für Mindestpreis 50 M. Ich habe 15 M mehr genommen, ich nehme jetzt überall etwas für meine Gesamtunkosten, die 15 M sind für Merzzeitschrift. Ich hoffe, Sie sind einverstanden. Sonst ein Schlemmer und ein Moholy verkauft. Die 50 M sende ich, sobald ich das Geld habe. Bauhaus plant Merzabend im Februar. Vielleicht komme ich in diesen Wochen in die Gegend. Dann möchte ich einige Arbeiten von Ihnen wechseln, lieber besser und teurer.

Herzlichst

Merz.

An Max Dungert

31. 1. 24

Lieber Herr Dungert!

Ich sende Ihnen einige Drucksachen, Einladungskarten. Diese Karte ist als Muster, was zu streichen und hinzuzufügen ist. Vielleicht haben Sie noch Gelegenheit, die Karten zu verwenden.

Mit besten Grüßen

Kurt Schwitters.

Kurt Schwitters. Franz Müllers Drahtfrühling. (Merzbild.)

An Walter Dexel

3. 2. 24

Lieber Dexel!
Bin bereit zu einem Merzabend in Jena am *13. 2.*, Mittwoch. Sie
erkennen mich, Rose im linken Auge. Ich komme mit Frau. Vielleicht schon am 12. Können Sie mir wohl bei sich ein billiges
Logis besorgen? Zu Gegenmaßnahmen stets bereit. Post erreicht
mich bis 6. 2. in Magdeburg bei Seitz, gr. Diesdorferstr. 24. Ich
sende Ihnen Programms und Karten wie diese.
Gruß an Grete.

Merz.

An Walter Dexel

24. 2. 24

Lieber Dexel!
Von mir stammt das Gedicht: »In der Zeiten ew'gem Wechsel
bleibt uns stets der alte Dexel«. Was sagen Sie nun? Jedenfalls bitte ich dreierlei: *1.* na, ich kann auch erst 2. schreiben. also *2.* Senden Sie mir bitte das *Datum* der Jenaer Volksblattkritik und noch
ein Exemplar und ein Exemplar an die Konzertdirektion Ernst
Eulenburg, Leipzig, Königstr. 8. *3.* Haben Sie 48 M Anzahlung
empfangen? Sind Sie ein »oder zwei« verstanden, und schicken Sie
bald den Holzschnitt? (bois) *1.* nun habe ich No 1 vergessen. schade! Also dreierlei, 1. 2. 3. Sie können auch umgekehrt antworten.
4. Gruss an Grete, abgekürzt G. a. G.
GaD GvH GaB GvL u.s.w.   KS MERZ
GaT Gute Besserung Herrn Ziegenpeter.
N. B. den Abend in Berlin habe ich absagen müssen.

An Hannah Höch

Hannover
27. 2. 1924 [Poststempel]

[. . . . . .] ich schreibe wegen Klischee an den Ullstein-Verlag selbst.
Weißt Du die Adresse von Neitzel? [. . . . . .] Schreibe mir bitte
alles, was Du weißt. Er ist nämlich Abonnent; und ich habe

Kurt Schwitter's. Merzplastik. Die Kultpumpe.

immer großes Interesse an meinen Abonnenten [.. .. ...] Am 4. 3.
spreche ich in Leibzch. Am 10. 3. fahre ich nach Holland. Deine
Astronomie erscheint in Merz 7. [.. .. ...]

An den Verlag Schlüter und Bühring

[Amsterdam]
24. 4. 24.

Durch Herrn Heinrich erfahre ich, dass Sie seinen Verlag mit allen
Rechten und Pflichten übernommen haben. Von mir ist das Buch
»Memoiren Anna Blumes in BleiE.« Ich schreibe Ihnen, damit Sie
auf alle Fälle meine Adresse wissen. Ich sende Ihnen auch meine
Zeitschrift »Merz« zu. Mein Honorar für BleiE war für die ersten
1000 Exemplare ausgezahlt. Bei Nachdruck über diese Zahl
bekomme ich 15 % vom Bruttopreis, wenn ich nicht irre. (vielleicht 20 %) Ich bin z. Zt. in Amsterdam und habe die Papiere
nicht mit.
Mit vorzüglicher Hochachtung

Ihr ergebener Kurt Schwitters.

Hannover, Waldhausenstr. 5^{II}.

An Walter Dexel

Göhren, Rügen 15. 7. 24

Lieber Typo-Graf!
Also dann bitte ich Sie, an Lissitzky in Ambri Sotto, Tessin,
Schweiz umgehend eine Einladungskarte vom J.K.V. zu senden,
aber ohne werte Überschreibung des guten Textes. Denn Lissi
schreibt ein Buch über Typo-Grafie, und es wird ihn sehr interessieren. Ich bitte für mich auch gelegentlich um ein unbeschriebe-
nes Exemplar für meine Sammlung.
Herzlichst

Bademerz auf Rügen.

Ich beginne eine Flunder zu werden.

An Rolf Mayr

Sehr geehrter Herr Mayr!
I. Um die Sachen nacheinander zu erledigen, Sie haben 1.50 + 3
M gesandt = 4.50. Nun kostet Jahresabonnement 1924 *4 M.* (siehe Merz 8/9, letzte Umschlagseite.) Sie sind also für 1924 abon-
niert und haben 50 Pf gut. Der erste Jahrgang, der Sie gemäss
Ihrer Weltanschauung (siehe Langeweile) interessieren wird, bes.
Heft 4 (Banalitäten) kostet 6 M. Auf Wunsch werde ich ihn Ihnen
gern für 4 M nachliefern, da Sie Abonnent sind und – vielleicht
auch Mitarbeiter. Obgleich ich von Mitarbeitern sogar Aufschlag
nehmen müsste, da das Unternehmen Zeitschrift Merz, wie Sie
sich denken können, ein Defizit ist. Ich rechne auf Ihre Propaganda, Sie können mir in Borkum vielleicht Abonnenten werben.
Falls meine Bücher interessieren sollten, so bitte ich um Nachricht, ich habe Ihnen in »*nasci*« die Preise angezeigt. Ihnen möchte ich besonders Auguste Bolte empfehlen. Aber ich bin z. Zt. in
Göhren a./Rügen, Haus Odinshock. Vor etwa 10. August kann
ich Ihnen nichts senden, da ich erst dann wieder zu Hause sein
werde. Ich bitte aber mir vorher zu schreiben. (Bis 3. 8. in Göhren.)
II. Zum Abonnenten gehört eine *Stammadresse.* Ist die Borkum?
Sonst bitte ich darum nebst allen Titeln etc., denn
III. Es interessiert mich zu wissen, welchen Beruf Sie haben, rein
aus Neugier oder »Langeweile«.
IV. Wegen ev. Veröffentlichung Ihres Manuskripts muss ich wissen
a ist das Manuskript schon veröffentlicht?
b haben Sie es an andere Zeitschriften gesandt oder wollen Sie das
   zwecks Veröffentlichung?
c verlangen Sie Honorar? (Merz zahlt *keins.)*
d erlauben Sie auszugsweise Veröffentlichung?
e können Sie ev. bis über 1 Jahr (spätestens) warten? resp. mir das
   Manuskript reservieren?
Denn in diesem Jahre erscheint nur noch ein Heft, Typo-Rekla-
me, für das sich das Manuskript durchaus nicht eignet. Und überhaupt neben der Qualität entscheidet, ob sich das Manuskript für
die betreffende № eignet. Und ich weiss noch nicht genau, was ich
im nächsten Jahrgang drucken werde; aber ein Heft im Sinne von

7 wird dabei sein, also im nächsten Jahr kann ich die Veröffentlichung längerer Auszüge so gut wie garantieren. Denn ich muss Auszüge aus Manuskripten nehmen, um das ganze Heft zur Einheit zu bringen. Sie werden sagen: Wer keine Sorgen hat, der macht sich welche. Aber: Im Anfang war das Heft. Alle Manuskripte müssen sich dem Heftzwang fügen.

V. Wären Sie eine Dame, würde ich Ihnen sagen, wie schön Sie wären. Da Sie keine Dame sind, brauche ich Ihnen nicht zu sagen, dass mir Ihr Manuskript viel Freude gemacht hat. Sie sehen es an diesem langen Brief, darum erwähne ich das ausdrücklich. Wenn Sie noch Zweifel haben sollten, werde ich sie beheben, indem ich bitte, mir gelegentlich mehr zu senden, besonders Lebensweisheiten.

VI. Ich frage nicht erst, ob Sie Kritik vertragen. Denn Sie können es, sofern Ihr Manuskript aus Ihrem Herzen (3 Finger drauf) geschrieben ist. Ich bin durchaus einverstanden mit den entwickelten Ideen bis auf, das kommt später. In toto leiten Sie die Aktivität der Menschen aus Langeweile ab. Es gibt mehr Gründe: Furcht, Abnormität (Krankheit). In den meisten Fällen zwar ist es lange Weile, die den Menschen von einem Gipfel zum andern treibt, bis er unterliegt, d. h. auf der Höhe ist. Zum Schluss schreiben Sie: »Das beste Mittel gegen Langeweile ist Leben.« Das können Sie nicht schreiben, denn Leben = Aktivität ist, wie Sie selbst behaupten, Folge von Langerweile. Folge kann nicht Mittel sein gegen. Oder wollen Sie sagen, dass man nur leben soll und sich nicht um den Grund kümmern? Das tun alle Menschen. Oder wollen Sie einen anderen Grund? Ja, das wollen Sie. Es gibt welche: Furcht, Krankheit u.s.w. Aber Sie können nicht einem Menschen, auch sich selbst, Gründe nehmen, denn das ist's ja, was den Menschen ausmacht, seine Herkunft. Die bestimmt grösstenteils das Ziel. Ich würde den Schluss von »Aber ist nicht das Wirkliche . . .« ab streichen. Ich empfinde ihn als unlogisch und flach. Jedenfalls dient er nicht dazu, das Ganze zu stärken.

An Theo van Doesburg

5. 9. 1924.

Lieber DOES!

Ich danke Dir für Deinen fabelhaften Satz über i. Du erkennst immer sehr richtig. Ich habe von Zeit zu Zeit richtig Sehnsucht nach Dir, aber ich gebe bald die Hoffnung auf ein Zusammenleben, wie in Holland, auf. Zu blöde, Du in Paris, ich in Revon, Dada tot. Aber es leben Stijl und Merz. Stijl 6/7 ist ausnahmsweise sogar angekommen. Sehr schöne Nummer, die Ausstellung muss bedeutend gewesen sein. Stijl hat nur 2 Fehler, dass er erstens niemals Arbeiten von grosser Merz veröffentlicht, und dass er niemals Merzzeitschrift anzeigt, während Merz den grossen Bruder Stijl an hervorragender Stelle anzeigt. Stattdessen zeigt Stijl L'Esprit Nouveau an. Oder? –

Dein Brief ist ein schöner langer Artikel geworden, von Elefant und Birne, sehr schön, aber ich kann ihn zur Zeit nicht brauchen, weil ich Typoreklame mache. Ich lege ihn aber gut zurück, bis die Gelegenheit kommt. Ich bin ja anderer Ansicht. Zwar kann nie ein Kubus zu einer Kugel ein Verhältnis haben. Aber im Kunstwerk *kann,* ich sage »kann«, jede Form Teil werden, indem sie entformelt wird. Das ist der alte Zauber von Merz. Siehe »nasci« S. 78. Kunst ist Form, Formen heisst Entformeln. Oder S. 85: Die einzige Tat des Künstlers bei

i

ist Entformeln eines schon vorhandenen Komplexes durch Abgrenzung eines in sich rhythmischen Teiles. Dann ist der Elefant nur noch Farbe, und die Birne auch nur Farbe, nur Farbe kann zu Farbe ein Verhältnis haben, wie Mann zu Frau. Und hier treffen sich unsere Ansichten: Die künstlerische Wertung schliesst die Form aus.

Nun zur Kestnergesellschaft. Ich habe soviel gearbeitet seit Rügen, dass ich erst heute Deinen Brief in Ruhe lese, und da fällt mir auf, dass ich für Dich da nachfragen sollte. Ich werde morgen Dorner deshalb aufsuchen. Schreib Du mir, welches Datum in Betracht kommt, und welche Bedingungen sonst. Von Berlin schrieb ich Euch wegen Wien. Habt Ihr mit Kiesler nun korrespondiert? Über Deine Ausstellung sind Kritiken da. Ich war damals gerade in

Holland und habe sie nicht gesehen. Der Kurrier schreibt, Du wärest durch Zeitschrift G allgemein bekannt geworden, das fiel mir auf, deshalb habe ich es behalten. Ich will Dorner bitten, Dir die Kritiken zu senden. Dank für Fotos. Ich kann sie hoffentlich verwenden. Merz ■ Heft finde ich sehr gut. Bin sehr einverstanden, mit Dir das zu überlegen, wenn Du kommst. Sag einmal, wie kann Stijl bestehen? Merz hat immer Deficit. Wie kann man gut drucken ohne Deficit? Übrigens irrst Du Dich, ich bin ziemlich *dick* geworden. Malva habe ich auch bekommen. Also seid nicht böse, ich habe es mit dem Abend einfach verschwitzt und werde mir nun selbstverständlich meine Hacken ablaufen.
Herzlichst

Merz.

Wäre wohl für mich gelegentlich in Paris Vortrag möglich? Welche Bedingungen?

An Theo und Nelly van Doesburg

6. 9. 24.

Lieber Does und lieber Kleiner Nelly!
Soeben habe ich eure Abende besprochen. Also, 2 Abende nacheinander, 1 für Does, über *Architektur!* (nicht Malerei) ist erwünscht, 1 für Nelly über neue Musik. Ihr müsst umgehend Datum (Oktober) angeben und Programm, ausführlich. Kritiken für Voranzeige erwünscht. *Thema* angeben als Überschrift. Bedingungen: Kestnergesellschaft liefert Raum, besorgt Anzeigen, Postkarten zum Versenden (dafür Text senden, Typographie.) Licht, Heizung, Flügel, Projektionsapparat und bürgt für die hierfür erforderliche Summe. (es soll nicht so arg viel sein.) Ihr tragt Eure Reisekosten. (Wohnung bei uns.) Die Einnahme dient erst zur Deckung der Unkosten der Kestnergesellschaft. Den Überschuss (= Gewinn) bekommt Ihr ohne Abzüge. Für ev. Deficit garantiert aber die Kestnergesellschaft. Ich halte es für günstig und würde es annehmen. Wenn ja, will ich nach Bremen und Braunschweig und Magdeburg schreiben, ob dort noch Gelegenheit ist. In Braunschweig ist ein Theater. Dort würde ich 10 % der Einnahme für Vermittlung bekommen, das habe ich mit der Direktion dort abgemacht für alle Fälle. Wenn ja, bitte ich um Angabe, welche

Im MERZVERLAGE HANNOVER, WALDHAUSENSTR. 5II. ist erschienen:

Der **HAHNE-**
PETER

MÄRCHEN von Kurt Schwitters,
reich illustriert von Käte Steinitz,
in nur **50** signierten Exemplaren,
handkoloriert.

MERZ EINZELPROBEHEFT DER ZEITSCHRIFT MERZ · SIEHE

zu bestellen beim
MERZVERLAG
HANNOVER, WALDHAUSENSTR. 5II.
oder durch Ihre
Buchhandlung.

PREIS 20 M.

Tage dann noch in Frage kommen. In Bremen und Magdeburg müsste es wahrscheinlich ohne Lichtbilder vor kleinem Publikum sein. Ev. [Arbeiten] herumzeigen. Welches Thema? Also. Wie Ihr wollt, [. . .?. . .]
Herzlichst

grosser Merz.

An Otto Ralfs

Hannover-Waldhausen, den 23. 9. 24

Sehr geehrter Herr Ralfs,
Hierdurch bestätige ich dankend den Kauf, resp. Tausch des Hahnepeters durch Frau Steinitz. Ich freue mich, dass das Buch in Ihren Händen ist und hoffe, dass es Ihnen Freude macht. Frau Steinitz sagte mir, dass Sie event. bereit wären, Haushaltungsgegenstände, welche meine Frau recht nötig braucht, gegen Arbeiten von mir zu tauschen. Wie denken Sie über die MERZMAPPEN zum bedeutend herabgesetzten Preise von M 40– für meine Mappe und M 20– für die Mappe von Hans Arp. Gleichzeitig biete ich Ihnen das Abonnement der Zeitschrift MERZ, die augenblicklich das führende abstrakte Kunstblatt ist durch ihre № NASCI, von Lissitzki und mir redigiert, zum Abonnementspreis von M 4– jährlich. Ich schlage vor, den Wert teilweise oder auch ganz in Wirtschaftssachen zu verrechnen. Sollten Sie einverstanden sein, so schreiben Sie mir bitte, wann es Ihnen passt, dann bringe ich die Mappen nach Braunschweig und suche mir die Pötte aus.
Mit bestem Gruss
Ihr sehr ergebener

Kurt Schwitters.

An Walter Dexel

25. 9. 24 [Poststempel]

Mein lieber Herr Dexel!
Sie haben jedenfalls mir und mich verwechselt. Die Sache liegt nämlich sehr einfach: 1. bedanke ich mich für die 1 a Typographie, die Sie mir geschenkt haben, die ich aber leider in Merz nicht verwenden kann, da die Nummer voll ist. Notabene haben

ANNA BLUME

MERZ WERBEZENTRALE

HANNOVER   WALDHAUSENSTR. 5

Sehr geehrte Miss Dreier.   16.2.25.

endlich bekam ich das Buch „Western art and the new era, an introduction
to modern art by Katherine S." zu sehen und fand darin eine Abbildung
von mir. Sind Sie wohl so freundlich und schicken mir ein Belegexemplar.
Ausserdem wollte ich Ihnen vor längerer Zeit eine Nummer meiner
Zeitschrift „Merz". Wollen Sie nicht abonnieren? Jährlich 4 Hefte = 4 Mk
oder 1 Dollar.

Hochachtungsvoll

Kurt Schwitters.

Hannover
Waldhausenstr. 5.

mehrere Künstler eingesandt, und haben nicht aufgenommen werden können, weil Merz voll war, z. B. Baumeister, Zwart, Huszar. Darum habe ich aber nichtstrotz viel Freude an der Sendung, die ich zu meiner Sammlung tue, und Sie wissen, dass ich durch meine Sammlung schon für viele geworben habe. Zurückschicken will ich nicht, denn geschenkt und wieder genommen, zum dritten Mal aus der Wäsche geboxt. Nun sammelt 2. das Museum gute Typographie, und da frage ich Sie, ob Sie dafür gratis solche zur Verfügung stellen wollen, da ich mich von meiner Dexel-Typographie nicht trennen will. Denn wenn so etwas liegt und mir Allgemeingut wird, dann kann ich leichter beim Bau einer späteren Nummer, wenns mal wieder Reklamefrühling wird, davon für Merz nehmen. Auf Anhieb ist das schwer. Ich habe jetzt den Apossverlag gegründet.

Gruss Merz.

Wenn Sie übrigens die Typo nicht doppelt haben und sie wieder haben müssen, so schreiben Sie mir das noch.

An Katherine S. Dreier

Hannover Waldhausenstr. 5
16. 2. 25.

Sehr geehrte Miss Dreier.
Neulich bekam ich das Buch »Western art and the new era, an introduction to modern art by Katherine S. [Dreier]« zu sehen und fand darin eine Abbildung von mir. Sind Sie wohl so freundlich und schicken mir ein Belegexemplar. Ausserdem sandte ich Ihnen vor längerer Zeit eine Nummer meiner Zeitschrift »Merz«. Wollen Sie nicht abonnieren? Jährlich 4 Hefte = 4 M oder 1 Dollar.
Hochachtungsvoll

Kurt Schwitters.
Hannover
Waldhausenstr. 5.

An Theo und Nelly van Doesburg

Hannover, Waldhausenstr. 5
22. 3. 25.

Lieber Does und lieber kleiner Nelly!
Gestern sind wir wieder zuhause angekommen. Ich fand Eure
Grüsse vor und die 4 Seiten Entwürfe von Does für mein Archi-
tekturbuch. Danke bestens. Ich hatte etwas Sehnsucht nach Euch.
Überhaupt auf der Reise fehltet Ihr mir oft. Ob wir uns noch einmal wiedersehen? In Hellerau war ich auch bei Hegener, von dem
ich hörte, dass Du, also Does, beabsichtigst, für ihn ein Architek-
turbuch zusammenzustellen. Er sagte mir, als er von meinem pro-
jektierten Architekturbuche hörte, es wäre doch dumm, dass zwei
Bücher ähnlichen Inhaltes zu gleicher Zeit erscheinen würden,
allerdings hättest Du ja noch nichts geliefert. Ich tröstete ihn, Du
würdest eher zustande kommen, als ich, und ich nähme an, die
Bücher würden doch verschieden werden. Auf der Messe war es
mieserabel. Kein Buchhändler kauft. Müller und Co. waren mit
nach Hellerau, und wir waren bei ihnen in Potsdam. Aber sie
haben immer viel allein zu tun gehabt, es war nicht ganz das
Rechte. Meine Abende waren mittelmässig besucht. Sonst habe
ich viel getanzt.
Dank für Euren Brief aus Bochum.* Scheuche gefällt uns sehr gut,
nur fürchte ich, sie wird nicht gut zu verkaufen sein. Vor 8 Tagen
haben wir in der Doesburgausstellung eine Nacht getanzt. Es war
fabelhaft. Ich habe allen kleinen Mädchen die Bilder gezeigt. Aber
sie fanden keine Natur und meinten, ich wäre auch so ein Über-
spannter. Dazu gute Jazzmusik und ein Kopf von Nelly, die sehr
traurig ist. Bist Du so traurig, dass Du nicht mit hübscher Merz
tanzen kannst? Tango? Frl. Frank hat sich noch nicht sehen lassen. Sie ist jetzt auch in Sicilien. Auch Lucia Moholi ist in Sicilien.
Moholi schreibt, dass das Bauhaus nun tatsächlich wieder auflebt,
und zwar in Dessau. Das ist bestimmt. Also auf nach Dessau! Es
liegt ganz verrückt abgelegen, an keiner Haupteisenbahnlinie.**
Dessau ist der einzige deutsche Staat, der sozialistisch regiert wird.
Also ist es Parteisache, dass man dort das Bauhaus aufnimmt.
Herzliche Grüsse und Küsse.

Merz.

An Theo und Nelly van Doesburg

Liebe *Doesens*!
Zuerst Russland. Bin ich nicht tüchtig? Allerdings noch nichts erreicht. Aber Ihr *müsst nun sofort* an U.d.S.S.R. in Berlin ein meinem *ähnliches* Gesuch in Deutscher Sprache richten und an *Erich Baron* einen Dankbrief. Und *an mich*, ob Ihr nun mitwollt und geschrieben habt, da ich sonst schreiben muss, dass ich allein fahre. Ich denke aber, dass man sofort zugreifen muss, wenn man Gelegenheit nach Russland hat, weil doch da viele Schwierigkeiten im Allgemeinen sind.

2.) Was macht Ungarn? Habt Ihr Nachricht?

3.) Wenn wir zusammen nach Russland reisen, so mache ich eine Bedingung: dass der liebe Does in Russland *nicht* öffentlich und nur ganz vorsichtig privat disputiert. Denn Meinungsverschiedenheiten könnten eventuell zu Haft, Gefängnis, Sibirien und Schafott führen, vastehste? Und Merz hat noch eine Sendung in der Welt, und darum reise ich nicht nach Russland.

4.) Frau Steinitz ist verreist. Ich las Deinen Brief an sie mit Korrektur, lieber Does. Die Korrektur kam zu spät. Das Heft ist fertig. Ich hoffe Dir heute das erste senden zu können. Wir haben 300 Stück als Merz 14/15 bezeichnet, um Merz in diesem Jahr weiter ausgeben zu können. Sonst habe ich kein Geld. Hoffentlich kann ich Merz nächstes Jahr wieder als Zeitschrift drucken.

5.) Wir geben eine Reihe Architekturbücher heraus, wie Du von Kätelein weisst. Wir beginnen z. Zt. mit Hilberseimer. Da es nun aber ein sehr grosses Risiko ist, geben wir kein Honorar. Ich wollte auch von Dir ein Heftlein von 32 Seiten herausgeben. Ich dachte es mir als Monographie, ich schreibe über Dich, und über die Anderen, und führe aus ihren Arbeiten und Aufsätzen Beispiele an. Für freundliche Unterstützung und Lieferung von Fotos und Klischees gibt der Apossverlag 2 % Freiexemplare, das sind bei 3000 Auflage 60 Stück. Von Dir wollte ich *erst den Tessarakt* drucken, *dann* eine Reihe von Aufsätzen aus dem Stijl und neue. Vielleicht sendest Du mir noch Fotos und *besonders* Klischees

geeigneter Arbeiten und neue Aufsätze *in Deutsch.* Aus dem Stijl
übersetze ich mit Frl. Rösler Deine Aufsätze in bestes Deutsch
und werde sie Dir senden zum Durchsehen, ob wir etwa sachlich
falsch übersetzt haben. Denn wir übersetzen ganz frei, um bestes
Deutsch zu bekommen und dadurch verständlich zu werden. Deine Gedanken über Kunst bewundere ich, sie sind klar, präcise und
absolut richtig. Es gibt wenig Leute, die so klar sind heute. Alles
Quatschköppe. Mit biographischem Text (mit x) bin ich einverstanden prinzipiell. Denn ich schreibe ja selbst. Vielleicht hole ich
mir nur Daten und weise auf diese vorhandenen Biographien hin.
Schreib mir auch, auf was ich besonders hinweisen soll, Stijl u.s.w.
Wir brauchen alles bald, sehr bald, denn wir haben nur
beschränkt Geld, und da drucken wir nur erst 3–5 Hefte, und wer
da nicht mitgedruckt wird, muss warten, eventuell immer.

An Nelly van Doesburg

13. 5. 25 [Poststempel]

Liebe Nelli!
Ich bin hier in Hamburg bei Wilkens, Juwelier, Jungfernstieg 10.
Er hofft im Herbst seinen Vortragssaal fertig zu haben, und dann
will er auch einen Vortrag von Dir oder uns beiden gemeinsam
machen. Schreib Du ihm etwa im September darüber. Kannst Du
für Frau Wilkens, die Pianistin ist, wohl die Noten von Domselaer
besorgen? Es wäre sehr gut. Schreib ihr wenigstens, wo sie sie
bekommt.
Von Russland keine Nachricht mehr. Ich fahre nun nach Hannover und bin ab 9. 6. (8 Tage –14) bei Wilkens in Hamburg. Seid
Ihr am Meere? Kann ich Euch im Herbst besuchen? in Paris?
Was wird aus Budapest? Und wie geht es mit Euch? Ernst Lehmann geht jetzt zur Schule und ist stolz. Ich male den Frühling
mit Öl auf Leinewand.
Herzlichst

Merz.

An Katherine S. Dreier

Vrestorf,
15. 8. 25.

Sehr geehrte Miss Dreier.

Herzlichen Dank für Ihren Brief vom 16. 7. Ich bin z. Zt. nicht in Hannover und weiss nicht, ob mir Ihr Buch auch schon zugesandt ist. Jedenfalls besten Dank für Ihre Bereitwilligkeit. Ich sende selbstverständlich gerne von Merz alles, was Sie noch nicht haben für die Société anonyme. Darum bitte ich um Mitteilung, *was* Sie schon besitzen an Büchern und Zeitschriften von mir.

Mit einer Ausstellung meiner Arbeiten in Ihrer Société bin ich sehr gern einverstanden und freue mich sehr darauf. Am liebsten käme ich selbst nach New York, vielleicht für Vorträge, aber das wird zu teuer, ich kann es mir leider nicht leisten. Ich bitte Sie, mir wegen der Merzausstellung noch zu schreiben. 1. Bestätigung, dass die Ausstellung gemacht wird. 2. Adresse für Einsendung. 3. Termin der Absendung und Vorschlag des Reiseweges, Schiffes oder Spediteurs; sind die Arbeiten versichert? 4. Was soll ich senden? Ich könnte ja kleinere Arbeiten und Mappen senden, die als Postpaket geschickt werden können, um Porto zu sparen. Wenn grosse Arbeiten, wieviele etwa? Und welche Grösse? 5. Soll ich auch einige von meinen älteren Arbeiten mitsenden, die die Entwicklung von der Naturstudie bis zum Merzbild zeigen? 6. Soll ich vielleicht einige von meinen neuen Naturstudien mitschicken, denn ich male neben den rein künstlerischen Arbeiten dauernd und ohne Unterbrechung seit 1909 ehrliche Studien von Landschaften und Porträts. 7. Ist vielleicht Gelegenheit, einen Impressario dafür zu interessieren, eine Reihe neuer Merzabende in Amerika zu arrangieren. Ich glaube, der Erfolg würde gross sein. Der Impressario müsste Reise hin und zurück und Aufenthalt für die erforderliche Zeit incl. Beköstigung garantieren. Meine Sonate in Urlauten (35 Minuten) würde das musikalische Amerika sehr interessieren. Ich sende Ihnen in einigen Tagen eine Grammophonplatte für Sie, auf die ich Teile der Sonate gesprochen habe. Natürlich ist die Wiedergabe sehr unvollkommen, aber Sie können sich eine schwache Vorstellung machen. 8. Kann ich meine Bücher und Zeitschriften auf der Ausstellung mit ausstellen und verkaufen?

Übrigens haben Sie mit Rembrandt recht, ich fühle zu ihm die

grösste Verwandtschaft. In meinen Naturstudien wird das noch deutlicher, wenn man sehen kann. Ich lebe in einer Welt der Nuancen, und ich freue mich, dass Sie gerade das Wesen meiner Kunst erkannt haben. Denn hier hält man mich für einen radikalen Neuerer ohne Tradition, und nichts ist falscher. Kommen Sie bald wieder nach Deutschland, dann müssen Sie mich in Hannover besuchen. Ich freue mich sehr auf Ihre Bekanntschaft.
Mit herzlichen Grüssen

Ihr Kurt Schwitters.

An Theo und Nelly van Doesburg

Hannover, Waldhausenstr. 5
4. 9. 1925.

Lieber Does und liebe Nelly!
Dank für Brief vom 18. Aout. Seit 3 Tagen bin ich in Hannover zurück und beginne nun mit aller Kraft mit der Stijlarbeit. Also nun muss Wasmuth mir Liste, Abrechnung, Hefte senden, darum bitte ich Dich, ihm *auch* noch einen Brief mit der nötigen Instruktion zu senden. Ich habe ihm soeben geschrieben. Bisher habe ich einmal Abonnementsgeld eingenommen. Ich dachte, ich sammle es und teile Euch von Zeit zu Zeit den Bestand mit, und Ihr schreibt, wann Ihr etwas haben wollt, dann sende ich es mit Abrechnung. Zunächst habe ich 2 Stijlbücher angelegt zum Notieren der Sendungen, Einnahmen und Ausgaben. Nun bitte ich, mir noch einmal zu schreiben, *wieviel* $\%$ ich von den durch mich eingezogenen Abonnementsgeldern bekomme, ich denke 15 $\%$ = 1.80 von 12 M. Und *wieviel* $\%$ bekomme ich von neuen Abonnenten (natürlich nur nachdem sie bezahlt haben.) Ich denke, 50 $\%$ (= 6 M für das erste Jahr.) [. . . . . .]
Die Artikel für die Doesburgmonographie sind gelesen und im Aposs gut verwahrt. Wir haben natürlich die Absicht, ein Heft von Does zu machen, und dieses Material zu verwenden. Aber es ist jetzt nicht möglich, da wir alles Geld ausgegeben haben für Scheuche und das bald erscheinende *Hilberseimer*heft. Aber es kommen ja bald bessere Zeiten, und Geld kommt wieder ein. Ich würde Dir raten, die Sachen einstweilen hier zu lassen. *Wenn Du inzwischen die Klischees anders verwenden kannst, so tu es, denn bis dahin, dass wir drucken, kommen auch neue Klischees.* Frl.

Frank lange nicht gesehen, werde sie mal besuchen. Russland ist Schluss, sie antworten nicht mehr. Aber ich will doch durch Herrn Erich Baron inofficiell weiter versuchen.

Also bitte bald Antwort.

Einen Kuss auf jede Backe (in Summe = 4 Stück.)

Kurt Schwitters.

Müllers Drahtfrühling

An Theo van Doesburg

5. 9. 25

Lieber Does und liebe Nelly.

Wir haben schon zweimal an Wasmuth geschrieben, haben aber noch kein Stijlheft zurückbekommen. Daher bitten wir Dich, sende uns doch von allen Stijlheften 3 Stück, aber von den letzten 3 Nummern je 6 Stück, denn es laufen immer Bestellungen ein, die wir aber nicht erledigen können, da wir keine Hefte haben.

Viele herzliche Grüsse

Euer Kurt und Eure Helma.

An Theo van Doesburg

9. 11. 25.

Lieber Does und kleiner Nelly!

Ihr schreibt mir nicht, dass Ihr mich einladet, und inzwischen schreibt mir das Consulat de France à Brême, mein Gesuch könnte nicht berücksichtigt werden, »wegen der Unklarheit meines Reisezweckes.« – Also wenn Ihr mir *einige* Einladungen und Ausstellungs-Notwendigkeiten schreibt, werde ich es noch einmal versuchen. Ausserdem: was ist los mit der Ausstellung? Baumeister schreibt mir, ich soll sofort Bilder zu ihm nach Stuttgart senden für die Ausstellung »L'art d'aujourd'hui« in Paris, ich müsste 75 frs. zahlen und alle Transportkosten übernehmen. Schriftführer der Ausstellung wäre Pornanski Paris, rue Malin 5. Ist das dieselbe Ausstellung, von der Du an Vordemberge geschrieben hast? Bitte *antwortet* postwendend. – Wann kommt Stijl? Soll ich den Versand *hier* über*nehmen*? Kann ich im Dezember bei *Euch* wohnen?

Herzlichst

Merz.

Lieber Herr
Rolf Mayr!

Kurt Schwitters.

Anbei sende
ich Ihnen die Langeweile als für
uns unverwendbar zurück. Das heißt
zunächst gebe ich sie meiner Mitarbeit"

An Rolf Mayr

[1925/26]

Lieber Herr Rolf Mayr!
Anbei sende ich Ihnen die Langeweile als für uns unverwendbar
zurück. Das heisst zunächst gebe ich sie meiner Mitarbeiterin
Käte Steinitz. Ich kann schwer sagen, weshalb es nichts für den
Aposs ist, denn im Grunde ist unsere Einstellung ähnlich, denn wir
leben bewusst in bester Laune, obgleich wir wissen, dass wir es
eigentlich garnicht nötig haben. Aber für uns fehlt die Einklei-
dung, d. h. die märchenhafte oder groteske Form, ohne die es mir
für den Mittelmenschen ungeniessbar erscheint.
Prost 1926.

Kurt Schwitters.

An Theo und Nelly van Doesburg

Hannover
Waldhausenstraße 5
21. 1. 1926

Mein lieber Does und lieber Nelly!
Wir senden Dir die Abrechnung Stijl 1925. Bisher haben wir nur
an die Hälfte der Abonnenten Rechnungen gesandt, da wir erst
sicher sehen wollten, ob sie auch beliefert werden. Denn wir
haben zu schlechte Erfahrungen mit den ersten gemacht. Die meisten haben sich geweigert zu zahlen und behauptet, nichts bekommen zu haben. Oder gekündigt. Du meinst auf einer Karte, dass
Deutschland grosses Interesse an Stijl hätte. Ich bin sehr pessimi-
stisch. Die zwei neuen Abonnenten Vordemberge und Scholz sind
schon längst nach Deiner Liste Abonnenten. Abgesehen davon
dass Stijl so unregelmässig erscheint, ist in Deutschland jetzt gar
kein flüssiges Geld, und die Leute zahlen nach wiederholter Auf-
forderung oft kleine Beträge *nicht*. Aber wir wollen es noch einmal versuchen, was sich mit Stijl machen lässt, obgleich es mehr
als Luxus ist, dafür Zeit zu verschwenden. Ich sende Dir zu Ostern
die Liste der Abonnenten, die Stijl treugeblieben sind, es werden
nicht viele sein.
Man muss jetzt hart arbeiten in Deutschland. Ich versuche es mit
Reklame und sende Dir einen sehr gut gelungenen Entwurf für

Buchheister für den Stijl mit. Wie findest Du ihn? [. . . . . .] Es ist die Anzeige für das Handarbeitshaus Buchheister, in Hannover ein sehr bekanntes Geschäft. Ich brauche viel Zeit für Reklame. Und meine Arbeit nimmt so zu, dass ich nicht weiss, ob ich nicht den Stijl im Sommer wieder abgeben muss. Aber ich schreibe Dir noch, wenn es nötig ist. Solange ich es gewissenhaft machen kann, tue ich es gerne. Und dann, schreib nicht immer: »Vraagt *gratis* proefnummers bij Kurt Schwitters.« Ich gebe proefnummers von Merz nur gegen 1.50 M ab.

Ich denke noch oft an Holland und wäre gern mal wieder bei Euch. Aber es ging nicht. Ich war krank geworden, und Du schriebst mir, Nelli wäre nicht da, und es ging nicht wegen der Arbeit usw. Wann ich nun mal kommen kann, weiss ich nicht. Offen gesagt machen die Franzosen auch den Deutschen so viele Schwierigkeiten, allein beim Visum schon.

Bitte schreibt bald.

Seid herzlichst umarmt von

Kurt Schwitters.

An Nelly van Doesburg

6. 4. 26 [Poststempel]

Lieber kleiner Nelly!

Endlich haben Stuckenschmidt und ich uns gefunden. Wir arbeiten sogar zusammen, Schlager auf Schlager. Habt Ihr keine Beziehungen, wo man eine prima Revue gut anbringen können?

Gruss und Kuss

Merz.

An Katherine S. Dreier

6. 7. 26.

Liebe Miss Dreier!

Sie können es sich kaum denken, wie traurig es mir war, als Sie in Rotterdam abreisten. Ich kann es mir kaum denken, dass wir Sie nun so endlos lange nicht sehen werden. Warum bleiben Sie nur nicht in Europa? Wenn wir für Sie einen schönen kleinen Wolkenkratzer bauen würden, vielleicht würden Sie dann bleiben? Ich

denke hier sehr viel an Sie und bedaure, dass es hier so wenig Leute gibt, die wie Sie menschlich über Kunst denken. Hier ist alles Technik, oder Mode, und selbst die Leute sind selten, die noch so viel von der Kunst wissen wollen, die überhaupt etwas von der Kunst wissen wollen. Und so leben wir hier recht einsam. [... ...] Wir sind hier in Holland meistens mit einem ungarischen Maler namens Ebneth zusammen. Kennen Sie ihn? Ich male in seinem Atelier Bilder, bis jetzt schon 6 Stück, alle ziemlich gut. Ein Bild haben wir auch zusammen gemalt. Er ist sehr begabt, und ich bedaure, dass ich ihn erst jetzt kennen gelernt habe. Aber er ist noch sehr jung, 24 Jahre alt. Er hat einige sehr gute Bilder dabei, und ich möchte Sie fragen, ob es noch früh genug wäre, wenn er sich an der Ausstellung beteiligte. Ich glaube, er wird später einmal einen guten Namen in der Kunst haben. Es ist herrlich hier. Wir malen, disputieren und baden in der See und haben richtig Sommerfrische. So, das wäre ungefähr alles.
Ich grüsse Sie sehr herzlich.
Ihr

Kurt Schwitters.

An Katherine S. Dreier

Retelsdorf, den 16. 9. 26

Liebe Miss Dreier!
Erst jetzt komme ich dazu, Ihren Brief zu beantworten. Das heisst, ich habe schon am Tage als ich ihn bekam damit begonnen, aber er enthielt viel Arbeit für mich. Ausserdem bin ich von der Arbeit durch allerhand abgehalten und hatte noch wichtige Arbeit vor. Ich hoffe, dass Sie die Verhältnisse hier etwas interessieren und bitte mir nicht übel zu nehmen, wenn ich so lang schreibe. Sie gehören ja Gott sei Dank zu den Amerikanern, wie ich sie erst durch Sie kennen gelernt habe, die für menschliche Dinge Zeit haben. Ich hatte bisher nur gedacht, dass es in Amerika heisst: »Time is money«, aber gerade Sie haben Zeit, selbst wenn Sie es sehr eilig haben. Und ich bin so froh, dass ich Sie kennen gelernt habe. Aber ich habe es Ihnen so oft gesagt, dass Sie lachen werden, und möchte es immer wieder sagen, so froh bin ich. Ich habe im November eine Sturmausstellung, zu der ich meine Arbeiten fertig machen musste. Ich habe in Holland sehr

schöne neue, ganz strenge und farbige Bilder gemalt und konnte nun 14 Stück für den Sturm einpacken. Dann habe ich noch 2, gerade die besten, in der Hannoverschen Secession ausgestellt. Nun habe ich noch ein einziges neues und fertiges Bild zu Hause. Zum Sturm habe ich noch 50 Merzzeichnungen, teils ältere, geschickt. In der Secession habe ich 10 Merzz. ausgestellt, und für den Böhmischen Kunstverein in Prag noch 50 Merzzeichnungen in einem Packet fertig gemacht. Nun habe ich fast alles Gute an Arbeiten auf Reisen. Und nun bekomme ich aus Prag die Nachricht, dass meine Ausstellung verschoben werden soll. Das hat mich sehr geärgert, denn ich habe sehr arbeiten müssen, um das alles fertig zu bekommen in der kurzen Zeit. Die Bilder vom Sturm geben eine gute Kollektion für Amerika. Bis dahin male ich nun noch, dann habe ich eine grosse Ausstellung zusammen. Zuerst sollen die Bilder nach dem Sturm in Wiesbaden ausgestellt werden. Vielleicht auch in Frankfurt am Main bei Schames. Wir sind damals von Holland aus, wo wir eine sehr schöne Zeit mit Ebneths verlebten, den Rhein hinauf gefahren, sind 14 Tage mit den Eltern in Neuenahr gewesen, dann habe ich allein Wiesbaden und Frankfurt am Main besucht, war dann 4 Wochen in Hannover, wo ich Besuch von Margit von Plato hatte. Wir arbeiten viel zusammen, haben für die Bienertwerke schon seit damals in Dresden 15 Stück Reklamen gearbeitet, indem ich entwerfe und Margit ausführt. Darauf beruht unsere Freundschaft, und Margit ist ein famoses Mädchen. Dass sie mir den Grohmann vorzieht, kann ich ihr nicht übelnehmen, denn ich ziehe meine Frau ihr auch vor. Sie glauben nicht, wie entzückend Helma jetzt im Bubikopf aussieht. Nun haben wir eine neue Reklamefirma aufgetan: Stukenbrok, Fahrräder etc. in Einbeck. Leider hat es Margit in Hannover schlecht getroffen, die meisten Bekannten waren verreist, und Steinitz, die für uns der Mittelpunkt von Hannover sind, haben viel Kummer gehabt. Erst ist Herrn Steinitz Mutter nach langem Krankenlager gestorben, dann musste Frau Steinitz Mutter in Berlin umziehen, und das ist eine riesige Arbeit, und nun ist sie in Hannover im Krankenhause, operiert an Gallensteinen. Sie können sich denken, dass da keine gute Stimmung bei Steinitzens ist. Nun haben wir endlich Lissitzki in Hannover gehabt, der erst einige Monate zur Kur im Harz war. Und ich hatte mich sehr auf ihn gefreut, weil ich ihn sehr schätze und liebe. Wir haben dann auch einige schöne Tage zusammen gehabt, und da kam plötzlich

Ihr Brief, als Lissi gerade für 2 Tage verreist war. Ich war die 2 Tage ganz niedergeschlagen, denn ich musste nach dem, was Sie mir citiert hatten, annehmen, dass er nicht als Freund, sondern als Konkurrent gehandelt hatte. Das war mir aber gerade bei Lissi furchtbar schmerzlich, und ich konnte die Tage überhaupt nichts Anderes mehr denken. Es fielen mir natürlich auch Dinge ein, die vielleicht ganz harmlos waren, aber nun gross und unangenehm wirkten. Besonders fiel mir auf, dass Lissi niemals so recht mit mir die Sonate hatte besprechen wollen. Wenn ich ihn bat, mal zuzuhören, sagte er: »Ach, lass das;« oder: »Bin ich ein Idiot?«; oder: »Das hat Zeit.« Und von einem Brief an Sie über die Sonate hat er nie etwas erwähnt. Aber das können alles Zufälle sein, und er arbeitet nicht gern, bevor er genau weiss, ob es durchführbar ist, oder nicht. Ich konnte und wollte mir nicht denken, dass er es Ihnen abgeschlagen hätte, die Sonate [. . .] typographisch anordnen zu wollen, um statt dessen Ihnen etwas Anderes anzubieten, was ihm besser läge. Und so wartete ich voll Zweifel den Tag seiner Rückkehr ab. Dann bin ich mit Helma hingegangen, habe den Teil Ihres Briefes, den Sie aus Lissis Briefe citiert hatten, abgetippt, weil ich ihm das andere nicht zeigen wollte und durfte, und habe ihn gefragt, was er Ihnen eigentlich geschrieben hätte. Lissi sagte darauf, ohne den Zusammenhang wäre die citierte Stelle nicht verständlich, und er selbst würde, wenn er diese Stelle allein läse, an meiner Stelle gefragt haben, was das denn bedeutete, er könnte mir also die Frage nicht übel nehmen. Dann sagte er, er hätte auf keinen Fall irgend etwas gegen die Qualität meiner Sonate damit sagen wollen, denn er schätzte sie sehr, und der Ausdruck: »schöne Kammermusik« wäre durchaus lobenswert aufzufassen. Dass er zur Zeit nicht in der, sagen wir mal Stimmung, wäre, die Sonate anzuordnen, wäre eine andere Frage. Und ausserdem, ganz abgesehen von der Sonate, wäre es doch sein Recht, mit Ihnen über ein anderes Projekt zu sprechen, ein Buch, das er schon lange mit Josephson zu arbeiten vorhätte. Das könnte und dürfte ich ihm nicht übel nehmen, denn er hätte mit Ihnen auch dann darüber gesprochen, wenn von meiner Sonate nie etwas beabsichtigt gewesen wäre. Ausserdem wäre er der Ansicht gewesen, dass meine Sonate auf alle Fälle gedruckt werden sollte, ob er nun die Typographie übernähme oder nicht. Das war alles, und ich werde nun Lissitzki nicht wiedersehen, bevor er nach Russland fährt, voraussichtlich wenigstens. Es ist in mir immer noch ein leiser Kummer zurückgeblieben, denn wenn auch dieses nicht als eine Handlung gegen unsere Freundschaft aufgefasst werden soll, wie leicht könnte, wenn öfter ähnliche Dinge vorkommen, doch zum Schluss die Freundschaft darunter leiden! – Ich habe Ihnen in der ganzen Zeit vorher nie über das Buch mit der Sonate geschrieben. Das war nicht Faulheit oder gar Interesselosigkeit von mir, sondern ich wollte nicht stören bei der von mir vermuteten Arbeit Lissis. Denn ich kenne Lissi von früheren Zusammenarbeiten her, und ich weiss, dass er nicht gern sich durch irgend etwas von seinem Gedankengang ablenken lässt. Man kann ihm auch keine Zeit zum Schaffen vorschreiben, er ist eben Diktator. Ich bin aber in meiner Arbeit auch von meiner Laune abhängig, bin in anderer Weise ebenso Diktator, und so kann ich mit Lissi nur immer zusammen arbeiten, wenn jeder sein bestimmtes Gebiet bekommt. Und so wollte ich nur die Dichtung mit Erklärungen Lissi geben und ihm alles mehrfach vortragen, und dann mich um nichts mehr kümmern. Aber zum Vortragen liess Lissi mich überhaupt nicht kommen. Es war mir bei mindestens 10maligem Zusammensein mit Lissi nicht möglich, ihm auch nur ein einziges Mal, oder wenigstens in Summa einmal die ganze Sonate vorzutragen. Er sagte immer, er hätte zur Zeit andere Dinge und lenkte ab! Ich hatte den Eindruck, dass ihn wohl die Sonate als neue Art von Dichtung interessierte, aber es genügte ihm, wenn er davon eine Probe hörte. Und so wuchs in mir eine Befürchtung, die ich schon damals hatte, als Frau Dr. Küppers es vorschlug, dass Lissi die Typographie übernehmen sollte, nämlich, dass er es garnicht kann. Ich will ihm hier nicht zu nahe treten, aber erstens ist Lissi unmusikalisch, meiner Ansicht nach, zweitens interessieren ihn andere Dinge weit mehr, und drittens kann niemand die Sonate typographisch gestalten, der nicht alle Feinheiten der Beziehungen aller Teile genau kennt. Und dazu hat Lissi auch nicht die Zeit, sich mit Kammermusik so lange zu beschäftigen. Darum würde bei ihm die Anordnung in diesem Falle nur dekorativ werden können. Ich habe nichts gesagt, bin aber aus diesem Grunde nur froh, dass es so gekommen ist, denn ich kann allein oder mit Ihnen die Typographie viel besser machen, als mit Lissi zusammen. Ich hoffe, dass Sie zu mir das nötige Vertrauen haben, und dass die Absage Lissitzkis nicht zum Scheitern des ganzen Buches führt. Und ich mache Ihnen Vorschläge, die die Arbeit sehr vereinfachen und die Kosten sehr vermindern würden. Jetzt sende ich

Ihnen nur den Text. Er ist nicht sauber getippt, aber das schadet ja nichts. Von typographischer Gestaltung ist noch keine Rede, aber es ist ein System drin, das schon ganz gut aussieht. Legen Sie bitte die Seiten so auf den Fussboden, dass immer 4 folgende unter einander liegen, dann sieht das ganze schon etwas nach Komposition aus. Das liegt aber jetzt nur an der Dichtung selbst und daran, dass es systematisch geordnet ist.

Die ganze Sonate ist aufgebaut aus nur 19 verschiedenen Melodien. Ich habe am Rande die einzelnen Melodien durch rote Zahlen gekennzeichnet. Immer wieder werden die Melodien abgeändert, wiederholt, sodass die Länge des Ganzen 55 Minuten beträgt. Den Aufbau in die Hauptteile sehen Sie auch am Rande durch waagerechte rote Striche. Die ganze Sonate ist zur Orientierung in 26 Parcellen geteilt, die durch die Buchstaben A bis Z gekennzeichnet sind. Wenn Sie die Numerierung am Rande betrachten, so können Sie leicht die Komposition in gedrängt und weit oder in einfach und kompliziert sinnfällig sehen. Es war mir selbst eine freudige Überraschung, als ich es sah, dass die Sonate sehr geordnet ist, denn bislang konnte ich es nur hören, weil ich alles auswendig gedichtet habe. Ich bin der Ansicht, dass die Sonate nun gedruckt werden muss, denn sie ist etwas ganz Ungewöhnliches geworden, dabei aber allgemein verständlich. Es ist nur wichtig, dass der Druck vorbildlich wird, dass er sehr durchdacht und gut wird. Bitte schreiben Sie mir, ob es in Betracht kommt, dass es durch Sie in Amerika gedruckt wird, und ob es Ihnen gleichgültig ist, wenn ich eventuell Teile in Zeitschriften schon vorher veröffentliche. Und wann wäre es möglich, mit dem Druck in Amerika zu beginnen. Dieses ist also nur das Manuskript. Ich bin jetzt dabei, die Gestaltung im Grossen vorzunehmen, ich werde Ihnen dann so bald als möglich eine Skizze senden. Nach dieser Skizze und dem Manuskript kann der Satz unter *Ihrer Leitung* in Amerika gemacht werden. Ich muss dann die Korrektur noch sehen, wenn es schlecht geht, vielleicht 2mal, dann kann alles in Amerika gedruckt werden, und fertig. Es ist so viel einfacher und wird sicher einheitlicher, als wenn 3 Leute daran arbeiten. Ich habe noch vergessen, dass ich eine ausführliche Erklärung über die Schreibweise dem Hefte beigeben muss. Ich sende Ihnen eine Skizze dieser Erklärung mit, die ich noch durcharbeiten will. Denn es soll in jeder Hinsicht ein Typ geschaffen werden, nach dem jeder derartige Sonaten schreiben kann, wenn er will. Denn meine Sonate ist nicht etwa etwas Alleinstehendes. Hausmann, Tzara und andere haben kurze Gedichte in ähnlicher Art geschaffen. Ich selbst arbeite schon lange an einer neuen Lautdichtung, die aber nicht die strenge Sonatenform erhalten soll. Ich denke, das Buch wird ein Stück Forscherarbeit und daher ganz wichtig. Mag man wie Lissi sagen, dass wir heute keine reine Kunst mehr gebrauchen, dann steht eben Ansicht gegen Ansicht. Beweisen kann er seine Behauptung nicht. Und ich führe gegen den sogenannten Konstruktivismus an, dass er wie das praktische Leben selbst gestalten will. Ob es ihm gelingt oder nicht, ist eine andere Frage. Aber sollte die Kunst nicht gerade die Befreiung aus dem praktischen Leben bedeuten? Ich nehme an, dass die Menschheit als Ganzes sich auf die Dauer die Verarbeitung in der Wurstmaschine des Alltags einfach nicht mehr gefallen lassen wird. Dann wird man nach Kunst schreien. Das Buch muss übrigens in 2 Farben gedruckt werden. Ich dachte, rot und schwarz. Das zu lesende Manuskript wird schwarz, die der Deutlichkeit dienenden Bezeichnungen rot. Man kann dann noch ein rötliches Band unter den Text drucken, da wir ja mit Lithographie arbeiten. Ich deute es an auf den Seiten 10 und 8. Es soll dieses erst nur eine Anregung sein, und ob es so bleibt, weiss ich noch nicht. Aber es ist die Idee, dass ein filmartiger Streifen das Fortlaufende der Zeit betonen soll. Bitte schreiben Sie mir bald, ob es bei Ihnen wird, und welches Format und welchen Umfang das Buch erhalten soll, damit ich danach die Einteilung vornehmen kann. Sollen wir auch irgend welche Anzeigenseiten, etwa für meine Ausstellung, die Société anonyme oder Merzverlag hineinnehmen? Ich werde erst einmal ohne Rücksicht auf Seitenzahl die typographische Ausgestaltung des Textes vornehmen. Es wäre auch zu überlegen, ob man nicht ein Mappenwerk macht, in dem die Sonate in einzelnen Kartons, einseitig bedruckt, liegt. Das hätte den Vorteil, dass jeder dann leicht die einzelnen Teile zum Vergleich neben einander legen könnte. Und der Vergleich ist hier das Wichtigste, denn man kommt erst zum vollen Genuss des Ganzen, wenn man im Geiste die Beziehungen aller Teile vornehmen kann.

So, nun ist genug von der Sonate. Ich hoffe, Sie werden sich mit Frl. Belsterly die Zeit nehmen, alles einmal gründlich nachzuprüfen. Die Sonate ist meine umfassendste und wichtigste dichterische Arbeit. Nun zum Film. Es ist schade, dass Sie jetzt keine Zeit zum Arbeiten daran haben, aber ich sehe ein, dass die Ausstellung wichtiger ist. Aber ich selbst werde Ihnen einmal Vorschläge ma-

Kurt Schwitters

„KRODOTAL BEI HARZBURG"
1904

KURT SCHWITTERS

Sind Sie sehr müde geworden?

Prost Neujahr! Viel Glück!

chen, das heisst, Sie können sie vielleicht mit Ihren Vorarbeiten kombinieren. Ich habe nämlich eine sinnfällige Art, wie man Film schreiben kann. Ob ich allerdings dazu in der nächsten Zeit komme, weiss ich noch nicht. In Hannover ist nämlich eine ganz abscheuliche Typhusepidemie ausgebrochen. Bis jetzt sind schon über 1000 Menschen erkrankt. Wir sind nun mit Ernst aufs Land geflohen und haben den Bruder meiner Frau in Retelsdorf bei Lübeck besucht. Es ist idyllisch hier und einsam. Fliegen leben zu Tausenden in unserem Zimmer. Unterwegs haben wir die Pussis in Blankenese besucht, wo sie jetzt wohnen. Ich will nun nach Berlin und Dresden, um mir neue Verdienstmöglichkeiten zu suchen. Es ist ein Jammer, dass das Geld immer so schnell zu Ende geht und so schwer sich verdient. Frau Bienert hat jetzt eine Merzz. gekauft und will sich noch 2 andere anschaffen. Auch Herr Kirchhoff in Wiesbaden hat eine Mz. gekauft. So, das ist ungefähr alles. Der Brief ist, fürchte ich, selbst für Amerika etwas lang geraten. Mein Schwager sagt, ich hätte Pastor werden sollen, denn ich könnte gut reden.
Mit den allerherzlichsten Grüssen Ihr

Kurt Schwitters.

An Otto Ralfs

4. 1. 27

Lieber Herr Ralfs!
Habe soeben höflichst Kenntnis genommen. Wollen Sie denn nicht Ihr neues Haus wie neues Bauhaus einweihen? Kann mich gut eindenken, denn ich ziehe mit meinem Atelier auch um, aber nur in ein anderes Zimmer. Habe Moholi wegen Ausstellung geschrieben. Er schreibt wieder, man könnte es mir schlecht abschlagen. Wann ist denn diese Ausstellung? Also ich sende Ihnen dann gern etwa 30 Mz. für eine Wand.
Bitte schreiben Sie mir darüber.
Herzlichste Grüsse Ihnen und Ihrer Frau Gemahlin

Ihr Kurt Schwitters.

Also *Mitte März* senden?
Prost Neujahr! Viel Glück!

An Hanns Krenz

5. Januar 1927

lieber her Krenz
eeben erhalte ich iire einlaadung zuu deer Rilkefeier am freitag aabend, musste das geraade an deem ersten aabend sein, an deem ich bei miir leese? ich werde jaa auch gern etwas zuu eeren meines kolleegen leesen, eer schreibt jaa so nekkische gedichte. aaber wiir neemen uns doch nuur geegenseitig das publikum, ooder?
mit deen besten grüssen iir

Kurt Schwitters

An Katherine S. Dreier

Hannover, den 29. 1. 27.

Liebe Miss Dreier!
Leider hören wir schon lange nichts mehr von Ihnen. Wie geht es Ihnen eigentlich? Sind Sie mir vielleicht böse, dass ich versucht habe, Lissitzky zu verteidigen? Wissen Sie, er hatte mir ein Unrecht getan, vielleicht ohne es zu wollen, aber ich halte die Freundschaft und Kameradschaft für wichtiger. Er tut mir auch ein anderes Mal einen Gefallen. Den letzten Brief von Ihnen erhielten wir im Oktober etwa. Dann kam noch ein Katalog, von dem ich annehmen muss, dass er nicht von unserer Ausstellung war, denn es waren ganz andere Namen, an dem Sie aber auch beteiligt waren. Bitte schreiben Sie mir doch einmal, was das war, und wie Ihre Beteiligung ist. Nun schreiben Sie nichts über die Ausstellung, und ich fürchte, Sie haben vielleicht jetzt unerwartete Schwierigkeiten bekommen. Ich bedaure Sie in dem sachlich nüchternen Amerika, dass Sie sich für neue Kunst einsetzen. Das muss ein harter Kampf sein. Schreiben Sie mir doch einmal, was los ist, ob die Sachen in absehbarer Zeit ausgestellt werden. Wir erhalten öfter Anfragen, da Helma die Bilder hier gesammelt hat, die wir nun nicht beantworten können. Baumeister ist sogar so ärgerlich darüber, dass er uns verantwortlich machen will und schreibt, er wäre nicht mehr ferne davon, an einen plumpen Schwindel zu glauben. Ob er nun mich für einen Schwindler hält, weiss ich nicht, jedenfalls wüsste ich gern etwas über Baumeisters Bilder, um ihn beruhigen zu können. Vielleicht schreiben Sie ihm

111

am besten selbst einmal. Wir waren, wie Sie wissen, 6 Wochen bei meinem Schwager, dem Landwirt, in Retelsdorf. Dann habe ich allein eine Reise von 4 Wochen nach Berlin und Dresden gemacht. Habe etwas verdient, aber leider nicht genug. Aber man hilft sich so durch. In Dresden habe ich für Frau Bienert einige Räume gestalten helfen und ihr 2 Merzzeichnungen verkauft. Ich habe überhaupt mehrere neue Arbeiten verkauft, an Kirchhoff, Jaffee (Hamburg) und Baurat Evert in Jauer in Oberschlesien. Evert hat 2 grosse Bilder gekauft. Dann waren Helma und ich zur Eröffnung des Bauhauses. Es war ein grosses Familienfest. Wir trafen wohl 200 Bekannte aus allen Orten. Von dort waren wir im Erzgebirge und endlich in Halle. Im Erzgebirge haben wir Schlittenfahrten gemacht, in Halle habe ich Aufträge der Pumpenfabrik Weise bekommen, einen Katalog zu gestalten, die mir viel Vergnügen machen. Zu Weihnachten waren die Pussis aus Hamburg bei uns. Jetzt habe ich Ausstellungen in Hamburg und Brünn. Im März stelle ich in Wiesbaden aus, im November und Dezember war meine Ausstellung im Sturm. Wir versenden heftig an Zeitungen, mit mehr oder weniger Erfolg. [... ...] Was macht die Beziehung zum Film? Können Sie mir nicht die Adresse von Harald Lloyd oder Buster Keaton oder Charlie Chaplin besorgen? Ich hätte gern einmal den Versuch gemacht, einen Groteskfilm in Amerika anzubieten. [... ...] So, nun wünsche ich Ihnen alles Gute im neuen Jahre. Mit den herzlichsten Grüssen Ihr Kurt Schwitters und Helma.

Kurt Schwitters.

An Rudolf Jahns

5. 3. 27

Lieber Herr Jahns.
Einladung zur Gründungsversammlung der Ortsgruppe Hannover der Internationalen Vereinigung der Expressionisten, Kubisten und Futuristen am Sonnabend den 12. 3. 1927, in der Wohnung von Kurt Schwitters, Hannover, Waldhausenstr. 5 II.
Es sind als Mitglieder vorgesehen:

Carl *Buchheister,* Hannover, Bürgermeister-Fink-Str. 3. Tel. N. 1019.
Jahns, Holzminden.

Nitzschke, Hannover, Lavesstr. 81.
Kurt *Schwitters,* Hannover, Waldhausenstr. 5 II.
Friedel *Vordemberge-Gildewart,* Hannover, Königstr. 8 II.

Da Herr Jahns nur dann in Hannover ist, bitte ich um strikte Einhaltung des Termins, 12. 3. 27. Nachmittags 5 Uhr. Ich bitte um Nachricht, ob ich mit Ihrer Gegenwart rechnen darf.
Es sollen die Vorteile der Gründung einer Ortsgruppe im Verbande der I.V. erörtert und Satzungen aufgestellt werden. Bitte seien Sie pünktlich da.
Mit kollegialem Gruss und den üblichen Begrüssungsformalitäten Ihr

Kurt Schwitters.

An Katherine S. Dreier

Hannover, den 4. 5. 27

Liebe Miss Dreier!
Vor lauter unwichtigen Dingen kommt man nicht zum Schreiben der notwendigen Post, und so ist auch Ihr Brief vom 4. 3. noch unbeantwortet. Ich danke Ihnen zunächst sehr, und habe versucht, zunächst über die Ausstellung in New York und USA etwas in die Presse zu bringen, aber leider alles zurückerhalten. Man hält mich für Partei, und zur Zeit wird die neue Kunst in Deutschland nicht gerade von den Zeitungen gefördert. Ich habe Ihren Brief in der neu gegründeten Gruppe der Abstrakten in Hannover vorgelesen, und man war sehr begeistert. Wir haben uns nämlich zusammengeschlossen zum Kampf gegen die Reaktion, das sind Buchheister, Jahns aus Holzminden, den Sie wohl nicht kennen, Nitzschke, ich und Vordemberge-Gildewart. Wir wollen Vorträge halten, der erste Ende Mai, über neue Kunst, und da werde ich gelegentlich auch über Amerika berichten. [. . . . . .]
Ich war in Paris, 4 Wochen unterwegs. Da hatte ich verschiedentlich Gelegenheit, über Jane Heap und ihre Arbeit zu berichtigen, besonders bei Doesburg, der mir für Aufklärung sehr dankbar war. In Paris traf ich auch Tristan Tzara wieder, den ich seit 1922 nicht gesehen hatte. Damals war er in Hannover, und ich gab ihm 21 Merzzeichnungen mit nach Paris zum Verkaufen. [. . . . . .]
Jetzt haben wir auch eine Reihe von Ausstellungen für mich orga-

nisiert. Ich stelle aus in Berlin, Wiesbaden, Frankfurt, Bochum, Barmen, Köln, das ist die Reihenfolge. In den meisten dieser Städte habe ich dann auch Vorträge. In Paris habe ich einen Vortrag in einem Cafe auf offenem Boulevard gehalten, dazu hatten meine Freunde mich aufgefordert. Da hat ein Herr Jolas zugehört, der die Zeitschrift transition in Englisch herausgibt. Er hat sich dann nachher vorgestellt und will von mir in jeder Nummer etwas drucken. Er sagt, das wäre auch gut, um mir den Weg in Amerika vorzubereiten. Ich sende Ihnen dann die Nummern, wenn es erschienen ist. Hoffentlich können Sie mir dann auch wie verabredet, das heisst, wie Sie mir in freundlichster Weise in Aussicht stellten, für uns die Reise nach USA durchsetzen. Ich würde mich schrecklich freuen, weil ich gerade nach Amerika wenigstens einmal in meinem Leben gern kommen möchte. Denken Sie, ich wollte immer in Paris den Duchamp besuchen, aber es ist immer was Anderes los gewesen, dass ich ganz darüber weggekommen bin. Sie schreiben, dass die Ausstellung im Mai zurückgesandt werden soll. Nun habe ich noch die Frage, ob es wohl zu der Kollektivausstellung meiner Bilder im nächsten Jahre in New York kommt? Dann wäre es doch am besten, Sie behielten meine Sachen gleich dafür da, dann sparten wir ein Porto, und zwar 2 mal. Oder meinen Sie, dass die Kollektivausstellung nur neue Arbeiten haben müsste? Ich habe ja von der Wanderausstellung jetzt viele gute Arbeiten da. Und dann, werden Sie den Transport wieder in Sammelsendung nach Hannover gehen lassen? Helma wird die Verteilung in Deutschland gern überwachen, wie voriges Mal. [. . . . .]

Ihr Katalog ist ein grosser Erfolg. Überall trifft man ihn. Jeder fragt: »Sind Sie auch dabei?«, woraus man die Bedeutung der Ausstellung sieht. Ich glaube, es ist wohl die umfassendste Ausstellung von neuer Kunst überhaupt. So, ich glaube, das war ungefähr alles. Dass wir knapp an Geld sind und leihen müssen, ist ja nichts von Bedeutung, das geht heute vielen Kollegen so. Obgleich ich im vorigen Jahre 12 und in diesem Jahre 4 Arbeiten verkauft und viel Reklame gezeichnet, viel für Zeitungen geschrieben und viele Vorträge gehalten habe, es reicht sehr knapp, und wenn mal eine Zeit uns die Leute, die uns was schulden, vergessen, dann fehlt einfach das Geld zum Leben. Ich war auch zu einem Vortrage in Rotterdam und kam am Hotel Weimar vorbei, auch an dem Landeplatz der Holland-Amerika-Linie, und in den Haag an Dijers, wo ich immer an Sie denken musste. Hoffentlich sehe ich Sie bald wieder, hier oder in Amerika, ich würde mich sehr freuen, mal 14 Tage in aller Ruhe mit Ihnen zusammen sein zu können. Wenn Sie je wieder nach Europa kommen, so müssen Sie 14 Tage für Hannover aussetzen und bei uns wohnen. Wir haben bis dahin einen Diener und 2 Mädchen, und ich lasse Sie dann in meinem eigenen Auto spazieren fahren, wohin Sie wollen. Ich denke, ich nehme einen schweren amerikanischen Wagen, er ist zwar etwas teurer, aber man hat auch mehr davon.

So, das wäre sogar mehr, als alles. Es ist immer so nett, einen Brief an Amerika zu schreiben, dann erlebt man alles noch einmal, was sich in den letzten 3 Monaten zugemerzt hat. Hoffentlich langweilt es Sie nicht zu sehr.

Mit den allerherzlichsten Grüssen Ihr

Kurt Schwitters.

An Theo und Nelly van Doesburg

Eppstein i. Taunus,
bei Robert Michel,
Schmelzmühle, den 27. 6. 1927.

Lieber Does, und
Lieber kleiner Nelli!
Ich danke für Karte zu meinem 40. Geburtstag und bin gerührt.
2.) Soeben schreibt mir Miss Dreier, bei der ich anfragte, weshalb sie damals nicht zu Euch nach Paris kam. Sie schreibt, dass Miss Belsterli, ihre Sekretärin, Eure Adresse damals vergessen hätte, aber es ist besser, ich citiere wörtlich: »Frl. Belsterli hatte vergessen unsere Adresse in Paris anzugeben in den Brief den ich schrieb. Ich nahm das so für selbstverständlich, dass ich nicht aufpasste, ob sie es getan hatte. Doesburg warteten für uns und ich auf eine Antwort. Da man mir gesagt hatte, er wäre so oft verreist, und niemand, den ich kannte, hatte ihn Wochen gesehen, so ging ich nicht zu ihm hinaus, da die Zeit sehr kurz war. Ich besuchte 32 Künstler in 3 Wochen und nebenbei viele Ausstellungen, so können Sie verstehen, wie kurz die Zeit war.« Nun sind etwa 2/3 der Ausstellung wieder nach Europa zurückgekommen. Das letzte Drittel soll im Winter im Westen Amerikas ausgestellt werden. Ich würde nun in Deiner Stelle unter Bezug auf mich an Miss Dreier

schreiben, und sie fragen, ob sie nicht zu dieser Tournee noch Arbeiten von Dir haben will. Vielleicht erleichterst Du es ihr, indem Du auf Versicherung, die sehr teuer ist, verzichtest. Es kommt ja sowieso nichts vor bei Sendungen über das Meer. Bitte schreibt mir, was Du tust.

3.) Ich bitte Nelli zu den Surrealisten zu gehen und mir zu berichten, was sie für mich bisher getan haben. Ich möchte auch von Herrn Noll wissen, ob er sein Versprechen einer grossen Ausstellung bei ihm in absehbarer Zeit halten wird. Wenn ja, will ich nach Frankreich kommen und dort Bilder malen und Herrn Noll für lange Zeit in Kommission lassen. Ich bitte, dieses bald zu erledigen.

4.) Ich bitte Nelli, Tzara bald aufzusuchen und ihn um eine ausdrückliche schriftliche Erklärung an mich zu bitten, was aus den Merzzeichnungen geworden ist, die er seinerzeit mit nach Paris genommen und angeblich Jane Heap gegeben hat. Ich kann nur dann mich selbst an Jane Heap wenden, wenn ich genau weiss, dass sie tatsächlich die Arbeiten hat. Ich bitte, das bald zu erledigen und mir gleich zu schreiben, damit ich weiter an Jane Heap schreiben kann. Tzara ist sehr schreibfaul, und ich glaube, dass er mir auf meinen Brief so ohne weiteres nicht antwortet. Ihr müsst das für mich tun, denn Ihr wisst, dass ich mich auch für Euch in Deutschland einsetze, wo ich kann, siehe Fall Miss Dreier, oben. Schreibt mir, was Tzara gesagt hat.

5.) Ich lege eine Foto[grafie] bei von 6 Schriftsystemen von mir, a bis f. Ich habe von dem letzten, von f, 2 Tafeln, die Entstehung und Zusammenhang dieses Systems zeigen. Ich bin gern bereit, wenn Does es für den nächsten Stijl haben will, 2 grosse Fotos, 13/18 von diesen Tafeln mit einem erklärenden Text über Systemschrift zu schicken. In diesem Falle bitte ich um Nachricht. Wenn nicht, bitte ich um Veröffentlichung dieses einen Blattes, vielleicht ohne Text.

Mit herzlichsten Grüssen Euer

Merz.

NEUE REKLAME

MERZ WERBE

HANNOVER, WALDHAUSENSTR. 5
TELEFON 3804, NEBENANSCHL. FISCHER
POSTSCHECK-KONTO HANNOVER 84301
(VERLAG DES MERZ)

KURT SCHWITTERS
MITGLIED DES BUNDES DEUTSCHER
GEBRAUCHSGRAPHIKER

Eppstein den 27.6.27.
HANNOVER, DEN   192

Liebe Miss Dreier,

Wir erhielten Ihren Brief vom 14.6. sehr schnell in Eppstein im Taunus,
wo wir bei Michel und Frau wohnen. Wir danken Ihnen sehr dafür. Endlich
einmal ein Lebenszeichen. Sie kennen vielleicht Michels noch nicht. Sie
sind als Künstler sehr bedeutend, und da ich höre, dass Sie den Rest der
Ausstellung noch weiter in Amerika herumsenden werden, habe ich Michels
gebeten, Ihnen auf ihr eigenes Risiko je 2 Arbeiten zu senden. Ich bitte
Sie, mir nicht böse darüber zu sein, dass ich nicht erst anfrage, aber ich
dachte, es geht sonst soviel Zeit verloren durch hin- und herschreiben,
und ich wollte gern, dass Sie es bald erhielten. Sie haben ja immer noch
die Möglichkeit, die Arbeiten als unbrauchbar für Sie zurückzusenden.
Sonst sind Michels einverstanden, dass alles mit der Sammelsendung später
zurückkommt. Sie würden mich sehr erfreuen, wenn es so annehmbar würden.
Es ist schade, dass es nicht derselbe Herr in Hannover besorgt, sondern Bä-
Räte, aber ich bitte Sie, sich die Adresse von Springmann zu notieren für
die nächste Rücksendung des Restes. Ich werde Herrn Mielenhausen noch einmal veranlassen, Ihnen zu schreiben. Es freut mich, dass für einige Kollegen etwas verkauft ist, und auch, dass Sie ein Bild von mir von der Sendung
des Sturm gekauft haben und werde dem Sturm gleich schreiben, weil der noch
nicht abgerechnet hat. Haben Sie meinen allerbesten Dank. Wenn Sie wieder
schreiben, teilen Sie mir doch bitte mit, was Sie bezahlen mussten, falls
der Sturm nicht bald abrechnet, damit ich orientiert bin.
Sehr traurig bin ich, dass ich noch so lange warten muss, bis ich durch
Sie Gelegenheit erhalte, Amerika kennen zu lernen, aber was soll man
machen. Ich bedaure es auch sehr, dass ich Sie so lange nicht sehen werde
und hoffe, dass Sie wenigstens vorher auf einige Zeit nach Deutschland
kommen. Ihre Versicherung, dass meine Ausstellung die nächste sein wird,
beruhigt mich. Ihre geleistete Arbeit bewundere ich sehr. Sie sind nicht
nur als Künstlerin bedeutend, sondern auch als grosses Organisationstalent. Und was man selten findet, Sie haben noch Idealismus. Und das in
Amerika. Dass Miss Belsterli nicht mehr bei Ihnen arbeitet und Sie dadurch
soviel mehr Arbeit haben, bedaure ich sehr. Ich habe im Gegensatz dazu
jetzt mir eine Hilfe genommen, die mir beim Zeichnen hilft, und die ich
roh und gefühllos, wie ich bin, Zeichenknecht nenne. Ich habe mit der Dame eine neue Schrift ausgearbeitet und sende Ihnen eine kleine Foto zu Ihrer Orientierung. Aber das ist nur für Sie, denn ich möchte zwar gern damit eine Schriftgiesserei finden, aber nicht, dass etwa ein Schriftgiesser
sich anregen lässt und dann das selbst so ähnlich macht. Vielleicht können Sie mir eine Beziehung in Amerika dafür vermitteln. Dabei möchte ich
fragen, was machen die geplanten Übersetzungen meiner Grotesken und Märchen? Zur Orientierung, es sind unter a bis f 6 verschiedene Alphabete.
Das letzte ist international und sehr präcise, aber nicht ohne Weiteres zu
zu lesen, man muss es einführen und lernen. c,d,e kämen für den Gebrauch
schon in Betracht. Meine Sonate wollte ich in f umschreiben. Meinen Sie,
dass es für den Druck in Amerika noch in Frage kommt? Zur Frage: Sie haben
doch so viel Geld ausgegeben. Sie erfahren Näheres über die Schrift in
einigen Wochen. Sehr erfreut bin ich über Ihre Mitgliedschaft bei Wauer
und besonders bei uns. Sie werden von Wauer erfahren. Wenn Sie Bilder
senden müssen. Es ist schade, dass es nicht gleich mit dem Sammel

MERZ
WERBEZENTRALE

An Katherine S. Dreier

Eppstein den 27. 6. 27.

Liebe Miss Dreier.
Wir erhielten Ihren Brief vom 14. 6. sehr schnell in Eppstein im Taunus, wo wir bei Michel und Frau wohnen. Wir danken Ihnen sehr dafür. Endlich einmal ein Lebenszeichen. Sie kennen vielleicht Michels noch nicht. Sie sind als Künstler sehr bedeutend, und da ich höre, dass Sie den Rest der Ausstellung noch weiter in Amerika herumsenden werden, habe ich Michels gebeten, Ihnen auf ihr eigenes Risiko je 2 Arbeiten zu senden. Ich bitte Sie, mir nicht böse darüber zu sein, dass ich nicht erst anfrage, aber ich dachte, es geht sonst soviel Zeit verloren durch hin- und herschreiben, und ich wollte gern, dass Sie es bald erhielten. Sie haben ja immer noch die Möglichkeit, die Arbeiten als unbrauchbar für Sie zurückzusenden. Sonst sind Michels einverstanden, dass alles mit der Sammelsendung später zurückkommt. [. . . . . .]
Sehr traurig bin ich, dass ich noch so lange warten muss, bis ich durch Sie Gelegenheit erhalte, Amerika kennen zu lernen, aber was soll man machen. Ich bedaure es auch sehr, dass ich Sie so lange nicht sehen werde und hoffe, dass Sie wenigstens vorher auf einige Zeit nach Deutschland kommen. Ihre Versicherung, dass meine Ausstellung die nächste sein wird, beruhigt mich. Ihre geleistete Arbeit bewundere ich sehr. Sie sind nicht nur als Künstlerin bedeutend, sondern auch als grosses Organisationstalent. Und was man selten findet, Sie haben noch Idealismus. Und das in Amerika. Dass Miss Belsterli nicht mehr bei Ihnen arbeitet und Sie dadurch soviel mehr Arbeit haben, bedaure ich sehr. Ich habe im Gegensatz dazu jetzt mir eine Hilfe genommen, die mir beim Zeichnen hilft, und die ich roh und gefühllos, wie ich bin, Zeichenknecht nenne. Ich habe mit der Dame eine neue Schrift ausgearbeitet und sende Ihnen eine kleine Foto[grafie] zu Ihrer Orientierung. Aber das ist nur für Sie, denn ich möchte zwar gern damit eine Schriftgiesserei finden, aber nicht, dass etwa ein Schriftgiesser sich anregen lässt und dann das selbst so ähnlich macht. Vielleicht können Sie mir eine Beziehung in Amerika dafür vermitteln. Dabei möchte ich fragen, was machen die geplanten Übersetzungen meiner Grotesken und Märchen? Zur Orientierung, es sind unter a bis f 6 verschiedene Alphabete. Das letzte ist international und sehr präzise, aber nicht ohne Weiteres zu lesen, man muss es einführen

und lernen. c, d, e kämen für den Gebrauch schon in Betracht. Meine Sonate wollte ich in f umschreiben. Meinen Sie, dass es für den Druck in Amerika noch in Frage kommt? Und wann? Sie haben doch so viel Geld ausgegeben. Sie erfahren Näheres über die Schrift in einigen Wochen. Sehr erfreut bin ich über Ihre Mitgliedschaft bei Wauer und besonders bei uns. Sie werden von Wauer erfahren, wann Sie Bilder senden müssen. Es ist schade, dass es nicht gleich mit dem Sammeltransport zusammen abging. Duchamp besuche ich das nächste Mal in Paris, denn ich muss in absehbarer Zeit wegen Ausstellung wieder hin. Arp habe ich in Strassburg und Paris öfter gesehen. Er malt mit seiner Frau und mit Doesburg in Strassburg ein grosses Café aus von etwa 15 Räumen. Er ist ein ganz fabelhafter Mensch. Dahingegen fand ich die Ausstellung von Max Ernst, die ich in Paris sah, so schwach, dass ich kein Verlangen hatte, ihn zu sehen. Er malt jetzt wie Böcklin. Ernst malt überhaupt immer anders, ich weiss nicht, wo eigentlich der wahre Ernst bei Ernst ist. Weshalb schätzen Sie ihn so sehr? An Doesburg werde ich mitteilen, weshalb Sie ihn nicht sahen. Wegen Jane Heap wende ich mich an den Deutschen Konsul und danke für die Adresse. Meine Frau wird gern die Rücksendung an die Kollegen überwachen. Wir sind zwar in Eppstein und erst im August in Hannover zurück, aber wir werden gleich an Bäte schreiben. Die Bestellung an Herrn Krenz werde ich übernehmen. So, nun lassen Sie es sich recht gut gehen und noch viel besser. Ich bin nur traurig, dass Sie nicht dieses Jahr in Deutschland sein werden. Ich und meine Frau und meine Frau und ich grüssen Sie herzlichst. Ihr   Kurt Schwitters.

An Walter Borgius

Bad Ems. Winterbergstr. 4.
den 2. 7. 27.

Sehr geehrter Herr Borgius!
Zwar kann ich mich nicht erinnern, dass wir uns vom Sturm aus kennen, aber ich freue mich, auf diese Weise Ihre Bekanntschaft gemacht zu haben. Herrn Zeirath habe ich auch nicht kennen gelernt, wenigstens nicht wissentlich. Wie mir scheint, haben Sie ähnliche Ansichten über Schrift, Sprache und Philosophie, und ich möchte gern mit Ihnen Ansichten austauschen. Sie können sich

denken, dass ich viele Briefe und Unterredungen wegen meiner neuen Schrift und den sich daraus ergebenden Dingen erleben musste, aber es war meist Gefasel oder unproduktive Kritik, und ich konnte auf nichts näher eingehen, weil alle sich zu ernst und die Sache zu leicht nahmen. Jedenfalls brachte mir niemand etwas positiv Neues und Gestaltetes, ausser einigen kleinen Anregungen, die aber für den Kern nicht wichtig waren. Hier ist aber eine intensive Denkweise, und ich bin deshalb ehrlich bereit, zu versuchen, ob wir vielleicht zusammen arbeiten und dadurch zu gesteigerten Resultaten kommen können.

Ich schlage deshalb vor zur Orientierung, ob es vielleicht praktisch einen Nutzen haben wird, wenn wir zusammen arbeiteten, dass wir erst einmal uns schriftlich über diese Dinge unterhalten. Ich werde zu einigen Dingen in Ihrem Briefe Stellung nehmen. Sie sprechen von Phonetischer Schreibweise. Es muss heissen optophonetisch, weil die phonetische Sprache durch gleichwertige optische Schrift bezeichnet werden muss. Ein neues Alphabeth muss schon deshalb geschaffen werden, weil das alte übliche mangelhaft ist. Es fehlen die Zeichen für ng, sch, ch, es gibt keine unterschiedlichen Zeichen für Gaumen r und Zungen r, für ch in noch und ch in mich, für j in jeder und j in jamais, für th weich und th hart (englisch), für s hart und s weich. Dafür sind doppelte Zeichen für gleiche Laute vorhanden. Und es gibt noch viele Mängel. Von der Rechtschreibung garnicht zu reden. Haben Sie in Ihrem neuen Alphabeth an all dieses gedacht? Es würde mich interessieren zu sehen, wie Sie dann die Zeichen gestaltet haben. Können Sie mir etwas senden oder abzeichnen? Ich sende Ihnen 6 Alphabethe, a bis f, von denen f das konsequenteste ist. Sehen Sie es mit der Lupe an. Achten Sie auf die Unterscheidung der langen, kurzen und nasalen Vokale. Auf Schreibschrift Rücksicht zu nehmen erübrigt sich, wenn man wie ich ihre Existenzberechtigung nicht anerkennt. Es gibt Stenographie, was soll uns die Pferdedroschke, die sich Schreibschrift nennt. Umlaute gibt es nicht! Was nennen Sie einen Umlaut? Senden Sie mir doch mal eine Skizze Ihrer Zeichen. Ich glaube, in Ihrer Schrift gibt es noch Unklarheiten. Sehr interessieren würde ich mich für Ihr logisches System der Begriffe, und ich glaube, dass sich bei gemeinschaftlicher Revision eines solchen Systems eine Basis schaffen liesse für Weiterarbeit. Wie die Schrift opto phonetisch sein muss, muss die Sprache begrifflich phonetisch werden.

Ich habe da ein Instrument erfunden, auf dem die Sprache nach 3 Polen geordnet werden kann. Es handelt sich also für unsere Zusammenarbeit um eine Neuordnung. Die Laute werden dann ebenfalls nach 3 Polen geordnet und die entstandene begriffliche Ordnung durch die lautliche benannt. Dass alle Begriffe von der Weltanschauung abhängig sind, ist mir klar. Man muss eben eine möglichst objektive Weltanschauung anstreben. Und dann ist die Sprache schliesslich der Ausdruck der Zeit. Und endlich wird von der Sprache die Weltanschauung geformt. Das ist ein ewiges Spiel von Ursache und Wirkung. Dass man mit der Sprache denkt, ist mir ganz klar. Es ist nicht etwa umgekehrt, dass die Sprache der Ausdruck des Denkens wäre, welches ohne Worte vor sich ginge. Daher auch sind die Menschen so wild, wenn man ihnen das Denken nehmen will, indem man ihnen etwas Alogisches in der Sprache vorsetzt, etwas Dadaistisches. Ich hoffe, dass bald etwas von meinen Ideen in Zeitschriften erscheinen wird und werde Ihnen dann Nachricht geben. Ob Ihre und meine Ideen sich in einer Broschüre vereinigen liessen, kann ich nicht beurteilen, bevor ich Ihre Ideen genau kenne. Nun zu den Möglichkeiten eines mündlichen Gedankenaustausches, den ich für wesentlich und entscheidend darüber halte, ob wir zusammen arbeiten können. Ich weiss nicht, welches Ihr bürgerlicher Beruf ist, ob Sie unabhängig sind und zu jeder Zeit sich frei machen können. Ich weiss auch nicht, ob Sie eine Wohnung oder ein Zimmer haben, d. h. ob man bei Ihnen für einige Zeit wohnen könnte. Denn der Aufenthalt in Berlin ist sonst sehr teuer. Auf alle Fälle habe ich aber ein Fremdenzimmer und könnte Sie gut bei mir aufnehmen zu mündlicher Besprechung und eventuell zu Durcharbeitung der Ideen. Und zwar bin ich im August in Hannover. Ich muss zunächst betonen, dass ich selten zu hause bin, aber im August, jedenfalls im Anfang bis Mitte August bin ich sicher da. Also bitte schreiben Sie mir, ob Sie Lust hätten, mich dann zu besuchen.
Mit den besten Grüssen Ihr

Kurt Schwitters.

An Walter Borgius

Eppstein i. Taunus
13. 7. 27.

Sehr geehrter Herr Borgius!
Besten Dank für Ihren anregenden Brief vom 4. 7. Ich möchte im
Einzelnen Stellung dazu nehmen. Sie betonen die phonetische
Schreibweise, die Sie in Ihrem Schriftstudium verwendet haben.
Aber die Schreibweise muss natürlich optisch sein, und das Bild
der Schrift, nicht der einzelnen Laute, muss parallel dem Klang
der Sprache, nicht dem einzelnen Laute, sein. Das nenne ich
opto-phonetisch.
Von dem bestehenden Alphabeth auszugehen ist deshalb sehr un-
zureichend, weil wir ein sehr mangelhaftes Alphabeth haben.
Aber es hat deshalb einen Vorteil, weil man dann mit dem neuen
Zeichenmaterial schreiben kann, ohne die bisherige Rechtschreibung oder gar die Sprache zu ändern. Es ist Kompromiss, aber es
ist immer noch besser, als das bestehende Zeichenmaterial. Ich
habe festgestellt, dass wir im Deutschen 41 verschiedene Laute haben, wenn man bei den Vokalen lang und kurz verschieden nennt,
dagegen haben wir nur 20 verschiedene Zeichen, wenn man die 6
zusammengesetzten oder doppelten abrechnet. Es ist ein trauriges
Bild, dass wir mehr als die Hälfte der Zeichen umschreiben, oder
raten müssen, oder dass durch Regeln der Rechtschreibung der
fehlende einfache Laut ersetzt wird. Das ist grosse Konfusion.
Mit dem neuen Alphabeth müsste die Rechtschreibung durchgese-
hen werden, und es müssten für die fehlenden 21 Laute zunächst
Zeichen eingeführt werden, die jeder ohne grosse Mühe lesen oder
lernen kann. Das heisst, es sollen nur Abweichungen der alten Zeichen gefunden werden, welche bisher den Laut ausdrückten. Z. B.
für kurz oder lang bei den Vokalen müsste irgend eine geringe Zutat eines Striches erfolgen.
Das heisst, Ihr Alphabeth ist in einer Weise konsequenter als meines, indem es die Laute neu schafft, andererseits wieder nicht zu
gebrauchen in der üblichen Schrift nach üblicher Rechtschreibung,
weil es schwer zu lesen ist. Ich habe nun mehrere Stufen der
konsequenten Gestaltung geschaffen. Ich lege Ihnen zu Ihrer
Orientierung einen kurzen Aufsatz über meine Schrift bei und 3
Tabellen. Ich bitte um Rücksendung des Aufsatzes, den Sie wohl
entbehren können, nachdem Sie mit ihm die Zeichen durchstudiert

haben. Ich brauche ihn dringend zum Versenden an Zeitschriften. Von den Fotos kann ich mir neue Abschriften machen lassen. Nun ist die Schrift a auf Tabelle 1 trivial, die Schrift b sehr zahm, die Schriften c d e gut brauchbare Kompromissschriften, und f ist eine sehr konsequente Schrift. Ihre Schrift ist zwischen f und e. Sie unterscheiden zwischen Labiallauten, Gaumenlauten und Dentallauten. Da ist ein Fehler und ein Mangel. Der Fehler ist der, dass Sie das h nicht unterbringen können, welches ein Halslaut ist, und der Mangel, dass Sie zwischen den 3 wichtigen Stellen der Lautbildung im Gaumen nicht unterscheiden, hinten, mitten, vorn. Betrachten Sie bitte in Tabelle 2 die erste Liste, und Sie werden sehen, dass nebeneinander im Gaumen ch (noch), ch (mich) und sch liegen. Ich habe deshalb alle Mitlaute in ein Doppelsystem von Beziehungen gebracht, einmal wie Sie nach dem Orte der Entstehung, und dann nach dem Klang: Knacklaute, Zischlaute, Nasenlaute, Schwinglaute. Mein System hat viele Lücken, aber es ist korrekt, und es schadet nichts, auf die vorhandenen Lücken aufmerksam zu machen, und vielleicht erkennen wir später einmal in den Lücken noch Laute. Mir fiel z. B. der *einfache* Laut ng auf, als ich die Liste durchprobierte. Aber ich bin für die Anregung dankbar, die verschiedenen Laute verschieden zu behandeln, so wie ich schon die Vokale und Konsonanten getrennt habe. Ob man da aber gut tut, nach Entstehungsstelle zu unterscheiden, oder nach Klang, weiss ich nicht so schnell zu entscheiden.

Eben habe ich die Sache durchgearbeitet. Ich unterscheide also lieber nach Klang. Ich habe ein Alphabeth 6 eben skizziert, welches ich beilege, bei dem ich die Zeichen des Alphabeths 5 so durchgearbeitet habe, dass oben bei den Knacklauten Bogen von Mitte bis Ende entstehen, unten bei den Schwinglauten Bogen in der Mitte, und dass bei den Nasenlauten die Querbalken doppelt breit genommen werden. Ich bin dabei nicht von dem bisherigen System in der grossen Gestaltung der Zeichen abgegangen, ich habe nur eine unterscheidende Zutat gemacht. Wenn man nun nach den Entstehungsarten betrachtet, wie Sie es tun, so ergeben sich auch wieder charakteristische Ähnlichkeiten. Z. B. bei den vorderen Gaumenlauten sind die Querbalken nach beiden Seiten, bei den hinteren Gaumenlauten nur nach links, bei den Lippenlauten nur nach rechts. Bei den Zahnlauten weisen alle Hauptrichtungen nach rechts, die Nebenrichtungen nach links, bei den mittleren Gaumenlauten umgekehrt.

Sie unterscheiden zwischen hartem und weichem sch, s und ch. Das ist falsch. Es gibt wohl ein hartes und weiches s, bei sch kann man von weichem sch sprechen, wenn man das j in jamais so nennen will. Aber ein weiches ch gibt es nicht. Sie haben sich von der Analogie irreleiten lassen. Beide ch sind hart. Sie unterscheiden sich dadurch, dass sie an verschiedenen Stellen des Mundes entstehen, während jedesmal die beiden sch und s an der gleichen Stelle entstehen. Bei den ch unterscheide ich ein Rachen- und ein Gaumen-ch. Das erste entsteht im hinteren Gaumen (noch), das zweite im mittleren Gaumen (mich).

Was die Geographischen oder Personen-Namen anbetrifft, so habe ich nichts dagegen, wenn sie in der bisherigen üblichen Schrift weiter geschrieben werden. Und für den täglichen Gebrauch halte ich Stenographie für das Gegebene.

Sehr interessiert hat mich Ihr Ziffernsystem. Ich habe mich noch bislang nicht mit Ziffern beschäftigt. Aber es war eine Frage der Zeit, dass ich es tun würde. Wahrscheinlich wäre ich auch zu einem Erweitern der Grundzahlen bis 12 gekommen. Jedenfalls scheint es mir jetzt so selbstverständlich, dass man 12 als die erste höhere Einheit nimmt, dass ich es nun ebenso mache, wie Sie. Denn 60 wäre erst die erste Zahl, die noch günstiger ist, als 12, und man kann unmöglich 60 verschiedene Grundzahlen nehmen. Aber ich habe schon gedacht, dass man vielleicht 60 als gewisse Einheit betonen könnte. Ich bin mir selbst noch nicht klar, wie ich es eigentlich meine. Jedenfalls habe ich jetzt ein Zahlensystem auf der Grundlage von 12. Selbstverständlich muss dann die ganze Reihe der Ziffern neu werden. Darüber schreibe ich nächstes Mal mehr. Auch über die neue Sprache, denn ich möchte Ihnen den Brief nun endlich zusenden.

Hier will ich nur noch über unsere Arbeit berichten. Mir scheint es anregend zu sein, unsere Gedanken über Schrift auszutauschen, und ich lerne viel dadurch. Aber es scheint mir, als ob ich eine so feste Vorstellung davon mir erarbeitet habe, dass ich nur hier und da Anregung annehmen kann, aber ein wirkliches Zusammenarbeiten scheint mir ausgeschlossen. Anders mit der Sprache, wo ich noch suche, und Sie auch.

Wenn Sie das wollen, und Zeit genug haben, so werde ich also nach Berlin kommen, da Sie ja nicht nach Hannover kommen können. Zeitpunkt kann ich noch nicht angeben, aber ich nehme an, es wird so gegen Oktober sein, und ich glaube, wir werden bis dahin

noch Briefe wechseln und die Grundlagen für gemeinsames For-
schen schriftlich legen. Wenn ich dann bei Ihnen wohnen könnte,
ohne Sie in Ihrer gewohnten Ruhe zu stören, so wäre das mir eine
grosse Freude.
Schreiben Sie nach Eppstein i. Taunus, Schmelz.
Mit besten Grüssen Ihr

Kurt Schwitters.

An Walter Borgius

Eppstein i. Taunus, Schmelz.
Sonntag den 17. 7. 27.

Sehr geehrter Herr Borgius!
Ich beantworte Ihre Anregungen bezüglich Sprache.
Ich sehe da keinen prinzipiellen Unterschied zwischen der Ein-
oder Vieldeutigkeit der Sprache oder Schrift. Wenn Sie die Zeichen von Toussaint-Langenscheidt betrachten, so ergibt sich eine
endlose Menge für viele Nuancen. So können Sie in der Sprache
auch eine Reihe von Nuancen, von Gefühlsschwingungen feststellen.
Aber wie es mein Bestreben war, nur die grossen Unterschiede in
den Buchstaben klar festzulegen und zu unterscheiden, so möchte
ich in der Sprache auch ein System der Hauptbegriffe schaffen,
ohne die persönliche Einstellung, ohne Nuancen, ohne Gefühls-
und Unterschwingungen. Aber es soll für alle Unterschwingungen
eine Möglichkeit des Ausdrucks durch Zusammensetzung gegeben
werden. Das wird erstens schon heute unabhängig von Weltanschauung möglich sein, es wird präcise werden und zu präcisem
Denken anleiten, es wird eine unübersehbare Menge von Nuancen
möglich machen. Und zum Schluss ist es jetzt gleichgültig, ob wir
hier und da mit Fehlern arbeiten, die später vielleicht jemand vermeiden kann, der unser Studium als Grundlage benutzt, ich bin der
festen Überzeugung, dass es keine einzige Sprache bislang gibt, die
annähernd so logisch ist, wie wir sie schaffen können.
Ihre Beschäftigung mit anderen Sprachen kommt uns dabei sehr
zu Gute. Ich kenne nur Deutsch, Französisch, Englisch und Hol-
ländisch. Hineingesehen habe ich mal in Spanisch, Italienisch, Dä-
nisch und Tschechisch. Aber ich hatte nie Zeit, mich anders als
privat mit Sprachen zu beschäftigen.
Meine Sprache soll auch so kurz wie möglich sein.

Ob man gut tut, mit Unterbegriffen zu arbeiten, glaube ich nicht. Jedenfalls ist zuerst eine Ordnung der Begriffe nötig, die neben einander Berechtigung haben. Ich dachte mir, auf der Oberfläche einer Kugel mit 3 Polpaaren, nach den 3 Hauptrichtungen, alle Hauptbegriffe zu ordnen. Die Ordnung soll so erfolgen, dass alle Begriffe an den Platz gestellt werden, der ihrer Verwandtschaft zu den Polen entspricht. Ein Polpaar ist Leben Tod. Welches sind die beiden anderen Polpaare? Es ist natürlich nicht nötig, Leben und Tod als Gegensätze aufzufassen, denn die Linie, auf der Leben und Tod stehen, rundet sich und geht von Leben über den Tod zum Leben, Tod, Leben u.s.w. *Gegensätze gibt es nicht, es gibt nur Reihen.*

Wir müssen es unbedingt vermeiden, Gegensätze und Unterbegriffe zu konstruieren, wenn wir zu einer umfassenden Ordnung kommen wollen. Aber wenn man sich einmal eine Woche Zeit nimmt, so wird es sich bei angestrengter Arbeit und logischem Denken zeigen, ob mein System eine Utopie ist, oder ob man es benutzen kann. Im letzten Falle aber wird es garnicht so schwierig sein.

Die Bildung der Worte ist dann nicht schwer, denn die Worte nennen sich selbst. Eine zweite Kugel wird mit 3 Polen alle Laute ordnen, und zum Schluss wird die begriffliche Kugel durch die phonetische benannt. Wie meine Schrift opto-phonetisch ist, muss eine Sprache phoneto-begrifflich werden.

Dann wird man klanglich denken können.

Daraus ergibt sich eine Erneuerung des philosophischen Denkens. Also stelle ich die Frage, haben Sie Lust, den Versuch zu machen, ob sich eine Ordnung der Elementarbegriffe machen lässt? Dann kann man ja weiter sehen. Man kaufe sich zuerst einen alten Globus. Das andere findet sich. Auf dem Globus liegt Amerika, das glaube ich bestimmt.

Ich grüsse Sie freundschaftlichst. Ihr

Kurt Schwitters.

An Helma Schwitters

Bad Ems,
den 14. 8. 27.

Meine Liebste!
Ich arbeite an einer Schrift. Durch den Besuch bei der Bauer-
schen Schriftgiesserei habe ich viel gelernt, z. B. dass man für die
schwierigeren Buchstaben einen gefälligen Ersatz haben muss. Zunächst wird es eine Verkehrsschrift. Das heisst, sie wird in den
Versalien so unkompliziert, dass man sie schnell lesen kann, was
im Hasten des Verkehrs unbedingt nötig ist. Nur 3 waagerechte
Richtungen werden durchgeführt, also nur eine mittlere. Dadurch
wird das Bandartige betont. Man braucht nicht immer mit den
Augen zu steigen beim Lesen. Bei den kleinen Buchstaben lässt
sich das leider nicht durchführen, aber ich denke, dass man doch
nur in der Reklame regelmässig mit grossen Buchstaben schreibt,
und beim Lesen der Zeitung ist es nicht so wichtig, dass nur 3
waagerechte Linien durchgeführt werden. Im Gegenteil scheint mir
bei Zeitungsdruck oder bei Buchdruck in Büchern die Dynamik
wichtiger zu sein, als das flüssige Band, und man fasst schneller auf,
wenn die Unterschiede der Zeichen, welche die Buchstaben dar-
stellen, möglichst gross sind. Rhythmus erleichtert das schnelle
Fassen, und Rhythmus entsteht durch Werten unterschiedlicher
Dinge, nicht etwa von gleichen Dingen. Und so habe ich auch bei
den Versalien mehr als bisher die Breiten von einander unterschie-
den. Es ist falsch, gleiche Breiten zu nehmen, weil das nur ein Er-
fordernis der untereinander geschriebenen Buchstaben wäre. Mein
Grundalphabeth ist nun eckig, Vokale und Konsonanten. Dann
habe ich für die Vokale noch eine runde Serie beigegeben. Das ist
ein opto-phonetisches Moment. Wie soll ich sie nun nennen? Ein
guter Name ist wichtiger als alles Andere. 3 Schlagworte halten
einander die Waage: »optophonetisch, Verkehrsschrift, dyna-
misch«. Vielleicht findest Du zufällig den passenden Ausdruck.
Katalogumschlag-Entwurf ist an Weise Söhne abgeschickt. Anbei
die Abschrift des Begleitbriefes.
Weisst Du, ich halte es doch für wichtig, wenn ich über Köln
fahre. Ich besuche in Köln eben den Kunstsalon Becker, Feinhals,
Stinnes und fahre den nächsten Tag nach Barmen, besuche Rei-
che, Ibach, von der Heydt und fahre den dritten Tag nach Bochum,
um die Adressen von Kirchhoff zu besuchen, und komme voraus-

sichtlich den dann folgenden Tag nach Hannover. Das hält nicht lange auf, und ich mache wenigstens in der Ruhr einen Anfang.
Wenn ich bei Finzler Mittwoch fertig werde, fahre ich also Donnerstag nach Köln, Freitag nach Barmen, Sonnabend nach Bochum und Sonntag nach Hannover. Wird er erst Donnerstag fertig, so komme ich einen Tag später an. Ich gebe Dir dann noch für Briefe Adressen in den Orten an.
Heute Abend sind Deine Eltern und ich bei Finzlers zum Abendessen. Deine Mutter versteht sich sehr gut mit Finzler. Er hat es nicht so einfach bei ihr, aber Du kennst sie ja. Er kennt sie bald auch. Sie meint es ja immer gut. Und das ist die Hauptsache. Dass ich nicht so faul bin, wie Deine Mutter annimmt, das beruhigt mich. Sonst kommen wir gut mit einander aus. Wir sehen uns morgens beim Frühstück, dann meistens für 10 Minuten in den Anlagen nach dem Mittagessen, und abends nach dem Konzert in dem Glaskasten für eine Eisschokolade.
Schreib mir bald. Ich grüsse alle und küsse mein liebes kleines Weibchen innig.   Dein Mann.

An Carl Buchheister

27. 9. 1927 [Poststempel]

Lieber Buchheister!*
Ob ich komme zum 4. 10., kann ich nicht precies zeggen. Ziet U, ik moet geld verdienen, en waneer dat in Keulen mogelijk is, kan ik niet komen. Maar dan woet U groeten van mij seggen aan alen. De Keiser is zoo vriendelijk geweest tegen mij, om voor een portrait to zitten. Zie ommezijde. Schrijf U maar naar Keulen, per adress Dr. Becker, Köln, Wallraffsplatz 2, waar ik zaterdag (Sonnabend) een voordracht hon.
Groeten bijzonders aan U van

Kurt Schwitters.

An Katherine S. Dreier

26. 4. 29
Meine liebe Miss Dreier.
Wir haben uns sehr gefreut, endlich eine Adresse zu haben, an die wir wieder schreiben können und freuen uns besonders, dass Sie

uns in absehbarer Zeit besuchen werden. [... ...] Sie wissen, dass wir in Hannover eine Vereinigung abstrakter Künstler bestehend aus den Ihnen bekannten Namen: Buchheister, Jahns, Nitzschke, Schwitters, Vordemberge-Gildewart haben, deren Vorsitzender Karl Buchheister jetzt auf meine Veranlassung Sie zu einem kleinen Vortragsabend am 9. Mai bitten wird. [... ...] Ich kann es aber verstehen, wenn Sie von der langen Reise müde sind und vielleicht nicht so viele Menschen sehen und kennenlernen wollen; denn wenn wir unseren Förderern bekannt geben, dass Sie uns über Amerika etwas vortragen wollen, so wäre mit einem Besuch von 60–80 Menschen wohl zu rechnen. Wollen Sie das nicht, so werde ich für den Abend nur 8–10 meiner besten Freunde bitten, zu uns zu kommen. In jedem Falle bitten wir Sie aber mit Ihrem Freunde Duchamp am Donnerstag zum Abendessen zu kommen, mindestens 6 Uhr. [... ...]

Herr Jawlenski in Wiesbaden würde Sie sehr gerne kennenlernen und hat mich gebeten, Sie zu fragen, ob Sie in die Gegend Wiesbaden-Frankfurt/Main kommen und ihn dann besuchen wollen. Ich weiss nicht, ob Sie Wert darauf legen, ihn kennen zu lernen und bitte Sie, mir mitzuteilen, ob ich ihm schreiben soll, dass er Sie bei uns in Hannover oder in Dessau bei seinem Freunde Kandinsky treffen kann.

[... ...]

Viele herzliche Grüsse, auf frohes Wiedersehen, Ihre

Kurt und Helma Schwitters.

An Max Gaede

Hannover,
den 12. 5. 29

Lieber Herr Gaede!

Bevor Sie weiter an die Arbeit bei der Revue gehen, möchte ich Sie bitten, wenn es auch Ihnen unsympathisch sein sollte, die Honorarbedingungen durchzulesen und sich zu überlegen, ob Sie damit einverstanden sein können. Ich wiederhole Ihnen bestimmt, dass ich nicht in der Lage bin, Arbeit ohne Aussicht auf Entschädigung zu leisten. Sie waren augenscheinlich unangenehm davon berührt, dass ich diese Frage telefonisch mit Ihnen besprach und sagten mir, ich sollte lieber arbeiten, als immer an Honorar denken. Ich erwidere darauf, dass ich schon längst nicht mehr ein Wort über Honorar verlieren würde, dass dieses ganze missliche Zwischenspiel nicht gekommen wäre, wenn Sie im Anfang gleich auf meine Vorschläge eingegangen wären, diese Angelegenheit prinzipiell zu regeln. Sie werden mir jetzt vorwerfen, ich arbeitete künstlerische Dinge des Honorars wegen. Das stimmt nicht, ich arbeite aus Liebe zur Arbeit, aber ich bin schon so oft im Leben ausgenutzt worden, dass ich mir vorgenommen habe, nie wieder aus Lust und Liebe der Ehre wegen zu arbeiten und auf Honorar zu verzichten. Gerade weil ich die künstlerische Arbeit schätze, dringe ich darauf, dass das Publikum das gibt, was es geben kann, Geld. Geld ist das Zeichen, dass das Publikum die Arbeit anerkennt. Sie mögen anders darüber denken, dann ist es Ihnen vorbehalten, auf Ihr Honorar zu verzichten, obgleich ich es für verkehrt halten würde. Uebrigens bin ich selbstverständlich bereit, die Vorarbeit im Falle einer Ablehnung durch die freie Volksbühne unentgeltlich zu leisten, und fordere nur mein Honorar, wenn das Stück angenommen wird. Also bitte überlegen Sie den Fall und schreiben Sie mir Ihren Standpunkt. Falls Sie meine Forderungen nicht anerkennen, tut es mir leid, nicht weiter mitarbeiten zu können, und ich habe Spengemann gebeten, dann auch nicht mehr mitzuarbeiten. Es ist ja noch früh genug, dass Sie sich nach jemand Anders umsehen können, nur würde ich dagegen protestieren, wenn von mir stammende Ideen durch jemand Anders verwendet würden. Seien Sie mir nicht böse, dass ich diese Angelegenheit schon jetzt klären möchte, damit nicht unter Umständen ein böses Nachspiel entstehen kann, wie bei Käte Steinitz. Wenn wir genau unsere Bedingungen gegenüber der freien Volksbühne kennen, wird die Arbeit reibungslos verlaufen und zum Schluss die Regelung der Ansprüche aller leicht sein. Spengemann regt noch an, dass wir uns gegenüber der Volksbühne alle Autorenrechte und das Recht der weiteren Aufführung sichern, dass wir der Volksbühne lediglich das Recht der Aufführung an dem einen Tage geben. Ich würde das unterstützen.

Also Herr Gaede, nichts für ungut, schreiben Sie mir die Genehmigung meiner Bedingungen, und wir werden weiterarbeiten, als ob nichts gewesen wäre.

Mit den besten Grüssen Ihr

Kurt Schwitters.

Nr.   Liebe Miss Dreier!

Hannover, den 27.2.30

Das war eine grosse Freude, als Ihr Telegramm aus New-York ankam.
Nur bedauerten wir, dass wir Ihnen nicht wiederschreiben konnten. Ich bin
in Hannover und freue mich riesig, Sie zu begrüssen. Wollen Sie uns im Hause
besuchen? Vielleicht zum Abendessen? Bitte geben Sie mir doch noch
Nachricht, vielleicht telefonisch, Fernruf 8 27 46. Ich habe grosse Bilder
geklebt und besonders Plastiken geschlemmt, und an meinen 3 Säulen gearbeitet.

Als Sie uns aus New-York telegrafierten, habe ich sofort auf den 2.3. einen
abstrakten Abend festgesetzt, und wir haben auch auf die Einladung gedruckt,
dass Sie voraussichtlich diesen Abend besuchen würden. Nun kommen Sie ja
erst am 3.3. nach Hannover, schade. Vor allen Dingen dürfen Sie sich nicht
durch unseren Abend an Ihnen sonstigen Reiseabsichten stören lassen. Wenn
es allerdings möglich wäre, würden Sie uns alle sehr erfreuen, wenn Sie an
unserem Abend da wären und uns etwas aus Amerika erzählten. Wie Sie es sich
einrichten wollen. Es sind mehrere Leute in Hannover, die Sie gern bei dieser
Gelegenheit kennen lernen würden. Der Abend findet statt bei Dr. Büder
in der Theaterstrasse 15 um 20 Uhr 30, das ist von Kasten gleich um die Ekke,
das dritte Haus.

Also ich freue mich riesig, Sie zu sehen, bestimmt am Montag. Mit den
herzlichsten Grüssen Ihr

Kurt Schwitters.

Wie schön, dass Sie wieder nach Hannover kommen! Alle möchten Sie sehen, auch
meine Mutter würde Sie gerne, wenn es möglich wäre, kennen lernen. Ernst
sagte, Miss Dreier kommt doch auch zu uns, damit ich sie sehe. Also, liebe
Miss Dreier, auf baldiges frohes Wiedersehen Ihre dankbare

Helma Schwitters.

Hannover, den 27. 2. 30

Liebe Miss Dreier!

Das war eine grosse Freude, als Ihr Telegramm aus New-York ankam. Nur bedauerten wir, dass wir Ihnen nicht wiederschreiben
konnten. Ich bin in Hannover und freue mich riesig, Sie zu begrüssen. Wollen Sie uns im Hause besuchen? Vielleicht zum
Abendessen? Bitte geben Sie mir doch noch Nachricht, vielleicht
telefonisch, Fernruf 8 27 46. Ich habe grosse Bilder geklebt und
besonders Plastiken geschlemmt, und an meinen 3 Säulen gearbeitet.

Als Sie uns aus New-York telegrafierten, habe ich sofort auf den
2. 3. einen abstrakten Abend festgesetzt, und wir haben auch auf die
Einladung gedruckt, dass Sie voraussichtlich diesen Abend besuchen würden. Nun kommen Sie ja erst am 3. 3. nach Hannover,
schade. Vor allen Dingen dürfen Sie sich nicht durch unseren
Abend in Ihren sonstigen Reiseabsichten stören lassen. Wenn es
allerdings möglich wäre, würden Sie uns alle sehr erfreuen, wenn
Sie an unserem Abend da wären und uns etwas aus Amerika erzählten. Wie Sie es sich einrichten wollen. Es sind mehrere Leute
in Hannover, die Sie gern bei dieser Gelegenheit kennen lernen
würden. Der Abend findet statt bei Dr. Lüder in der Theaterstrasse
15 um 20 Uhr 30, das ist von Kasten gleich um die Ecke, das dritte Haus.

Also ich freue mich riesig, Sie zu sehen, bestimmt am Montag.

Mit den herzlichsten Grüssen Ihr

Kurt Schwitters.

[... ...]

Hannover
26. 1. 31.

Sehr geehrte Miss Blattner.

Selbstverständlich bin ich gerne bereit, in Ihrem neu zu gründen-
den New Yorker Kunstsalon mit auszustellen, falls Ihnen meine
Arbeiten gefallen und wir zu einem positiven Resultat unserer
Verhandlungen kommen. Auf alle Fälle erwarte ich gern Ihren

Besuch in meinem Atelier und mache Sie darauf aufmerksam, dass Sie nur dort einen einigermassen vollständigen Eindruck meiner Arbeiten haben können.

Ich bitte Sie um Ihre Mitteilung, ob und wenn ja, wann ich auf Ihren Besuch in meinem Atelier rechnen kann. Ich bin zwar meistens in Hannover, muss aber in absehbarer Zeit, wann, kann ich noch nicht sagen, für etwa 14 Tage, genau kann ich auch diese Zeit nicht angeben, nach Berlin fahren, und kann diese Reise, wenn ich bestellt werde, nicht aufgeben, da sie für meine pekuniäre Existenz sehr wichtig ist. Sie verstehen also, dass ich nur vorbehaltlich Ihnen meine Anwesenheit in Hannover zusichern kann und würde daher vorschlagen, dass Sie sich kurz vorher noch einmal erkundigen, ob ich auch wirklich in Hannover bin. Ich könnte 2 Tage vorher Ihnen meine Anwesenheit für die zwei folgenden Tage zusichern. Noch besser aber wäre es, Sie würden kurz vorher noch einmal telephonisch anfragen. Telephonnummer ist 8 27 46, sollte ich zufällig nicht zu Hause sein, würde Ihnen meine Frau Nachricht geben können, wann ich da bin.

Also I am very glad to see you.

An Carl Buchheister

Pagina 1
Eppstein, Datum des Devisenkontrolleurs. [1931]

Lieber Karl Buchenast!
Also Du warst bei uns, und durch Deinen Brief nun auch in Eppstein. Aber sag es zu keinem Menschen, dass Du bei uns in Eppstein warst, sondern sag Du immer zu Allen: »In Eppstein bei meinem ehemaligen Freunde Kurt, bin ich nicht gewesen, durchaus nicht, denn wie sollte ich wohl dazu kommen, meinen ehemaligen Freund Kurt in Eppstein zu besuchen. Und in Eppstein ist der sowieso doch nicht, der ist in Hannover. Aber da ist er auch nicht, davon habe ich mich selbst überzeugen können, als ich da war, und er war nicht da.« Aber Du irrst grundlegend, lieber Karl. Wenn Du mich nicht siehst, so brauche ich deshalb und desdreiviertel doch nicht unanwesend zu sein. Ich war da und habe alles gehört, was Du zu Miss Dreier gesagt hast. Leugne es nicht ab, leugne es lieber zu, statt es abzugeben.

Hier in Eppstein schlagen die Bäume aus. Und die neuen Triebe
schiessen. Die Knospen sprengen ihre Hüllen. Es ist wie in Hülldes-
heim, wenn die Domglucken den Frühling einläuten. Leugne es
nicht ab und zu, es ist so.
Wenn Du einmal in die Michaeliskirche gehst, grüss sie von mir.
Auch Deine liebe Frau grüss von mir. Takkfor sist. Takk for visit.
Hoor står det med Deg til? † Jeg hober, bare bra. Om våren er det
alltid bra. Det er det.
Hilsen til alle venner
Din

Kurt.

† er det med Deg?

Wörterverzeichnis: Takk = vielen herzlichen Dank. står = steht
jeg = ich   sist = das letzte Mal   Buchenast = bökqvist

Adressat unbekannt

Hannover
Waldhausenstr. 5^{II}
[1931]

Sehr geehrter Herr!*
VEILCHEN soeben erschienen.
Dank für Ihre Subskription.
Hoffentlich haben Sie viel Freude an den Veilchen.
Mit Rücksicht auf die Zeit sende ich Ihnen für den vereinbarten
Preis von 4,50 M 2 Hefte. Einzelpreis auf 2,50 M ermässigt.
Bitte senden Sie das Geld BALD! Postscheckkonto HANNOVER 34 201.
Sie würden mir eine grosse Freude bereiten, wenn Sie gleichzeitig
auf die folgenden MERZ- Hefte subskribierten:
MERZ 22, ENTWICKLUNG; MERZ 23, e E.
Mit vorzüglicher Hochachtung

Kurt Schwitters.

An Carl Buchheister

[10. 8. 1932]

Seinem lieben
    Carl Buchheister.
von
   MERZ
      10. 8. 1932
Die Zeit ist schwer.
Darum sage ich:
»fümms bö wö tää zää Uu!«
buchheisters carl bist DU.

Kurt Schwitters.

An Robert Michel

Hannover
2. 12. 1934

Keime verraten die Rasse
[... ...] sind Deine Keime in Ordnung? Denn auf die Keime
kommt es an. Nur rein arrische Keime geben eine gute Rasse.
Sieh aber zu, dass Du nicht Saurier wirst [... ...] Zunächst fahre
ich [...] nach Amsterdam, ich male dort ein Porträt und hoffe,
dass sich mehr solcher Dinger anschliessen werden. [... ...]
Ich nehme an, dass wir so gegen 2 Monate in Holland bleiben,
und ich hoffe, dass man da leichter Geld verdienen kann als hier
[... ...]

An Tristan Tzara

[1936]

Sehr geehrter Herr Tzara,
ich erhielt vor einigen Tagen die Nachricht, dass mit der Sendung
von Anfang April alles in Ordnung gegangen ist.
Ich bitte Sie nun i. A. des Herrn S. die Negative der Sendung gut
verpackt zusammen mit einem Beleg des Druckes in einem verschlossenen Briefumschlag an unsere Auslandsstelle zu senden.
Die Adresse lautet: Herre Ch. Iversen, Djupvasshytta ved Geiranger, Norge. Der Herr hält sich an der angegebenen Stelle nur vom

3. bis 8. Juli auf. Ich bitte Sie also, die Sendung so abzuschicken, dass sie keinesfalls später, als der 8. Juli hier ankommt. Vermerken Sie bitte noch auf dem Briefumschlag deutlich: via Amsterdam.

Das Honorar für den Druck bitte ich mittels Postanweisung an dieselbe Adresse ebenfalls bis zum 8. Juli zu überweisen.

Sowie wir die Möglichkeit haben, eine neue Sendung zusammenzustellen, werden wir sie Ihnen selbstverständlich übersenden. Sie können sich die Schwierigkeiten bei dieser Arbeit wohl denken.

Mit bestem Dank im Voraus für Ihre Hilfe schliesse ich mit besten Grüssen

Die Auslandsstelle.

An Katherine S. Dreier

Oslo, den 18. 3. 37
Lysaker v. Oslo, Fager-
høivn. 22

Liebe Miss Dreier!

Ihr freundlicher Brief erreichte mich hier. Ich war froh und traurig zugleich; froh, von Ihnen endlich einmal zu hören, und dass Sie mich besuchen wollen, und traurig, dass ich jetzt nicht kommen kann. Helma wird Ihnen sagen, weshalb ich hier bleiben muss.

Aber ich bin glücklich, Ihnen endlich mein Atelier zeigen zu können. Bitte, kommen Sie, wie vorgeschlagen, zu Helma, die Ihnen alles zeigen soll, und sehr gern mit Ihnen nach Detmold fahren wird. Ich weiss nicht, wie Sie Ihre Reise machen wollen. Es wäre wunderbar, wenn Sie einen Weg über Norwegen machen könnten, dass wir zusammen ein Stück reisen könnten. Neue Kunst, ausser Architektur, gibt es hier nicht, aber das Land ist unbeschreiblich schön. Die Fjorde, unsere Insel, Oslo, Stockholm, die Wickingerschiffe, das ist wohl das Wichtigste. Jetzt, da ich Ihnen schreibe, fährt Ihr Schiff gerade von NY ab. Ist das eine gute Vorbedeutung? Jedenfalls ist es für mich eine grosse Freude, es zu denken, und ein Lichtblick in dem harten Winter hier.

Ob Sie es einrichten können, hierher zu kommen, bezweifle ich. Aber auf alle Fälle, besuchen Sie mein Atelier! Sie gehören zu den Wenigen, für die es gebaut ist, die es verstehen können.

Soviel ich weiss, kostet ein Auto Hannover–Celle für den ganzen Tag 25 M. Dann wird es nach Detmold ca. 40 M kosten.

Aber im Atelier sind keine Bilder mehr zu sehen, nur das Atelier selbst, das viel wichtiger ist. Bilder können Sie im Biedermeierzimmer sehen.

In *welcher* holländischen Stadt wohnt Campendonck?

Schreiben Sie mir *bitte* von Bremen aus, nach Lysaker v. Oslo, Fagerhøivn. 22, NORGE, und kommen Sie nach Hannover.

Willkommen in Europa!

Allerherzlichst

Kurt Schwitters.

An Katherine S. Dreier

Oslo-Lysaker, Fagerhøiveien 22
den 24. 7. 37

Liebe Miss Dreier!

Wir hatten grosse Angst, Sie wären mit dem verunglückten Zeppelin gefahren, aber Gott sei Dank waren Sie nicht in der Passagierliste. Sie verpassten das Schiff, und so hat ein gütiges Geschick Sie uns und der Kunst erhalten.

Ich bin traurig, Sie nicht in meinem Atelier haben begrüssen zu können. Aber Sie wissen es wohl von Helma, dass ich aus rein persönlichen Gründen, bei denen wohl auch meine Kunst eine Rolle spielt, nicht nach Hause zurückkommen konnte und kann. Ich bin gezwungen, wie so viele meiner Volksgenossen, im Auslande zu leben.

Jedoch bin ich sehr gern in Norwegen, denn es ist beispiellos schön hier. Ich male Landschaft und Portrait, und komme da weiter und weiter. Ich bin ja nicht der Ansicht, dass die Malerei sich nun nicht mehr mit der Natur als Einzelerscheinung zu beschäftigen habe, nachdem die abstrakte Gestaltung sich als kompositionell beste Lösung erwiesen hat. Denn ich selbst halte die abstrakte Kunst für einen Weg, aber nicht für den einzigen. Allerdings ist es nicht möglich, bei irgend einer früheren Richtung wieder anzuknüpfen, und ganz falsch ist jede Vergewaltigung der einzelnen Naturerscheinung, etwa in der neuen Sachlichkeit, weil die abstrakte Gestaltung logischer Weise dieser überlegen sein muss. Aber ein neues, sachliches, leidenschaftsloses Studium der Natur, verbunden mit der Wiedergabe der Resultate im Bilde, ist nicht nur erlaubt, sondern neben der abstrakten Gestaltung wichtig.

Ich male Landschaften und Portrait, modelliere Portrait, klebe und male abstrakte Bilder und modelliere abstrakte Plastiken, ausserdem dichte ich in deutscher Sprache.

Zur Zeit bin ich in einem Hochgebirgshotel, Djupvasshytta. Dort habe ich grossartige Natur, habe Gelegenheit, zu verkaufen, und sehe ein internationales Publikum. Hier kommen in der Zeit von 2 Monaten etwa 10 000 Fremde vorbei. Gestern bestellte ich Ihnen Grüsse durch eine junge amerikanische Tänzerin, Betty Lindeman, die Sie besuchen und Ihnen von mir etwas erzählen wollte.

Was mich am meisten mit Trauer erfüllt, ist, dass ich nicht in meinem Merzraum leben kann, und dass dieser vielleicht der Zerstörung preisgegeben ist. Ich frage daher noch einmal an, können Sie nicht noch einmal sich umhören, ob niemand mir in Amerika Gelegenheit zur plastischen Gestaltung eines Raumes geben will?

In Oslo habe ich nur eine Mietwohnung, aber ich werde vielleicht ein bewegliches, transportables Atelier bauen. Hier im hohen Norden hat natürlich niemand Verständnis für das Abstrakte.

Liebe Miss Dreier, könnten Sie mir nicht das Bild abnehmen, welches Ihnen in Hannover so gut gefiel? Es ist für mich wahnsinnig schwer, hier genug Geld zum Leben zu verdienen. Aber nur, wenn es Sie nicht zu sehr belastet.

Schreiben Sie mir doch einmal, ich bin von allen Freunden hier verlassen. Am 20. 6. hatte ich meinen 50. Geburtstag. Helma war bei mir, aber ausser Dr. Freudenthal hat niemand von den Künstlern und Kunstfreunden daran gedacht, als ob ich schon vergessen wäre.

Ich sende Ihnen das Bild »Komposition« im Foto. Das Bild ist in Oslo, etwa 60 zu 60 cm gross, und soll 300 schweizer Frs kosten. Ich habe mir Fotos von mehreren Arbeiten machen lassen und möchte sie an Kunstsammler senden. Vielleicht kann ich dann einmal etwas verkaufen. Bitte haben Sie die Freundlichkeit, mir Adressen in USA zu geben, an die ich solche Fotos senden kann.

Und nun ist der Morgenkaffee gerade fertig, ich habe auch Hunger und werde Weissbrot und Ei essen. Daher schliesse ich mit dem Wunsche, es möge Ihnen immer und immer recht gut gehn.

In alter Freundschaft Ihr

Kurt Schwitters.

An Elisabeth Buchheister

Djupvasshytta, den 29. 8. 37

Liebe Frau Elisabeth Buchheistsie!
Eben finde ich die 3 Fotos aus Hildesheim, die ich Dir so bald als
möglich versprochen hatte. Ich halte mein Wort. Hier hast Du sie.
Wenn ich sie ansehe, denke ich gern an den schönen Tag bei Euch
zurück. Es war Frühling, das sehe ich an den zahlreichen Schlüs-
selblumen in Deinem Knopfloch. Und Ihr müsst Geld gehabt haben, denn Karl raucht. Sieht er nicht beinahe etwas protzenhaft
aus? Und dann sehe ich, dass Hildesheim nicht nur eine alte, mir
sehr liebe Kunststadt ist, sondern auch ein rentables Ausfuhrgebiet
für Holz. Der Holzreichtum auf allen 3 Bildern ist sehr gross.
Also wenn Du mal wieder Kaffeetrinken gehst, denk an mich hier
im hohen Norden, hoch im Gebirge, und im Herbst, der kümmer-
lich von Fisch und norwegischen Kronen lebt. Der Schnee vom
letzten Winter ist schon ziemlich fortgetaut, er liegt nur in einzelnen Feldern in den Schluchten. Die Felsen sind grauschwarz, dazwischen herbstliche Pflänzchen. Wolken jagen über den Gletscher, und alles deutet auf baldigen Winter hier. Also kommt gut
durch den Winter.
Herzlichst

MERZ

Stammadresse Oslo-Lysaker Fagerhøiveien 22.

An Katherine S. Dreier

Lysaker, Fagerhøivn. 22,
den 13. 10. 1937

Dear Miss Dreier!
Helma besucht uns und bringt Karls Brief an Sie mit. Ich bin
froh, dass sie hier ist. Auch meine Mutter ist auf Besuch hier.
Ich baue hier ein neues Atelier als sichtbares Zeichen, dass ein
neues Leben für mich beginnt. Es muss beginnen, ich bin erst 50
Jahre, da kann man ja noch einmal anfangen. Alles in Allem ist
das Leben so grauenhaft, dass man lieber nie geboren wäre. Mit
dieser Prämisse lebt sichs ganz leidlich gut.
Herzlichste Grüsse Ihr

Kurt Schwitters.

139

An Alexander Dorner

Molde,
Sonntag den 12. 12. 1937

Lieber Dorner!
Dank für Brief vom 23. 10. 37. Ja, ich hoffe, bleiben zu können in Norwegen. Aufenthaltserlaubnis erhalte ich sozusagen automatisch, aber nur mit gültigem Pass. Der aber läuft im Mai ab. Ich habe daher schon jetzt um einen neuen deutschen Pass gebeten und glaube ihn zu erhalten, einen Auslandspass. Wenn aber nicht, wie bemüht man sich um einen Nansenpass? Wenn Sie darüber etwas wissen, bitte ich Sie, es mir zu schreiben, auch wegen Ernst, der ja sicherlich keinen neuen deutschen Pass erhält, wenn seiner abläuft. Norwegen ist sehr schön, dort zu wohnen, aber für neue Kunst ist keine Aussicht. Ich muss daher im Frühling reisen. Ich wollte nach London, Paris, Schweiz, Holland. Wissen Sie mir da Tips? Ja, fragen Sie Barr einmal. Ich habe ihn gebeten, mir Gelegenheit für eine Raumplastik, die er so gern hatte in Hannover, zu geben. Er schreibt höflich ab. Aber er hat von Ernst Fotos meines Merzbaues gekauft ohne zu bezahlen. Auch auf meine Mahnung reagiert er nicht. Könnten Sie ihn nicht einmal daran erinnern? Wir können das Geld gut brauchen. Für Ihre Bereitwilligkeit zu helfen besten Dank. Ich stelle mich Ihnen hier zur Verfügung. Helfen Sie nur Nitzschke. Er hält es nicht mehr aus. Urteil Spengemann ist gefällt. Zuchthaus, 1 1/2 Jahre für Luise, 2 für Krischan, 10 für Walter. Können Sie vielleicht helfen, Bücher von Krischan, groteske Romane usw., die ich in Oslo habe, in USA an den Verleger zu bringen? Man muss ihnen helfen.
Weihnachten bin ich bei Ernst in Lysaker pr. Oslo, Fagerhøivn 22, in unserer Wohnung. Ich baue dort auch einen Merzraum, da mir niemand sonst hilft. Mit grossen Mitteln würde er auch zu transportieren sein.
Helma ist bei ihrer Mutter in Hannover.
Wenn alles gut geht, möchte ich Herbst 38 für 2–3 Monate nach USA. Vielleicht können Sie mir dann helfen, Ausstellung, Vortrag, Verleger, Grammofonplatten für meine Lautsonate.
Ihnen Beiden alles Gute. Müssen nicht denken, dass ich nie neues Hutt gehabt habe.
Herzlichst

Merz.

An Edith Tschichold

Lysaker
den 20. 12. 37

Liebe Edith!
Dein Brief vom 13. 12. hat mich ja nicht gerade fröhlich ge-
stimmt, aber ich kann die Dinge in Basel von hier aus nicht so
beurteilen, das ist wohl selbstverständlich. Dass Du immer krank
bist und oft liegen musst, bedaure ich sehr. [. . . . .]
Nun werde ich, da Du auch krank bist, mich in Basel wie in Zürich an einige Leute von hier aus persönlich wenden, um festzustellen, ob ich überhaupt kommen soll, oder ob mein Besuch
zwecklos ist.
Du meinst, ich sollte mich nicht zu grossen Illusionen hingeben.
Das tue ich wirklich nicht, dazu habe ich zuviel Kummer und Sorgen in der letzten Zeit gehabt. Viel wahrscheinlicher ist es, dass
ein Misserfolg herauskommt, als ein Erfolg. [. . . . .]
Wie es sonst ginge? Besser als in der schlechtesten Zeit sicher. Ich
verkaufe doch jetzt soviel, dass ich leben kann, und dass ich die
Reise nach der Schweiz finanzieren kann, ohne Almosen annehmen zu müssen, wie sich das die Leute in Basel einzubilden scheinen. Aber was mir besonders fehlt, ist der Verkehr und die Aussprache mit Leuten, die die abstrakte Kunst lieben und verstehen,
denn das gibt es hier nicht. Weihnachten sind wir leider auch getrennt, Helma und ich. Mein Merzbau lebt noch.
Dann gute Besserung.
Grüss Jan.
Herzlichst

Dein MERZ.

An Kate T. Steinitz

Lysaker,
den 11. 1. 38

Liebe Käthe!
Für Dein Telegramm besten Dank, aber was soll ich da machen?
Senden kann ich auf keinen Fall, denn von Krischan habe ich
nichts Plastisches da, und ich kann nicht ausstellen in Amerika,
ohne zu wissen, wo.

141

Was nun Krischan anbetrifft, habe ich Helma geschrieben, dass sie möglichst etwas mitbringen soll, wenn sie es erhalten kann. In diesem Falle würde es etwa am 25. 1. in Oslo sein.

Was mich anbetrifft, so bin ich in Amerika durch Miss Dreier und durch Barr überall so gut vertreten, dass ich nichts unternehmen kann, was diese etwa übelnehmen könnten, oder was mich nicht ganz erstklassisch zeigte. Und sollte es bei Nierendorf sein, so habe ich Bedenken anderer Art, über die wir gelegentlich mal mündlich sprechen könnten.

Ausserdem glaube ich, dass es eilte, da Du mir ein Telegramm sandtest, und dass es vielleicht sich erledigt hat, da ich nicht sofort senden konnte.

Nun bitte ich Dich, im nächsten Briefe, mir genaue Auskunft darüber zu geben, ob ich von Krischan oder mir immer noch etwas senden soll, und wo und unter welchen Bedingungen die Arbeiten ausgestellt werden sollten.

Hier ist es immer noch eisig. Seit etwa dem 20. November liegt hier ununterbrochen Schnee, und es ist nicht zu ahnen, wann der einmal wieder schmelzen wird.

Ich aber reise ja Anfang Februar nach England und vermisse immer noch die von Ille versprochenen Adressen aus London. Ich hoffe, Ihr sendet sie postwendend. Am besten mit Gebrauchsanweisung.

Herzlichste Grüsse von Dr. Gustav Pfitzer und mir, Euer

Merz.

An Herrn von der Porten

Lysaker pr. Oslo, Fagerhøiveien 22,
den 15. 2. 38

Sehr geehrter Herr von der Porten!
Ihr Brief an meine Frau wurde mir hierher nachgesandt, da sie gerade zu Besuch bei mir ist. Zufällig kam auch ein gleichlautender Brief von der Firma Galerie Nierendorf, Berlin W35 hier an. Für Ihre freundlichen Bemühungen danke ich Ihnen sehr, bin aber leider nicht in der Lage, Ihnen Fotos zu senden, um diesen Interessenten zu beliefern. An Herrn Nierendorf habe ich in gleichem Sinne geantwortet.

Mit besten Grüssen Ihr

Kurt Schwitters

An Kate T. Steinitz

Lysaker, den 15. 2. 38

Lieber Hans Arp!
Liebe Käthe!
Dank für Deinen Brief vom 30. 1. mit dem Brief Illes. Du hast viel Mühe und Kosten gehabt für mich durch die Freundlichkeit, mich bei dieser Gallerie zu empfehlen, und ich bin Dir sehr dankbar, nur kann ich so noch nichts damit beginnen, bevor sich die Gallerie an mich wendet. Darum sag ihnen, dass ich bereit bin, ihnen etwa 10 beste Merzzeichnungen zum Preise von je etwa 20 Dollar sowie meine Bücher zum Preise von je 1 resp. 2 Dollar in Kommission zu geben. Voraussetzung ist, dass die Gallerie mir schreibt, indem sie mir die Bedingungen mitteilt, und die Arbeiten zu einer vorher bestimmten Ausstellung einmal ausstellt. Nur so habe ich einigermassen Gewähr, dass es nicht liegen bleibt in irgend einem Schrank und gar verloren geht, wie es mir einmal in Amerika passiert ist. Die Kommission möchte ich auf ein Jahr beschränken und nur dann verlängern, wenn inzwischen etwas verkauft ist. Also bitte sei so gut und sprich noch einmal mit Mr. Sorter. Wenn die Sache zustandekommt, sende ich über Eure Adresse, und bitte Euch, eine Arbeit für Euch auszusuchen. Für die englischen Adressen danke ich, und hebe sie mir auf, da ich nun mich entschlossen habe, nicht zu reisen. Ich habe keine Lust, da mein Pass am 31. 5. abläuft und davon meine Aufenthaltsgenehmigung hier abhängt. Ich habe einige Bedenken, ob man mir einen neuen deutschen Pass ausstellt, da inzwischen die Gestapo aus mir unerklärlichen Gründen schon 5 Mal nach mir gefragt hat. Aber es gibt auch Mittel, hier zu bleiben mit Nansenpass oder auch, indem man Asylrecht erwirbt, aber das gibt eine aufregende Zeit, und da kann ich mich nicht zu dieser Reise jetzt entschliessen. Solltest Du irgend etwas wissen, wie man einen Nansenpass erreicht, so bitte ich sehr, mir das mitzuteilen.
Gleichzeitig sende ich Dir einen Brief der Galerie Nierendorf aus Berlin mit. Da das etwa eine Finte und Falle der Gestapo sein könnte, obgleich mir die Reichsfachschaft ausdrücklich erlaubt hat, im Atelier abstrakt zu malen und bei eventuellen Anfragen auch solche als Kulturbolschewismus bezeichneten Bilder zu verkaufen. Man kann ja nicht wissen, ob nicht inzwischen ein Gesetz gekommen ist, welches das unter hohen Strafen allgemein verbie-

tet. Daher habe ich Nierendorf in Berlin ohne weitere Gründe abgeschrieben. Dass ich den Brief an Dich weitergesandt habe, teilte ich ihm auch nicht mit. Besonders auffallend war es, dass ein dem Sinne nach gleicher Brief von v. d. Porten aus Hannover gleichzeitig ankam. Sollte solch ein Ausländer ein Bild von mir haben wollen, so wäre es sehr sonderbar, dass er bei v. d. Porten in Hannover anfrägt, ohne es bei mir in Waldhausen zu versuchen. Immerhin wäre es möglich, dass es kein Trick, sondern eine wirkliche Anfrage eines Interessenten wäre, und in diesem Falle wäre es unhöflich, mit Nein zu antworten. Nun weiss ich von Miss Dreier, dass die beiden Brüder Nierendorf in Berlin und NY zusammenarbeiten. Wenn es also ein Sammler ist, der sich für ein Bild von mir interessiert, würde der Newyorker Nierendorf das leicht erfahren können, und wir könnten das Geschäft über ihn machen. Also bitte besuch ihn für mich gelegentlich und gib ihm den Brief. Du kannst das alles mit ihm so besprechen, wie ich es Dir gesagt habe, aber ohne Zeugen und ohne ihm etwas schriftlich zu geben. Ich bin nämlich sehr ängstlich geworden, nachdem man Dinge, die ich hier ohne Argwohn geäussert habe, und die meiner Ansicht nach ganz harmlos waren, offiziell von der Partei aus nach Deutschland mitgeteilt hat, nachdem diese meine angebliche Äusserung den Weg über 4 Personen gegangen war. Durch einen Zufall und die Indiskretion einer dieser 4 Personen erfuhr ich es, und stellte fest, dass das, was ich gesagt haben sollte, mir selbst ganz neu war.

H. ist nun hier und hat keine Arbeiten von Kr. mitbringen dürfen, weil diese mit den Möbeln verpackt sind und nicht ausgepackt werden dürfen. Dichtungen habe ich hier, die sind also greifbar. Luise ist im Zuchthaus in Lübeck, und hat sich, wie sie schreibt, der Frau eines Volkswirts angeschlossen, die mit ihrem Manne das gleiche Schicksal . . .*

An Sophie Taeuber-Arp

Lysaker, pr. Oslo, Fagerhøiveien 22,
den 10. 5. 1938

Liebe Frau Arp!
Für Ihren Brief vom 23. II. meinen besten Dank. Ich wollte Ihnen lange schon antworten, aber es war für uns eine sehr schwere Zeit,

und da unterblieb es. Seien Sie mir bitte nicht böse deshalb, bitte. Wir haben viel Arbeit gehabt und Ärger und Aufregung, und was eigentlich los ist, weiss ich noch nicht recht, aber es ist einfacher geworden, besser zu übersehen. Ich habe mich mehr von Hannover getrennt. Helma hat die Häuser, und lebt wesentlich dort. Ich lebe mit Ernst in Oslo, z. Zt. zusammen mit meiner Mutter, die uns Haus hält.

Helma hat uns jetzt Möbel gesandt, sodass wir nicht mehr so primitiv leben. Mein Flügel ist auch da, und am Abhang habe ich ein Atelier im Rohbau fertig. Die Gestaltung des Innenraums ist mehr aus einem Wurf, als in Hannover, und die Luftformen zwischen den gestalteten Gipsformen sind wichtiger geworden, wogegen nur wenige Grotten entstanden sind. Nun arbeite ich es langsam weiter aus.

Aber im Winter ist es zu kalt, im Sommer muss ich zum Westland, um Geld zu verdienen mit Landschaft und Portrait, und wenige Wochen zwischen Sommer und Winter bleiben für das Atelier, das nicht heizbar ist.

Meine meisten wichtigen Merzarbeiten seit 1919 sind seit 8 Tagen hier, gerettet. Ich arbeite alle durch und lasse sie durch Ernst fotografieren. Dann sende ich Ihnen später auch davon Abzüge für Plastique.

Vorläufig sende ich Ihnen 2 Fotos: »Bild mit Kette« und »Maschine wider Willen«.

Nun ist der Merzbau in H. geblieben, wie er war, einschliesslich der darin untergebrachten Sammlung, 3 Arps usw. Hierher habe ich nur die Bilder meiner Sammlung mitgebracht, die in H. nicht hingen. Dabei ist Kandinsky, Feininger, aber weder Sie, noch Hans Arp. Wollen Sie beide vielleicht je eine neue Arbeit mit mir per Post tauschen, da ich nicht weiss, wann ich einmal nach Paris kommen kann. Ich käme so gern, aber dazu fehlt doch das Geld. Und Arbeiten hätte ich so sehr gern. Auch Fotos zum Vermerzen in Grotten und für das Atelierbuch. Auch kleine Texte zum Einkleben ins Atelierbuch, das hier im Atelier bleiben soll bis zum jüngsten Tag.

Was meinen Sie, habe ich Hoffnung?

Und dann. Wollen Sie für Plastique, später einmal etwas geschrieben haben? Etwa über die Frage: »Weshalb Altmaterial bei Merzbildern?«

Sie schreiben wohl bald mal wieder.

Und endlich habe ich kein einziges Buch vom Arp. Meinen Pyra-
midenrock habe ich verlegt. Er wird wohl in Hannover sein. Ich
brauche ihn aber dringend zur inneren Erbauung.
Liebe Frau Arp!
Seien Sie sehr nett und überlegen Sie, was Sie für mich tun kön-
nen.
Weshalb kommt Ihr nicht einmal nach Norwegen?
Ihnen Beiden und Ihren Kindern die herzlichsten Grüsse von

MERZ.

Eben lese ich Ihren Brief noch einmal durch. Natürlich habe ich
Gedichte und auch Zeichnungen. Ich werde sie aussuchen und Ihnen sehr bald senden. Aber weshalb fragen Sie nicht nach Arbeiten meines Sohnes? Sie kannten ihn in Sellin als kleinen Knirps.
Sie können sich nicht denken, dass er jetzt sehr gute Arbeiten
macht, er kann alles ganz von selbst und hat eine fabelhafte Treffsicherheit. Er malt, zeichnet, modelliert, schreibt, fotografiert, und
alles ist so, dass es nicht besser sein könnte.

An Sophie Taeuber-Arp

Lysaker, den 21. 5. 1938

Liebe Frau Arp!
Hier sende ich Dir 4 Zeichnungen von mir von 1938, und 2 von
Ernst. Du suchst wohl aus, was Du davon brauchen kannst, und
sendest nachher *alles* wieder an uns. (*Bis etwa 25. 6*. Lysaker pr.
Oslo, Fagerhøiveien 22, Norge.)
Ferner sende ich als Gedichte: »furcht, relativität, kleines gedicht
für grosse stotterer, die liebe, glückliches land.« Das ist die Rei-
henfolge, in der sie entstanden sind.
Solltest Du jetzt bald noch mit mir schreiben wollen, in den näch-
sten 3 Wochen, so schreib nach Molde, Alexandrahotel, Romsdal,
Norge. Wenn Du mehr oder andere Dichtungen lieber hättest, so
schreib mir.
Dann sende ich mit zum Tauschen für Dich: »Isopan«, und für
Hans: »Bruxelles«. Und zum Schluss sende ich herzlichste Grüsse.

MERZ.

An Carola Giedion-Welcker

DJUPVASSHYTTA HOTEL GEIRANGER
SUNMÖRE NORGE den 18. 7. 38

In MERZ geliebte C W!
Vor mir liegt Ihr Brief vom 5. 6., den ich erst heute beantworte.
Was soll ich zu meiner Entschuldigung vorbringen? Dass ich sowieso etwas seltsam bin, vielleicht, aber in Wirklichkeit, ich weiss
es, gibt es keine Entschuldigung.

Ich kam von Molde nach Oslo und war die Nacht hindurch gefah-
ren und fand Ihren Brief und war glücklich: eine Einladung zur
Ausstellung in London, die weiterreist, und Ihre Zusage über mein
Werk schreiben zu wollen, ja sogar Hinweis auf einen Verleger.

Für alles das kommt mein Dank sehr spät, aber ich muss es geste-
hen, ich bin Ihnen sehr dankbar, wenn Sie es unternehmen wollen.
Nach London habe ich sofort geantwortet und rechtzeitig Bilder
gesandt, weil das eilte. Auch Ihnen werde ich postwendend schreiben, wenn es nötig ist. Aber leider war es jetzt nicht so nötig, denn
obgleich eine herrliche Auswahl meiner Arbeiten vorliegt, konnte
Ernst nur wenige aufnehmen, weil seine Leica gerade zur Repara-
tur gesandt werden musste. Vor September kann er nun nicht beginnen, und dann hat sich soviel berufliche Arbeit für ihn ange-
sammelt. Dann aber hoffe ich, dass bald eine grosse Anzahl von
Fotos vorliegt. Dass ich Ihnen zunächst einige sende, nützt Ihnen
ja nicht viel.

Nun lasse ich mir eine Fahrkarte nach England, Frankreich,
Schweiz für November–Dezember besorgen. Von Norwegen aus
ist es nicht so einfach, nach der Schweiz zu reisen, und es kommt
daher auch selten vor. Aber dieses Mal müsste mein Aufenthalt
gründlich ausgenützt werden, indem Sie alles, was Sie über die
Biographie wissen müssen, dann mit mir besprechen. In Zürich
werde ich *etwa* sein vom 25. 11. bis zum 29. 11.
Kann ich dann bei Ihnen wohnen?

Und können Sie mir einen Vortrag verschaffen? Es *könnte* auch
wohl öffentlich sein, da ich ja nicht mehr so abhängig von einer
Fachschaft bin. Am besten wäre der 27. 11., da er in der Mitte
meiner Zeit liegt. Wenn der Vortrag öffentlich wäre, könnte ich im
Wesentlichen mein altes Programm nehmen, das ja ausgesucht
und daher am besten ist. Wenn privat, in dem bekannten Kreise,
käme Auguste Bolte oder Memoiren Anna Blumes in Blei-E in

Frage, oder ausgewählte Grotesken. Sehen Sie zu, was sich machen lässt, und schreiben Sie bald, auch, ob *Sie* es arrangieren wollen.

Ich hoffe, Sie liegen nicht mehr im Bett, sondern sind gesund, wie der Fisch im Zürcher See. Also reden Sie mit dem XX. siècle! Bitte. Ich werde, sowie Fotos fertig sind, die Farben darüber notieren.

Sehr erfreut bin ich über die Möglichkeit Ihres Besuches hier. Aber wann? Im Oktober ginge es in Oslo, dann ist Helma da. Ich bin bis etwa 25. 10. dort, dann fahre ich ab. Denken Sie einmal darüber nach.

Dass der Direktor direkt nach USA fährt, einem Rufe der Harvard University [folgend], ist ja ganz grossartig. Herzlichen Glückwunsch! Aber ich sehe, dass Sie selbst wohl im November in Zürich sind.

Ich weiss nun nicht, ob Sie mich missverstanden haben. In Hannover können Sie nur meine Frau besuchen, die gelegentlich dort ist. Mein Merzbau ist nicht mehr zu sehen, zugebaut. In Oslo ist ein neuer Merzbau im Entstehen. Sie haben dort nur einen Eindruck, wenn Sie Ihre Fantasie mitarbeiten lassen. Es ist für die Arbeit über mein Werk wichtig, dass Sie einen starken Eindruck vom Merzbau haben. Ich besitze gute Fotos davon. Aber ob Sie darüber schreiben, weiss ich nicht. Denn ich bin auf so vielen Gebieten produktiv, dass es vielleicht besser wäre, das nur anzudeuten und nur über Malereien und Plastiken zu schreiben, und vielleicht ein anderes Mal über andere Gebiete. In keinem Falle darf der Ort genannt werden, da das eine Gefahr für den Merzbau bedeuten würde. Vastehste?

Helma dankt für Gruss und erwidert ihn herzlichst. Hier ist immer noch Eis und Schnee. Der See ist unter Schnee.

Ihnen Beiden herzlichste Grüsse   Kurt Schwitters.

An Katherine S. Dreier
                    Djupvasshytta-Hotel Geiranger Norde,
                    den 22. 7. 38

Liebe Miss Dreier!
Für Ihren Brief vom 29. 5. besten Dank. Auch ich denke oft an Sie und komme so selten dazu, zu schreiben. Ihr Brief war so

tröstlich, dass ich Ihnen sehr danken muss. Aber ich bin ja sowieso Optimist und denke, es wird schon alles so gut werden, wie es kann. Ich habe auch oft in der letzten Minute Rettung gefunden, wenn Gefahr war. Aber man muss selbst viel helfen, denn die Menschen helfen nicht. Und so habe ich mir, da ich nicht mehr in meinem Merzbau wohnen kann, einen neuen gebaut. Das Haus ist fertig, und die Gestaltung des Raumes ist begonnen. Man sieht, wie es wird. Nur hätte ich diesen Raum lieber in USA oder Schweiz gebaut, wo ihn auch mal jemand sehen kann. Aber niemand von meinen Freunden konnte mir dazu Gelegenheit geben. – Dass Sie Ihr Geld verloren haben, muss für Sie schrecklich sein, denn Sie müssen sich Ihr Leben ganz anders einrichten und können nicht mehr so vielen Künstlern helfen. Ich kann es begreifen, was es heisst, denn ich habe das verloren, was ich am meisten liebte, mein Heim, das ich mir geschaffen hatte. Sie fragen: »warum?« Ich weiss es bei mir, weshalb es sein musste. Ich sollte beweglicher wieder werden, da ich anfing, bequem zu werden.
Können Sie mir über *Gabo* mehr schreiben? Wo wohnt er? Wer ist seine Frau? Ich schrieb ihm 2mal nach London, ohne Antwort zu erhalten. – Wenn Sie einmal das Modell für das Denkmal fotografieren könnten und mir die Foto[grafie] senden, wäre ich Ihnen dankbar. Aber vielleicht komme ich doch einmal nach Amerika und tue es dann selbst. Ich müsste einmal im Leben drüben gewesen sein. Vielleicht kennen Sie jemand, der Portrait in naturalistischer Manier haben möchte, das kann ich gut und ähnlich ausführen, und wenn ich mehrere Portraitaufträge hätte, könnte ich meine Reise finanzieren.*

An Edith Tschichold

Olden, 8. 8. 1938

Liebe Edith!
Dank für Deinen Brief vom 4. 8., der mich heute hier erreichte. Ich lebe hier zur Zeit in einem sonnigen Tale zwischen Meer, Bergen, Wasserfällen, Engländern, Heu und Lachsen. Ich male Portrait und Landschaft. Ich bin nur etwa 5 m über dem Meere, nicht 800, wie Du.
Gerade gestern schrieb mir die Giedia, dass sie nicht das kleine Heft über mich schreiben könnte, auch in Zürich nichts für mich

machen könnte, weil sie nach USA ihrem Manne in nächster Zeit folgen würde.

Es ist immer traurig, dass man nichts mit seinen besten Arbeiten erreichen kann, und ich war ganz niedergeschlagen und hatte beschlossen, nun garnicht zu reisen. Nun kam Dein Brief. Er gibt mir wieder etwas Mut. Es ist mir sehr lieb, wenn ich bei Euch wohnen kann, denn so gern ich die Erle habe, ich wohne nicht gern dort. – Du willst also sofort etwas unternehmen. Sehr gut. Und es eilt, dass ich weiss, ob es etwas wird. Denn Helma muss wieder Anfang Sept. die Fahrkarten bestellen, weil sie Mitte hierherkommt. Also bitte schreib *sofort*, wie die Actien stehn, wenn Du etwas erreicht hast. Und was ist mit Zürich zu machen? In Bern ist es sicher ganz aussichtslos. Ich muss auch meine Zeichnungen und Bilder bei Bernoulli und Müller wieder einsammeln. Was meinst Du zu Gewerbemuseum? Kienzle war immer sehr nett zu mir und hat einmal einen Vortrag veranstaltet.

Ich bedaure Frau Müller sehr. Hoffentlich ist sie bald wieder besser. – Hoffentlich bist Du nun wieder ganz in Ordnung.

Mein Pass ist mir im Mai auf ein Jahr bewilligt mit 4 Möglichkeiten zu Verlängerung. Ich hoffe, Ihr habt Eure Sache auch bald so oder so geregelt. Schreib mir doch bitte, was daraus geworden ist. Grüss Peter, ich freue mich, dass er mich noch kennt. Dir und Jan, sowie Peter herzlichste Grüsse.

MERZ.

An Ernst Schwitters

Molde,
den 13. 3. 1939

Lieber Ernst!
Also nun habe ich Deinen herzerfrischenden Brief. Dank. Von Oslo kam heute die Anfrage, ob das Gesuch um Verlängerung der Aufenthaltserlaubnis nur für mich, oder auch für Dich gelte, da Deine Erlaubnis am gleichen Tage abliefe. Wieder nahm das Centralpasskontor keine Stellung dazu. Der Politimester klopfte darauf auf meine Schulter und sagte, es würden keine weiteren Schwierigkeiten für mich entstehen, das schlösse er aus der Antwort, und er schriebe heute zurück nach Oslo, dass Du in Aker gemeldet wärest, und mein Gesuch wäre *nur* für mich allein. Du weisst nun

also, was von hier aus los ist. Schreib mir immer alles, was Deine oder meine Erlaubnis angeht, wenn da Neues kommt.

Jetzt ist hier wieder das Gerücht im Umlauf, ich wäre Spion. Falkenthal sagte es mir, er hörte es von Mordahl. Ich will nun F. fragen, ob ich mit M. darüber sprechen kann, und dann mit Kildal und dem Politimester beraten, was ich tun kann, um dieses unsinnige Gerücht endgültig zu beseitigen.

Grüss Mama.

Herzlichst.

Dein Vater.

Ich arbeite mit Höger Finn an einem Drama.

An Nelly van Doesburg

Molde
den 22. 5. 39

Liebe *Nelly!*

Ich sitze auf unserer Veranda auf der Insel Hjertoga und schreibe an Dich. Unser Häuschen besteht einfach gesehen aus zwei Bettkisten mit angehängter Speisekammerküche aus Margarinekästen, Sitz- und Essgelegenheit, Schränken und Fächern, und alles ist durch Gips miteinander verbunden. Dieses war der Innenraum, der durch einen lebensgefährlichen, niedrigen Ausgang, der zugleich Eingang für den Kartoffelkeller des Fischers ist, mit unserer Drahtgitterveranda verbunden ist. Eine Holzwand schützt vor Ostwind, die Steinwand des Hauses vor Nordwind, und das Drahtgitter vor Hühnern, Hähnen, Ochsen und anderem Geflügel. Draussen ist neben Kuhklakken, Wiese und Felsen, Wald, Meer, Schneeberge und zur Zeit Kirschblüte.

Helma und ich sind allein, der Fischer legt Garn, seine Frau ist nach Molde gerudert. Wir waren 5 Tage hier, ohne in die Stadt zu kommen und essen daher Brot vom vorigen Jahre. Das Meer ist glatt, der [. . .] liegt an unserer Landungsbrücke.

Du siehst, Luxus gibts hier nicht, aber es ist idyllisch. Und Arbeit. Aber wunderbar schön in der nordischen Natur. Wenn Du Ende August kommen willst, bist Du herzlich willkommen. Dann ist Helma nicht hier, aber wir werden uns vielleicht auch allein vertragen. Ich habe ein Zelt, in dem Du schlafen kannst. 8 Hunde stehen zu Deiner Verfügung.

Meine Anschrift ist z. Zt. Alexandrahotel, Molde, Romsdal, Norge. Den Fragebogen sandte ich zurück. Mehr ausfüllen konnte ich nicht ohne große Mühe. Ich weiss nicht, woher Du Arbeiten von mir zur Ausstellung nehmen willst, wenn nicht aus London. Ich habe in Oslo Arbeiten, bin aber nicht dort. Von hier könnte ich nur einige kleine Merzzeichnungen senden, [andere] als aus London. In dem Falle, schreib.

Bei der Gelegenheit frage ich Dich, weisst Du, wo die Arbeiten sind, die Frau Giedion im vorigen Jahre für eine deutsche Ausstellung [haben wollte?]

An Henriette, Ernst und Esther Schwitters

Molde,
den 16. 6. 1939

Liebe Mama, Ernst, Esther!

[.. ...] Wir hatten durchweg schlechtes Wetter, Regen, Kälte und Sturm. Meistens waren es 6–8 Grade, und da der Sturm sehr heftig war, so war das scheusslich kalt. Wir heizen ununterbrochen. Dadurch ist das Haus sehr trocken geworden. Wegen des Sturmes, der im Sommer so heftig zu sein pflegt, war es nur selten möglich, nach Molde zu kommen. Oft war es lebensgefährlich. Ich konnte zuletzt auch keine Bilder mehr malen. So arbeitete ich an der Hütte und Veranda. Ich malte ein Portrait von Helma, das mir sehr gefällt. [.. ...] Verkauft habe ich nur, was ich schon schrieb. Bilder für Paris habe ich gut durchgearbeitet und abgesandt. Der Zollmann war verzweifelt, er wusste nicht, ob das Bilder, Holzwaren oder gar Waffen waren. Ich glaube, im Innern kämpfte er mit 2 Gedanken, entweder mich als Spion verhaften zu lassen, oder die Irrenanstalt anzurufen. Zuletzt aber wollte er sich nicht blamieren und nahm an, dass es Bilder wären, zumal ein anderer Zollbeamter mich persönlich kannte und aussagen konnte, dass ich Kunstmaler bin.

Nun Euch Dreien alles Gute.

Herzlichst*

Kurt.

An Katherine S. Dreier

Oslo
d. 3. 7. 39

Liebe Miss Dreier!
Soeben erhielt ich Ihren lieben Brief vom 27. 6. Das ging schnell.
[. . . . . .] Ihr Portrait soll in meinem Atelier an der Wand hängen.
Radierungen und Holzschnitte habe ich selten gemacht, möchte es
aber für diesen Zweck gern tun. Ich beglückwünsche Sie zur
Wiederauferstehung der Société Anonyme.
Nun wüsste ich gern einige nähere Angaben.
1.) Was? Ist es gleichgültig? Nur typisch Merz?
2.) Wie gross? (ohne Karton)
3.) Wie gross ist die Auflage?
4.) Muss es eine Unterschrift tragen?
5.) Kann es nicht Lithographie sein? (Das ist für Merz charakte-
    ristischer zu machen.)
6.) Ist besonderes Papier vorgesehen?
7.) Wer trägt Druckkosten? Am besten müsste es in Oslo ge-
    druckt werden.
8.) Wer trägt Versandkosten?
9.) Wann muss es geliefert werden? (Ich könnte nicht vor De-
    zember.)
10.) Was ist mit den 100 Mark? (Sie schrieben davon, und ich
    kann nicht sehen, ob es sich auf Grammophonplatte oder
    Litho oder Holzschnitt bezieht.) In jedem Falle nützen mir in
    Norwegen 100 Mark nichts. Ich hoffe, den Gegenwert in Dol-
    lar oder Kronen zu erhalten. Das wären etwa 170 Kronen oder
    etwa 40 Dollar. Wenn Sie das für eine gute Litho ansetzen
    könnten, so wäre ich Ihnen z. Zt. ausserordentlich dankbar
    und würde etwas Gutes machen. Bitte schreiben Sie mir über
    alles, damit ich mich ev. einrichten kann.
Sonnabend den 8. reist Helma mit meiner Mutter nach Hannover.
Am 9. reise ich wieder [zum] Yris Hotel in Olden, Nordfjord. [. . .
. . .]
Ihnen alles Beste. Ihr

Kurt Schwitters.

Olden
16. 7. 1939

Lieber Ernst!

Heute ist Sonntag. Leider ist nun Eure schöne Reise zu Ende. Nun freut Ihr Euch in Erinnerung.

Das Fahrrad ist gefunden. Donnerstag Abend kam es, ein Chauffeur hat es auf der Station in Otta gefunden. Aber wie kam es dorthin?

Montag Abend stellte ich es um ½ 11 Uhr in die Garage. Um 11 sah der Chauffeur zwei deutsche Matrosen auffallend um die Garage herumgehen. Um ½ 12 schloss er die Garage. Am nächsten Morgen fehlte das Rad.

Nun meint der Chauffeur, die Matrosen hätten sich das Fahrrad geliehen, und da niemand dagewesen wäre, den sie hätten fragen können, so hätten sie es ohne zu fragen genommen. In dieser Weise stellte ich den Fall dem deutschen Offizier am Dienstag Abend dar, der mir versprach, es untersuchen zu wollen.

Das Resultat der Untersuchung wurde mir bisher nicht mitgeteilt. Aber es wäre denkbar, dass es so vor sich ging, und dass der Matrose das Rad in Loen an die Landstrasse stellte, in der Hoffnung, es würde den Weg zurückfinden.

Nun wäre das Rad sicherlich sofort zurückgekommen, wenn nicht ein Tourist es genommen und nach Otta gefahren hätte.

Es ist wohl anzunehmen, dass beide, der Matrose und der Tourist, nicht das Fahrrad hatten stehlen wollen, denn sie liessen meine Adresse daran, die noch vom Transport daran hing.

Das ist die Geschichte vom verlorengegangenen und wiedergefundenen Hänschen.

Nun liegt Hänschen an der Kette wie ein böser Hund.

[. . . . . .]

Herzlichste Grüsse,

Dein Vater.

[Lysaker]
zu Weihnachten 1939

Liebste!

Es ist ein grauer Novembertag, aber zu Mittag kommt die Sonne durch den eisigen Nebel. Ich fühlte mich einsam heute Morgen, als ich erwachte, und zwecklos. Überall Weihnachtsvorbereitungen. Die Geschäfte annoncieren schon. Ich werde Weihnachten feiern müssen ohne das Liebste, das ich habe, ohne Dich. Ich kann Dir nicht einmal wesentlich etwas senden zu Weihnachten.

Der Nebel umgab mich eisig, Wege sind gefroren, Dächer bereift, der Ofen will nicht brennen im Nebel, das Radio besteht aus Störungen durch die Vereisung der Drähte [. . . . . .] Ich bin unbeweglich, da mein linker Fuss immer noch krank ist. Lippe und Backe schmerzen infolge der Zahnbehandlung. Ich bin allein im Hause, s ist im Büro, r irgendwo bei der Arbeit. Du hast längere Zeit nicht geschrieben.

Aber ich unterliege nicht der Novemberstimmung. Ich lasse meine Hausarbeit liegen und schreibe Dir gerade jetzt zu Weihnachten. Ich weiss, es ist nur eine von den seltenen Depressionen, und schon scheint die Sonne durch den Nebel, schon brennt der Ofen, schon spielt das Radio ohne Störungen, da die Sonne den Reif von den Drähten abgetaut hat. Mein Fuss ist garnicht so schlecht heute, Adlerfloid, [. . .] und Jod haben ihm wohlgetan. Vor mir blüht zu meiner Freude das Schiefblatt für Dich und mich, mich umgeben meine Bilder und Plastiken, die mich restlos erfreuen, es sind hervorragende Meisterwerke. Ich bilde mir oft ein, für die Kunst zu leben, aber jetzt weiss ich, ich tue es nicht. Denn das Beste und Schönste im Leben und im Tode bist mir Du. Für Dich schaffe ich all meine Bilder, all meine Plastiken. Jedesmal, wenn ich eine Arbeit vollende, denke ich, ob es Dir gefallen würde, wenn Du Gelegenheit hättest, es zu betrachten. Ob ich ausgehe, tanze, im Kino sitze, Radio höre, lese, musiziere. alles wäre mir undenkbar ohne Dich, ohne dass ich Dich glücklich weiss.

Aber da ist noch etwas, das ist unser Kind. In Ernst sehe ich Dich, und er gehört zu Dir und mir, ich liebe Dich durch ihn, und so sind er und ich Freunde geworden, und ich lebe auch für ihn, für seine Arbeit, sein Leben, seine Frau und alles, was zu ihm gehört. Ich habe das Glück, im Kriege mit ihm und Esther zusammen zu sein, und das gibt mir Halt.

Und schliesslich ist noch etwas, das zu mir gehört, meine Mutter. Es ist mir eine grosse Beruhigung, dass ich sie bei Dir weiss. Ihr könnt Euch gegenseitig stützen, wie Ernst und ich.

Und so lass uns in diesem Sinne Weihnachten feiern, getrennt aber füreinander. Unter dem Schlagwort: »*Alles für uns*« lass uns das neue Jahr beginnen. Möge es ebenso wirksam sein, wie die letzten Weihnachtsparolen, die ich gegeben habe: Im Jahre 1936 schrieb ich an Ernst: »*Man kann nie wissen!*« Ich hatte nur gedacht an die vielen Kleinigkeiten, die ich ihm zu Weihnachten schenkte. Er konnte sie vielleicht einmal brauchen. Man kann nie wissen, wozu es gut ist. Aber es wurde für mich zukunftweisend. Als ich Anfang 37 nach Oslo reiste, wusste ich noch nicht, wofür das gut war. Ich blieb in Norwegen, für immer. Man kann nie wissen.

Weihnachten 1937 war es uns allen klar: »*Es konnte garnicht besser kommen!*« Dieses ist Mamas Redeweise. Aber das Jahr 1938 belehrte uns alle, dass für uns es garnicht besser kommen konnte, als es gekommen war. Welches Motto sollte ich nun zu Weihnachten ausgeben? Ohne lange zu überlegen, sagte ich es, fast ohne mir etwas dabei zu denken: Weihnachten 1938: »*Und wenn schon.*« Das Jahr 39 war schon mehr als halb zu Ende, da sah ich es ein. Alle Schwierigkeiten prallten an uns ab. Die Welt steht in Flammen, für uns aber hat das Schicksal gesorgt. Und wenn schon, was wird uns mangeln?

Und so ergab sich aus diesem Weihnachtsbrief das Motto: »Alles für uns!« Es bedeutet, dass wir 5, Du, Mama, Esther, Ernst und ich für einander leben sollen, so wird es uns allen gut gehen, und so gibt es uns für 1940 die Gewissheit, dass sich für uns unser Schicksal zum Guten lösen wird.

Ich nehme an, Du liest Mama diesen Brief unter dem Tannenbaum vor. Ich gebe Ernst unter unserm Tannenbaum den Durchschlag zum Übersetzen für Esther.

So sind wir getrennt – verbunden.

Wir senden uns Küsse, trinken auf uns, unser Glück, und auf alle unsere guten Wünsche. Mögen unsere Widersacher verschwinden, und uns das Glück weiter beschützen. Wir sind nicht bescheiden, aber wer niemand etwas Böses wünscht, darf wohl auch für sich das Gute erflehen.

Innige Küsse.

Wir gehören uns für Zeit und Ewigkeit.

Dein Mann.

Lysaker
26. 2. 40.

Liebe Käthe!

Kennst Du Erika noch? Ich meine meine Erika!?? An Sie kann Keiner tippen; auf Ihr können Alle tippen, wenn – ja, wenn sie sich mit ihren Nucken vertraut gemacht haben. Auf ihr tippe ich Dir jetzt diesen Brief.

Das war für Ernst und mich und für Esther eine grosse Freude, als Dein langer Brief von USA vom Juli 1939 und scheinbar mit einer Dependence vom Januar 40 hier vor 8 Tagen ankam. Wir waren gerade im Begriff, ins Kino zu gehen, Ernst und ich, während Esther zu Hause krank lag. Unterwegs brannte uns der Brief in der Tasche, und der war so gewaltig dick, und nachdem wir zurückgekommen waren, legten wir uns mit einer Tasse Kaffee auf die Chaiselongue, und Ernst las 3 Stunden lang die Übersetzung auf Norwegisch, weil Esther nicht Deutsch versteht. Manchmal fragte er mich: »Wachst Du noch?«, und ich war sofort munter und sagte: »Wieviele Streitwagen hat Käthe bei Nooma jaevwi schon wieder erobert«, um damit zu beweisen, dass ich nicht geschlafen hatte. Da antwortete Ernst: »Während Du schnarchtest dreiundsechzig und 5 Maschinengewehre.«

Mir war es als ob die Finnen auf der grossen hannoverschen Kunstausstellung in Chicago gegen den Papst von Abessinien kämpften und dabei 3 Millionen Russen unschädlich gemacht hätten. Ernst hielt das aber für nicht den Tatsachen entsprechend ... [... ...]

Nun wird aber der Druck des Centralpasskontors in Norwegen, der Russen in Finnland, der Engländer im Kaukasus, der Deutschen in der Phantasie immer grösser, sodass wir Scherz beiseite im Ernst versuchen müssen, Norwegen zu verlassen. Ich bekam z. B. schon am vorigen 19. Juli den Bescheid, dass ich nach dem 15. Mai, also 4 Wochen vor Empfang des Bescheides aus Norwegen verschwunden sein müsste. Seitdem bekomme ich ähnliche Bescheide und wiederholte Mahnungen, nun endlich ein Visum für ein anderes Land vorzuzeigen.

Das einzige Land aber, das mir ohne grössere Schwierigkeiten ein Visum vielleicht geben würde, ist Haiti. Dort werde ich schwarz angemalt und muss in der Plantage arbeiten. Aber das ist hoffnungslos, und kann mir auf keinen Fall zugemutet werden.

Aber es ist nicht nur ein Druck hinweg aus Norwegen, sondern auch ein Zug in Richtung USA bei mir deutlich festzustellen. Und ich habe wohl zu keinem Lande so grosse Beziehungen. Ich glaube auch, dort grosse Erfolge zu haben. Und so habe ich für Mich, r und s und Helma von Hannover aus Formulare um Einreiseerlaubnis ausgeschrieben.

Diese Formulare dienen aber als Makulatur, wenn ich nicht für mich oder Alle eine amerikanische Garantie beibringen kann. Man nennt das Aquavit oder Affidewit oder so ähnlich, jedenfalls vit. Und das müsste ich auch vite, d. h. schnell haben. Aber woher kriegen und nicht stehlen.

Und so frage ich als Erste Dich, ob Du mir eine solche Garantie für mich, vielleicht auch für Helma geben kannst. Fürs Erste habe ich etwas Geld, wenn es auch wohl 500 Dollar nicht überschreiten wird. Und ich muss erst die teure Reise bezahlen. In D habe ich genug, kann es aber noch nicht herauskriegen. Aber ich habe viele Bilder, die in USA verkauft werden und zwar naturalistische sowohl, wie abstrakte. Ich habe viele naturalistische Bilder nach USA verkaufen können. Ich habe auch Freunde in grösserer Zahl in USA, die mir im Notfall aushelfen würden, und ich bin also überzeugt, dass ich niemand zur Last fallen würde, der mir eine Garantie gäbe. Hinzu kommt, dass ich noch nie in den 52 Jahren, die ich lebe, auch nicht hier in der Emigration, ohne zu verdienen irgendwelches Geld von anderen genommen habe. Also überlege Dir die Sache nicht zu lange, und zwar mit Väterchen, ob Ihr mir eine von den verlangten Garantien geben könnt. Ich lege schon das Formular, das man mir auf der Amerikanischen Gesandtschaft zu diesem Zweck gab, bei.

Wenn ich erst einmal eine Garantie für mich und Helma hätte, so kann man dann auch für E und E versuchen.

Nun könnte man ebenfalls bitten Miss Dreier, Dorner, Barr oder das Museum of Modern Art, Gropius, Hilla von Rebai oder die Guggenheim Foundation, Moholy, Albers oder die Black Mountain School, und Elmer Belt.

Du wirst fragen, wer Elmer Belt ist. Er ist Chefarzt in einem Krankenhaus in Los Angeles (oder San Francisco?) und lebt in Hollywood. Ich lernte ihn mit Familie in Olden kennen, er war sehr angetan von meinen Bildern und versprach mir zu helfen, dass ich nach USA kommen kann. Aber was sind Versprechen gegen eine Garantie?

Ich beabsichtige nun, an all die angegebenen Namen einzeln zu schreiben. An Miss Dreier habe ich schon im Juli geschrieben, als es noch nicht so brenzlich war wie jetzt. Sie hat mit keiner Silbe geantwortet.

Nun frage ich mich, ob es gut ist, wenn Du Dich an jemand wendest, ich glaube nicht, bevor ich geschrieben habe. Aber Du kannst und musst mir unbedingt alle diesbezüglichen Auskünfte geben. Vielleicht fällt Dir noch jemand ein. Schreib bald und unternimm keine unnötigen Anfragen, die es mir vielleicht nachher unmöglich machen selbst anzufragen. Wenn irgend möglich unterschreib für mich wenigstens die Garantie.

Nun zu Deinem Brief. Diese Ausstellung finde ich schrecklich. Ich lebe hier so zurückgezogen in der Natur, dass ich solche Massenansammlungen von unnützen Dingen nicht recht mehr vertragen kann. Ich hoffe im Interesse für die Ausstellung, dass ich mich irre. Eine wichtige Zwischenbemerkung, die mir einfällt. Helma schreibt, dass Lu und Kr sie in Hann besucht haben, und dass es sich dabei herausgestellt hätte, dass ich mich geirrt hätte, als sie damals behauptete aus einem Saulus wäre ein Paulus geworden.

Weiter Dein Brief. Dein intellektueller Kindergarten muss reizend sein. Ich bin teils froh, dass ich an Diskussionen nicht teilzunehmen brauche. Was kommt schon dabei heraus? Alles stimmt, aber auch das Gegenteil. Deshalb und desganz gebe ich jedem recht, um ihm die Möglichkeit zu Diskussionen wegzunehmen.

Was nun das Merz Material betrifft, ist es nicht meine Schuld, dass die Grammophonplatten als Privatdruck in kleiner Auflage (20 Stück) so teuer gedruckt wurden, dass eine Platte 6 Dollar kosten muss. Dazu gebe ich sie nicht gern ab, und mehr als eine auf keinen Fall, und nur nach vorheriger Sicherstellung des Geldes für mich, als Anfang meines amerikanischen Sparkontos auf einer guten amerikanischen Bank.

Anders ist es mit den Büchern. Ich habe noch alle Bücher und zwar auch hier, wenn auch einige nur in beschränkter Anzahl. Ich verkaufe für je einen halben Dollar die Merzhefte 1, 2, 4, 6, 7, 11, und andere Einzelnummern, für 1 Dollar verkaufe ich Heft Nasci, Blume Anna, Veilchen, für 2.50 Dollar Anna Blume und Auguste Bolte und Blei-E. Transport und Verpackung, wenn erforderlich, auf Kosten des Bestellers. Ich sende ab, wenn ich Beleg dafür habe, dass das Geld auf meinen Namen bei einer amerikanischen Staatsbank eingetragen ist.

Inzwischen ist es Montag den 8. 3. geworden. Ich erhielt auch von Dir eine Sendung sehr interessanter Drucksachen. So lernte ich auch das neue Gebäude des Museums of Modern Art kennen. Das sieht ja pompös aus. Meinst Du, dass es auch möglich wäre, dass sich solch ein Museum für den Künstler einsetzte, der solche Kunst herstellt? Ich komme zurück auf das Affidavits. Ich las den Text der Drucksache durch, was alles der Garant unterschreiben soll. Das ist bei Gott beinahe ein Witz, Affidawitz. Es kann sich nicht jeder leisten. Lest es einmal durch. Und ratet mir. Das Museum, welches ja die moderne Kunst pflegen will, könnte unter Umständen dem Künstler eine Garantie geben, damit er weiter leben und schaffen kann. Oder meinst Du, das Museum hat ein grösseres Interesse daran, dass der Künstler stirbt, damit seine bisher gemalten Bilder im Preis steigen? Jedenfalls, rate mir und schreib bald. Ich soll hier heraus, man kann mir nicht zumuten, dorthin zurückzugehen, wo ich wegen meiner Kunst verfolgt werde. Wer hilft mir, bevor es zu spät ist?

Ich beantworte weiter Deine Briefe: Lieber als Bücher würde ich Merz Zeichnungen oder Merz Bilder verkaufen. Wenn Du meinst, dass einer der jungen Herren etwas kaufen wollte, so soll er sich melden, und sagen, wieviel er ausgeben will, ich werde sein Vertrauen bestimmt nicht missbrauchen und ihm gute Ware für vorteilhaften Preis senden.

Über Barr und sein Museum kann man wohl nicht bessere und schönere Worte finden als Du sie gefunden hast.

Sachen zu senden um Boden vorzubereiten, das tue ich nicht mehr. Man bereitet dadurch den Boden immer nur für andere vor. Lieber verkaufe ich nichts, lieber verhungere ich. Die Welt sollte bald wissen, wer ich bin. Und wenn nicht, so ist es mir gleichgültig.

[. . . . . .]

Nun allerherzlichste Grüsse Euch Allen, Dein alter

Dr. Gustav Pfitzer zu
Hjertoga und Lysaker.

An Henriette Schwitters

[P Camp]
den 18. 8. 1940

Liebe Mutter!
Du wirst fragen, wo ich bin. Nach abenteuerlichen Ereignissen bin
ich seit etwa 2 Monaten interniert in England. Ich kann nicht
schreiben, wo, aber Du kannst mich über das rote Kreuz erreichen. Ich würde mich über eine Antwort riesig freuen. Wie geht es
Euch? Was macht mein liebes Hannover? Nun will ich Euch
schreiben, wo ich bin, denn in Gedanken sind wir doch immer zusammen. Er. kommt in wenigen Tagen in das gleiche Lager, und
Es., die in einem Gefängnis sitzt, wird in ein Lager in unserer Nähe
transportiert werden. Unser Lager ist gross, mehrere Strassen, ein
grosser Platz mit vielen Blumen, und viele interessante Menschen.
Ich höre Vorträge über Philosophie, Kunst, und Konzerte, und
male viele interessante Köpfe. Noch habe ich Farben, und die
Frau eines Bildhauers hier, mit dem ich befreundet bin, hat mir
aus London Material gesandt. Wäscherei, Schneider, Schuster,
Kaufladen, alles gibt es im Lager. Ich kann alles haben, da ich
Geld verdiene. Ich spare sogar über für die Freilassung und habe
bereits 3 Aufträge in England. In meinem Hause wohne ich mit 23,
darunter ein guter Bildhauer, ein Schriftsteller und ein bedeutender Pianist, mit denen ich befreundet bin. Wir kochen für das
Haus, und alle Arbeit ist eingeteilt. Ich löse alle Arbeit durch Geld
ab und male. Ich habe ein Zimmerchen mit Oberlicht allein, wo
ich male und schlafe. Heute habe ich im Meer geschwommen. Du
siehst, wir haben es gut. Grüss alle, besonders Helma.
Dir innige Küsse, Dein Sohn Kurt.

(.Kurt Schwitters.)

An Helma Schwitters

Hutchinson Int. Camp.
Christabend. 24. 12. 1940
Douglas 10 M

Liebste!
Gefangen erlebe ich Weihnachten. Es ist eine Probe. Ich ging in
unsere Kirche, ohne glauben zu können an Menschenliebe. Der

grausame Krieg nimmt mir allen Glauben, ausser den an mich selbst. Und an Dich, Mamma und unsere Kinder. Am Tannenbaum brannten 5 Kerzen, nachher nur noch 4. Es wurden die alten Weihnachtslieder gesungen. Ich konnte nicht singen, weil ich sofort weinen musste. Lehmann nimmt es sehr tragisch, er will während der 3 Feiertage keinen Bissen essen. Ich verstehe ihn und kann ihm nicht helfen. Ich muss essen, um arbeiten zu können. Ich sehe ja ein Ziel in der Kunst und lerne Menschen hassen. Seit Oslo habe ich heute das erste wirklich gute abstrakte Bild gemalt. Anders als bisher. Leh. hat mir den Mut zu Merz und Abstr. wiedergegeben. Am Tage nach Weihnachten wird er ja wieder essen. Wir haben genug, auch eine Gans. Denk an USA, dort werden wir uns wiedersehn. Ich habe heute viel an Euch gedacht. In der Schule des Herrn Wicklund in Kabelvaag, Lofoten war eine Husmor. Die schenkte mir beim Abschied 2 kleine Bootschaufeln, um mein Lebensschiff auszuschöpfen, wenn es leck würde oder wenn die hohe See hineinschlüge. Die eine schenkte ich einem Freunde, die andere habe ich noch. Schreib das Herrn W. mit einem Gruss an Husmor. Hier ist eine für Dich gezeichnet.* Grüss alle und bes. Mamma.
Dir innige Küsse,

Dein Mann.

An die Leitung des Internierungslagers [?]

Bericht über das Feuer in meinem Atelier in der Nacht vom 5. zum 6. Januar 1941 im Hutchinsoncamp.

Skizze:*

- a Tür (geschlossen) (nicht verschlossen)
- b Fenster ('', ohne Blackout)
- c Fireplace
- d Kasten mit Farben, Flaschen mit Terpentin, Fl. m. gekochtem Leinöl, Fl. m. Siccativ, Pinsel usw.
- e Cementplatte
- f rundes Eisenblech
- g + h Kommoden
- i Brennmaterial (Kohlen, Holz, Papier)
- k Bilder + Malgründe

1 4 Stühle
m an allen Wänden Bilder

Am 5. 1. nachmittags 4 Uhr, als ich zum Teetrinken ging, war der Ofen ohne Feuer. Ich arbeitete dann noch von $1/2$ 5 bis 5 ohne Feuer, kehrte das Zimmer aus, stellte das Blech f vor den Kamin und verliess so das Zimmer um kurz vor 5. Der Brand war bemerkt in der Nacht gegen $1/2$ 4, bald 12 Stunden, nachdem das Feuer im Kamin erloschen war.

Verbrannt, oder unbrauchbar gemacht sind alle Gegenstände von a bis m. Die Anzahl meiner Bilder ist etwa 15, ich kann sie auf Verlangen einzeln aufführen, die Anzahl der Malgründe ist etwa ebenfalls 15. (Sperrholzplatten) In den Kommoden war unwichtiges Material, und dieses ist nicht verbrannt. In dem eisernen Fireplace sind noch die Koksstücke unverbrannt erhalten.

Kurt SCHWITTERS.

Hutchinson Int. Camp, den 8. 1. 1941

An Helma Schwitters

[P Camp]
29. 3. 1941

Meine liebe Frau!

Immer noch bin ich hier und warte und sehne mich nach Dir und Mamma. Wir hatten schon einmal eine lange Wartezeit, als wir verlobt waren. Und einmal war sie zu Ende, und wir hatten glückliche Jahrzehnte. Auch diese Wartezeit geht einmal zu Ende, und wir werden Alle glücklich sein. Inzwischen müssen wir sehen, durch Arbeit über unsere Trennung hinwegzukommen. Ich male den ganzen Tag, mein Freund schreibt. Er hat viele gute Einfälle, schreibt Dramen, norwegische Gedichte usw. Und inzwischen machen wir 2 das Leben so angenehm, wie es unter den Verhältnissen geht. Wir haben ein Zimmer allein, und ich habe ein Atelier. Besonders Abends vor dem Schlafengehen wird noch einmal gut gegessen, denn wir können Alles kaufen, und wir erhalten Pakete von seiner Frau. Dann erzählen wir uns was beim Einschlafen. Ich lerne viele Menschen kennen beim Portraitmalen und habe eine grosse Treffsicherheit erreicht. Vor unserem Hause habe ich einen Garten angelegt, mit Büschen und vielen Blumen. Es

blüht schon überall. Dann haben wir Theater, eine englische Truppe, Kino, Spaziergänge. Du siehst, es fehlt uns nichts, ausser Dir
und der Freiheit. Grüss Mamma.
Innige Küsse,

Dein Mann.

An Helma Schwitters

[P Camp]
5. 4. 1941

Liebste!
Vor mir liegen 2 Briefe von Dir vom 1. 2., an mich und Ernst,
und 2 von Käte. Ich bedaure, dass Du seit dem 5. 10. keine Nachrichten von uns hast. Ich schreibe regelmässig jede Woche. Augenblicklich male ich ein Bild von Dir. Es ist sonderbar, dass ich Dich
auswendig malen kann, nur wirst Du 20 Jahre jünger. Es wird
nicht vollkommen ähnlich, sondern wie in Nebel. Auch ich glaube
an ein Wiedersehen. Für uns ist keine Gefahr. Und der Krieg
dauert nicht mehr so lange. Ich bin jetzt der letzte Künstler, die Anderen sind frei. Mir aber ist alles gleichgültig geworden. Bleibe ich
hier, so brauche ich nicht für mich zu sorgen. Komme ich frei, so
werde ich die Freiheit geniessen. Komme ich nach USA, so bin
ich eben dort. Ich male und sorge mich weiter nicht und versuche
mir und meinen Freunden das Leben angenehm zu machen. Man
hat stets soviel Freude, wie man in sich trägt. Ich werde wohl
nach USA kommen, meine Freunde wollen mir Arbeit geben und
zeichnen Affidavits. Käte hat ja nun auch von Dir Post erhalten,
wie sie mir schreibt. Vielleicht sehen wir uns bei ihr einmal Alle
wieder. Lebt Opa noch? Grüss Mamma herzlichst. Ich denke oft
an sie. Sie soll nicht traurig sein. Ebenso unsere Freunde. Dir innige Küsse.

Dein Mann.
*Osterblume**

164

An Helma Schwitters

[P Camp]
17. 5. 1941

Liebste!
Heute ist der 17. Mai. Das war immer ein grosser Festtag in Norwegen. Hier habe ich Dir mein Fenster abgezeichnet.* Neulich
entdeckte ich, dass man mit Kreide darauf zeichnen kann und
zeichnete. Da entstand dieses Bild. Das Herz ist unsere Zukunft.
HELMA UND ICH. Wir werden mit 2 Booten fahren, bevor wir uns
wieder vereinigen. Dann werden wir ein kleines Haus haben, in
dem Du kochen kannst, am Meer, über dem die liebe Sonne
scheint. Das alles in einem fremden Lande, wo man uns mit »SAL-
VE« willkommen heisst. Ist das wohl USA? Ich habe wenig zu berichten, das Leben ist hier eintönig. Von meiner Reise nach N Y
höre ich nun nichts mehr. Lehmann ist wieder in London und soll
bald wieder hierher kommen. Die Blumen blühen. Ich male und
modelliere abstrakt und spreche über abstrakte Malerei. Ich habe
mir 2 Kisten für die Bilder gebaut, aber das reicht nicht. Ich hoffe,
dass Ihr nur in einem Vorort wohnt.
Innige Küsse,   Dein Mann.
Grüss Mamma.

An Helma Schwitters

[P. Camp]
den 27. 5. 1941

Meine innig geliebte Helma!
Es ist Abend, 7 Uhr, Sonnenschein, der die vielen Schornsteine
grell beleuchtet. Dahinter ein Wald mit Frühlingsgrün, dann die
Berge, in Sonnennebel aus dem Flusstal. Das ist der Blick aus meinem Fenster vorn. Aus dem Seitenfenster blühende Obstbäume
und Meer, solang ich sehen kann. An der Wand neue abstrakte
Bilder, und Plastiken, eine Zeichnung und ein Foto von Ernst und
4 Fotos von Dir. Ein ganz neuer Anzug hängt auch da, ich musste
einen zum Sommer haben. Eine kleine Plastik wie die Madonna.
Das Modell einer Kirchturmspitze. Ich trinke Cidre (Apfelwein),
es ist mehr Most. 2 Flaschen Burgunder liegen im Schrank, ich
brauche etwas Alkohol. Ich male Portraits und Abstrakt, aber nun

beginne ich, alte Grotesken neu aufzuschreiben, z. B. die Gartenlotterie. Alle Arbeit habe ich abgegeben, das ist mir das Geld
wert, und ich verdiene genug. Von USA höre ich nichts, ausser
dass ich wohl vor Juli, August nicht reisen werde. D. h. es wird
wohl Herbst werden. Einstweilen bin ich ja ganz gut hier. Wir
werden bald im Meere baden. Heute waren wir im Kino. Lehmann sah ich nicht, er ist wohl noch in London. Theater hat Som-
merferien. Ich denke immer an Euch und unterhalte mich nachts
mit Esther, Ernst, Dir und Oma. Wir gehören trotz Krieg und
Trennung zusammen, immer und ewig. Ich habe es schwer, zu
gehen, ich werde mich mehr üben. Grüss Mamma.
Dir innige Küsse,

Dein Mann.

An Helma Schwitters

[P Camp]
11. VI. 41

Liebste!
Es ist Hochsommer und alles blüht, und immer noch der grausige
Krieg. Wir sind getrennt, vielleicht noch lange, aber wir 2 gehören
zusammen und werden uns in Glück und Frieden mit Mamma
und den Kindern wiedersehen. Ich nehme an, wir werden alle in
USA sein, wo meine Kunst hochgeschätzt wird, wo ich mir endlich eine neue Heimat schaffen kann. In Norwegen war das Verständnis zu selten, und ich musste Landschaften malen, um zu leben. Ich liebe Norwegens Fjorde, aber ich lebe für die abstrakte
Kunst. Ich glaube, dass ich in USA viel gelten kann. Aber noch
höre ich nichts von einer Überreise. Geld dazu und Affidavit habe
ich. Es geht langsam. Aber ich habe es ja in der Internierung gut,
es fehlt nur die Freiheit. D. h. ich habe alle Freiheiten zu malen,
bin in einem sehr schönen Camp mit vielen Blumen, habe kräfti-
ges, gutes Essen, kann alles kaufen, gehe ins Kino und Theater, zu
Fussballspiel und zum Baden. Besonders aber habe ich 2 Räume
als Atelier und reichlich Malmaterial. Freunde habe ich auch.
Vorgestern spielten wir Schach bei einer Flasche Burgunder und
hatten die Aussicht aufs Meer. Grüss Mamma.
Innige Küsse,

Dein Mann.

An Helma und Henriette Schwitters

[P Camp]
21. 7. 41

Liebe Helma und liebe Mutter!
Es drängt mich, Euch zu schreiben. Unsere Trennung ist nun über
2 Jahre, und ich sehne mich, Euch in Frieden wiederzusehen. Ich
denke immerfort an Euch, und weiss, wir sind trotz Krieg und
Trennung verbunden. Abends, wenn ich im Bett liege, denke ich
mit Euch zu sprechen, und Ihr scheint auch zu antworten. [...
...] Neulich konnte ich ganz frei in einem herrlichen Garten ma-
len, mit Meer und fernen Bergen, 2 Wochen lang. Im Camp gibt
es immer wieder neue nette Menschen. Das kommt und geht. [...
...] Im Fenster stehen Geranien und Digitalis. Im Park blühen
Ginster, Rosen, Levkojen, Jasmin und Anna Blume, die ich öfter
vortragen muss. Das Meer ist blau und eben, und täglich Sonne.
Wenn das alles im Frieden wäre! Vielleicht bald!
Viele herzliche Grüsse und Küsse, Euer

Mann
resp. Sohn Kurt.

An Ernst Schwitters

P Camp I o M
28. 7. 1941

Lieber Ernst!
Dank für all Deine Mühe für meine eventuelle Amerikareise. Soeben sandte ich die Kopien der Briefe von Gropius, Dorner, Dux,
Moholy an Mr. Hodgkin und sende Dir auch je eine copy. [...
...]
Nun bitte ich Dich noch, zur Amerikasache, an Mr. Karl Hack-
länder, Y Camp, I o M, zu schreiben, denn er wollte schon mir die
Marken zurücksenden und damit seine Verpflichtung auf Unterstützung der Amerikareise aufgeben, indem er meinte, nach den
neuen Bestimmungen wäre keine Aussicht für mich, hinzukom-
men. Ich schrieb ihm schon, dass meine Freunde in US alle An-
strengungen machen, mich dorthin zu holen, und tatsächlich hat
mir Käte geschrieben, dass jemand bereit ist, mir das Reisegeld
von Montevideo bis NY zu geben. – Schreib ihm, dass auch Du
arbeitest, und in welcher Weise.

Vielen Dank und alles Gute. Hoffentlich kommst Du mit dem Gelde aus.
[. . . . . .] Gruss,

Dein Vater.

An Ernst und Esther Schwitters

[P Camp]
17. 8. 41

Mein lieber Junge, und liebe Esther!
Zunächst aus dem Briefe von Müller B: »Ich verstehe wirklich nicht, warum (Du noch interniert bist), und soweit ich Dich kenne aus der Zeit, in der wir zusammen gereist sind, kann ich keinen Grund finden, ausgenommen, dass ›dada‹ eine Gefahr ist in sich selbst ... Ich bedaure Dich wirklich, dass Du solche verrückten Sachen machen musstest, um in diesen Haufen zu kommen.«*
Nun könnte irgendwer, der neue Kunst nicht kennt, meinen, es handelte sich um verdächtige Sachen. Dada aber ist rein künstlerisch, abstrakt, und unpolitisch. Es ist eine Art von Expressionismus, wie Müllers Kunst auch, nur eine andere Art. Daher ist es für ihn unangenehm. Er sprach diese Meinung öfter gegen mich aus. Nun hat der Brief vom 10. 6. bis zum 15. 8. beim Censor 4120 gelegen. Vielleicht hat er ihn ganz falsch aufgefasst. Du weisst, ich fühle mich hier sehr wohl im Camp, möchte aber vermeiden, dass man über mich falsch orientiert wird. Leider muss ich sogar eine Absicht dahinter suchen. Darum sei so gut, ans Home Office und eventuell auch an den Censor dazu meine Erklärung zu senden. Ich habe leider ein Auge bekommen, das sehr gestört ist durch das blaue Licht. Ich sehe durch Überreizung der Nerven farbige Erscheinungen (Skutom), und kann nur selten malen, daher auch nichts verdienen. Darum ist es jetzt sehr gut, dass ich hier im Lager bin. Ich habe überall, wo ich mich aufhalte, das Blau beseitigt, um mich zu erholen. Alles Beste Euch beiden.
Herzlichste Grüsse,

Dein Papa.

[P Camp]
22. 8. 1941

Meine allerliebste Helma!
Seit 2 Wochen habe ich jemand, der mir alte und neue Dichtungen fein sauber nach Diktat abtippt. Einige werden auf englisch
übersetzt. Ich tue das, um mein überanstrengtes Auge zu schonen.
Es ist schon besser geworden, aber ich sehe noch einen Schein.
Aber ich male schon wieder etwas. Es ist kein organischer Fehler,
kann auch nicht Vitaminmangel sein, da ich gutes frisches Essen
genug habe. Es ist eine Nervenüberreizung durch Arbeit und blau-
es Licht. Ich habe, wo ich mich aufhalten muss, alles Blau beseitigt. Beim Diktieren fand ich ein Gedicht aus Norwegen an Dich:
In einem Garten blühen Lilien. – Sie blühen munter, und sie schielien – Zum Nachbargarten, ob die rote Nelke, – Die ihnen wohl-
gefällt, auch nicht verwelke. – – Die rote Nelke nelkte mild zurück. – Der Lielien Schielien war ihr ganzes Glück. – – So schiele
ich, mein liebes Weib, Dir zu. – Dein mildes Nelken gibt mir Mut
und Ruh. – Oh, nelke weiter, bis der Tag gekommen, – Dass ich
Dich endlich in den Arm genommen. – Ja, weisst Du, einmal muss
ja der Krieg zu Ende sein. Dann werden wir uns wiedersehn, alle
5, und ein grosses Fest machen. Ich übe jetzt viel Harmonie, zusammen mit Herrn Bethmann. Allein geht es nicht so leicht. Ich
komme gut weiter und nehme an, bald komponieren zu können.
Als neuer Freund kam Dr. d'Amiens, ein Arzt und Maler.
Grüss Mamma. Innige Küsse,

Dein Mann.

[P Camp]
25. IX. 41

Meine liebe, gute Helma!
Eben habe ich Deinen Geburtstagsbrief mit Kleeblatt vier. Der
Censor hatte es liebenswürdiger Weise durchgelassen und das be-
sonders vermerkt auf dem Umschlag. Was kann da noch schief
gehen? Nur mit dem Beten bin ich nicht so ganz einverstanden.
Ich kann mir davon keinen Erfolg versprechen, da Gott ganz an-

dere Sorgen hat. Im Ernst, solange man nicht alle Verpflichtungen in nächster Nähe erfüllt hat, ist ein Gebet als Bitte zwecklos. [. . . . . .] Jedenfalls komme ich mehr und mehr ab von den Regeln der Kirche, und ich glaube, dass ich deshalb doch religiös bin. – Die Kinder sind zusammen in London, frei. – Geld für Amerika habe ich, aber ich will nicht reisen, alles ist unsicher. – Aber nach dem Kriege. – Blutdruck ist etwas besser, 180–130. Ich fühle mich gut, nur etwas kurzatmig. Werde etwas dünner, das ist gut. Auge fast besser, male den ganzen Tag, und sehr gut. Lasse mir neuen Anzug machen, und einen für Ernst zu Geburtstag. Wir baden noch im Meere. Gute Verpflegung, liebe Kameraden, ich bin in der Internierung nicht unglücklich, habe alle Ruhe zum Arbeiten. Nur Ihr fehlt mir, besonders Du. Aber wir gehören zusammen, ewig, ob wir zusammen sind, oder getrennt. Man kann nur einmal lieben im ganzen Leben.
Grüss Mamma. Dir innige Küsse, Dein Mann.

An Helma Schwitters

[P Camp]
21. 11. 41

Meine allerliebste Helma!
Wenn Du diesen Brief erhältst, bin ich bei den Kindern. Es ist vielleicht etwas egoistisch, aber ich freue mich sehr darauf. Kaum kann ich die Zeit abwarten. Es wird viel Arbeit geben, um leben zu können. Aber es ist nun einmal so. Ich tue nichts gegen die Bestimmung. Alles wird neu sein, und ich weiss nicht, ob und wie oft ich Euch schreiben kann. Es geht uns gut, und immer denken wir an Eure Liebe und Güte. Das Packen war eine fürchterliche Angelegenheit. Ich packe schon 14 Tage. Ich habe soviel Kram aufgesammelt, dass ich mich davor gegraust habe. Ich habe wohl 2-300 Bilder gemalt. Viele davon sind allerdings verkauft. Es ist auch schwer, die Freunde zu verlassen und neue Menschen kennen zu lernen. Aber ich bin noch elastisch, und durch die Erlebnisse der letzten Jahre bin ich noch elastischer geworden. Sei Du auch kräftig und nimm unsere Trennung nicht so ernst. Wir 5 sehen uns bestimmt in baldiger Zeit wieder und werden dann zusammenleben und eine schöne Zeit haben. Auf Wiedersehen, und ich schreibe, wenn ich kann. Grüss Mamma.
Innige Küsse, Dein Mann.

An Herrn Herz

[London]
3 St. Stephen's Crescent, W 2
den 23. 12. 41

Lieber, herziger Herr Herz!
Ich bin frei, wie ein Vogel im Wasser, und möchte gern singen.
Wann kann ich Sie wo einmal sprechen? Ich hoffe, es geht Ihnen
gut, danke schön. Haben Sie wieder ein Kabarett? Wenn ja, bitte
wo, und ob Sie mich einmal mit dem berühmten * auftreten lassen
könnten, zusammen mit dem Fififischgerippe. Oder dem **, oder ***
Pfui schäm dich, Schacko, dreh Dich mal um, und der schämt sich
noch nicht einmal. Aber dem kännensesich innen Popo stecken!
Mit den besten † = grüssen, Ihr

Kurt Schwitters.
(derr Rrudolff)

An Helma Schwitters

den 18. 3. 1942

Liebste allerbeste Helma!
Soeben erhielt ich Dein liebes Weihnachtspaket. Ich war gerührt,
nein, das ist ein zu schwaches Wort, ich war erschüttert. Gerade
arbeitete ich an einer Madonna, Du kennst die abstrakte Form,
die ich »Madonna« nenne, da klingelte es 4 mal. Ich lief die 4
Treppen hinunter und erhielt das Paket. Eigentlich ist 8 mal meine
Zahl, aber ich hatte das Gefühl, dass es für mich war. Ist es nicht
gross (grand), dass es möglich ist, dass ich trotz aller Kriegswirren
ein so schönes Paket von Dir erhalten kann? Ich weiss nicht, wie
ich Dir danken soll, leider kann ich mich nicht revanchieren. Die
Noten, Tschaikowskij, den ich so liebe, Grieg, Liszt, d'Albert,
mein Freund Moussorgskij. [. . . . . .] Wenn Du mir auf die gleiche
Weise Farben und einen Brief extra senden würdest, wäre ich sehr
erfreut. Ich brauche besonders dringend Cadmium hell und Ci-
tron dunkel, Alizarin Krapplack, Permanentgrün hell, Chrom-
oxydgrün feurig, Ultramarinblau dunkel. Ich bin jetzt überhaupt so
glücklich, wie es im Kriege möglich ist. [. . . . . .] Und ich erhielt
gerade meine Bilder und Plastiken und sitze zwischen ihnen. Sie
sind über beide Zimmer verteilt, und in Schränken und in der

Küche. Ich schätze sie auf 150 Stück. Ernst hat mir geholfen zu sortieren, und nun sind in dem grossen Wohnzimmer etwa 30 allerbeste Arbeiten. Morgen besucht mich ein grosser Kunstmäzen, der damals von Norwegen aus meine grosse Ausstellung arrangiert hat. Ich bin so froh, ihm anständige Arbeiten zeigen zu können. Du siehst, alles kommt zur rechten Zeit. So ist es auch mit uns. Wir werden uns bestimmt wiedersehen und glücklich sein. Ich lebe [nur für die] Kunst und Dich.

An Helma Schwitters

Dienstag, 22. 9. 42.

Liebste, beste Helma!
Ich schreibe Dir von meinem sozusagen Ferienaufenthalt zwischen Seen und [. . .] hohen Bergen. 14 Tage bin ich gewandert und habe Motive gesucht, nun beginne ich zu malen. Es sind herrliche Landschaften, besonders in der beginnenden Herbstfärbung. Ich denke immer an Dich und wünschte, Du könntest bei mir sein und die Schönheiten und das Entstehen der Bilder miterleben. Ich komme mir vor wie in Hjertöy. Es ist nass überall, und ich laufe in meinen grossen Stiefeln, mit Regenmantel und wasserdichtem Hut. Meist habe ich etwas Zahnschmerzen. Ein Oberzahn war mir abgebrochen und ist nun repariert. Das Biest schmerzt. Ich wohne am Fusse eines hohen Berges in einer ehemaligen Bauernhütte, die umgebaut ist. Sie ist allerbestens eingerichtet, aber die Leute, die darin wohnten, sind fortgezogen. Statt dessen lebt eine einfache Frau mit einer kleinen Tochter dort. Wir haben Radio, Telefon, Grammophon, Klavier, elektr. Licht, Bad, alles wundervoll. So studiere ich weiter Harmonielehre. Es ist meine unglückliche Leidenschaft. Ich studiere und komme nicht soweit, komponieren zu können. Die Harmonielehre macht mich ängstlich. Dicht neben unserer Hütte braust ein Wasserfall. Er hat bei dem fast unaufhörlichen Regen viel zu tun. Aber die Stimmungen sind bei dem Regen besonders schön. Bald wird auch Schnee in den Bergen kommen. Man kann ja im Kriege schlecht Pläne machen. Aber wenn es so kommt, bin ich Anfang Oktober wieder bei Ernst in der grossen Stadt, d. h. im Vorort, und feiere Weihnachten mit ihm. Im Februar wollte ich dann wieder für 14 Tage hierherkommen, ins Gebirge. Das Malen von Landschaften tut mir sehr gut. Ich

komme so langsam wieder hinein. Hier sind auch 3 Maler, und
mit einem habe ich mich angefreundet. Er ist ein guter Land-
schaftsmaler. So habe ich auch jemand, dem ich meine Arbeiten
zeigen kann. Ich lese wenig, da meine Augen es nicht lieben. Aber
ich lese jetzt Romeo und Julia im Originaltext.

An Arthur Segal

[London]
23. 11. 1942

Lieber Segal!
Was ist mit Deiner Reise nach London? Es ist nun Platz da in unserem Hause, und wir würden uns freuen, Dich einige Tage bei
uns zu haben. Wir, das ist Ernst und ich [. . . . . .] Schreib oder telefonier, R I V 1698. Gestern hatte ich Dein Bild mitgenommen,
um einen Auftrag zu erhalten, es hat geglückt. Nun schreib mir
bitte.

Dein Merz dada Kurt Schwitters
(Supersurrealist.)   *

An Edith Tschichold

39 Westmoreland Road, Barnes,
London SW 13,
Mittwoch, den 30. 12. 1942.

Liebe Edith!
Das alte Jahr geht zu Ende, und ich wünsche Euch und allen
Freunden ein glückliches neues.
Ihr habt lange nicht geschrieben. Ich hätte gern gewusst, was Helma macht, wie es ihr geht. Schreibt bitte, was Ihr wisst, und legt
keine Briefe bei. Es ist schrecklich, nichts zu hören. Darum
schreibt, selbst wenn die Nachricht nicht gut sein sollte. Ich mache
mir grosse Sorgen, vielleicht ohne Grund.
Wir leben hier den Verhältnissen entsprechend so gut, dass wir
sehr dankbar sein können. Ernst und ich haben ein Haus, in einem
Garten, der im Sommer voller Rosen ist und in dem selbst nun
Blumen blühn. Seit Esther von uns gegangen ist, lebt ein Norweger mit uns, ein Maler, 22 Jahre alt, ein Verwandter Strindbergs.

Die beiden Jungen arbeiten in ihrem Handwerk, und ich bestelle das Haus, koche, male abstrakt und habe einige Portraitbestellungen. Den ganzen September war ich im Lake District und habe Landschaften gemalt. Ich werde wohl im Februar wieder dorthin reisen, um Schnee auf den Bergen zu malen. Es ist dort ähnlich Norwegen, nur mehr romantisch. Ich wohnte am Berge in einem Bauernhaus mit allem Comfort eingerichtet, Telefon, Bad, heisses Wasser, Radio. Das war wundervoll im Hause nach einer Wanderung im einsamen Gebirge. Wir haben auch hier, was wir brauchen, Radio, Telephon, Du kannst mich anrufen, Gasherd, elektrischen Herd, und ich habe mir ein Klavier gekauft. Das ganze Haus haben wir mit gutem Inventar, Koch- und Essgeschirr, Wäsche ... gemietet, nur das Klavier ist mein Eigentum. Und ich habe sehr viele Bilder, einige gute Portraits, z. B. Dr. Rudolf Olden, einige gute Landschaften, besonders aber viele gute abstrakte Gemälde und Merzzeichnungen. Ich dichte selten, und wenn, auf englisch. Ich weiss nicht, ob ich Euch einmal etwas senden soll. Leider habe ich nicht eines meiner Bücher hier. Ich weiss nicht, ob Ihr mir eines senden könnt. Aber es hat auch wenig Zweck, da ich neue Dichtungen mache und die besten alten auswendig kann. Herzliche Glückwünsche zu Eurem grossen Tage, von dem mir Frl. Hagenbach schrieb. Also schreibt bald. All meine Liebe! Herzlichst

Kurt Schwitters.

An Herrn Rogger

39 Westmorelandroad London SW 13
Riverside 1698,
den 16. 7. 43

Lieber Herr Rogger!
Wollen Sie in die Kunstgeschichte eingehen? Ich kann Ihnen helfen. Es ist kein Schwindel, obgleich es die gleichen Anfangsbuchstaben K S hat, es ist kein schlechterer als Kurt Schwitters der Portraitmaler.
Sie werden sagen, Sie gehören schon in die Kunstgeschichte, da Sie Bilder grosser Maler sammeln. Aber wie ganz anders werden Sie dastehen, wenn Sie selbst einen Maler sozusagen entdeckt haben, und das ist der Portraitmaler Kurt Schwitters. Selbst wenn

Sie ihn durch einen mutigen Auftrag unterstützen, kann die Kunstgeschichte Sie nicht übergehen, aber Sie werden sagen, dass Ihnen das gleichgültig ist, Sie sind Kaufmann, und wollen nur wertvolle Bilder haben.

Haben Sie aber schon einmal darüber nachgedacht, dass die Bilder grosser Maler vergangener Zeiten oft schon einen so grossen Wert haben, dass es nicht mehr aufwärts gehen kann? Da nun ist Ihre grosse Chance, meine Bilder können und werden an Wert zunehmen, sie müssen es sogar, und da können Sie durch Ihren Auftrag helfen.

Nun haben Sie schon einen echten Schwitters. Vielleicht haben schon Leute das Bild nicht gut gefunden, nicht ähnlich, nicht so gut gemalt, die Leute zeigen ja gern, wieviel sie von Kunst verstehen, wenn sie kritisieren. Es sind aber noch 2 Familienmitglieder da, die gemalt werden müssen, Sie selbst und Ihre Frau. Überlegen Sie nicht zu lange, der Sommer ist eine gute Zeit für Portraitmalerei. Schreiben Sie, bestellen Sie.

Und seien Sie herzlichst gegrüsst von Ihrem

Kurt Schwitters.

An Herrn Sluzewsky

39 Westmoreland Road London SW 13
den 16. 7. 43

Lieber Freund und Schulgenosse!
Bist Du noch mein Freund, seit ich Dich seinerzeit um eine Bestellung bat? Viele sagen, man verliert seine Freunde, wenn man in Not ist, aber mein Schulgenosse bist Du sicher geblieben, denn Du hast es so oft gesagt, dass es Dir vorkommt, als wären wir alle in dieselbe Klasse gegangen.

Wenn ich nun aber die gleiche Frage, wie damals an Dich richte, was dann? Ich sage mir, wenn Du mein Freund geblieben bist, ist es gleichgültig, ob ich noch einmal frage, dann wirst Du schon auch eine freundliche Antwort finden. Wenn Du aber was der Himmel verhüten möge mein Freund nicht mehr bist, so kann eine zweite Frage Dich nicht mehr verärgern, als es die erste tat, und ich kann, wenn ich ein Mann bin, ruhig noch einmal fragen. Im Grunde genommen ist auch die Frage, ob Freund oder nicht, nicht so wichtig, wie die, ob Auftrag oder nicht, und zwar für uns

Beide. Denn wie wundervoll wird es sein, wenn einmal die Kunstgeschichte schreibt, dass der Mäzen Slu, als alle Auftraggeber seinen Klassengenossen Kurt Schwitters verliessen, nun gerade erst recht an das unausstehliche Talent des Malers glaubte und ihm seine Tochter zu malen gab, obgleich schon eine Zeichnung von ihrem Kopfe bestand. Das Wort »unausstehlich« soll anders heissen, mir fällt gerade das Wort nicht ein.

Also lieber Sluzewsky, ich sehe eigentlich keinen Grund weshalb Du die grosse Chance, ein gutes Portrait zu erhalten, noch dazu von einem Schulfreunde, noch dazu zu einem lächerlich geringen Preise, und noch dazu da kein Portrait eigentlich existiert, ausschlagen glauben zu müssen solltest. Telefonier Riverside 1698 vor 9 am besten, sag wann Ihr mich einmal in meinem Hause besuchen wollt und bestell bei der Gelegenheit, ich freue mich, euch einmal zu zeigen, wo ich wohne. Bei einer Tasse Kaffee mit Wantee.

Herzlichst Dein

Kurt Schwitters.

An Herrn Hallgarten

39. Westmorelandroad. Barnes,
London SW 13
Riverside 1698
the 16. 7. 43

Lieber Herr Hallgarten!
Zunächst möchte ich verspätet zur Hochzeit gratulieren. Ihnen Beiden wünsche ich alles Gute. Ich erfuhr es zufällig durch Herrn Rosen.
Dann habe ich einen Vorschlag. Wollen Sie nicht nun Ihre Frau malen lassen und mir den Auftrag geben. Sie würden ein erstklassiges Bild erhalten, denn ich würde mir alle denkbare Mühe geben, es so gut wie irgend möglich zu machen. Denn ich bin immer noch fast ohne Aufträge, und brauche dringend Geld. Aus diesem Grunde würde ich es so billig malen, wie Ihr Bild war, ich glaube, es war für 7 Pfund. Und Sie erwerben sich einen grossen Namen in der Kunstgeschichte, wenn es heissen wird, dass ein gewisser Herr Hallgarten sich seinerzeit nicht täuschen liess, als der Maler Schwitters um Bestellungen bat, er glaubte an das Talent des

Malers Kurt Schwitters, und obgleich er an seinen Wänden eigentlich keinen Platz hatte, bestellte er bei ihm ein Portrait seiner Frau, welches nun schon seit hundert Jahren ein Schmuck in der Nationalgallerie ist. Was Mona Lisa für Paris ist, usw., Sie können sich ja selbst ausdenken, wie es später einmal heissen wird. Jedenfalls, hier haben Sie Ihre grosse Chance. Und ich habe vielleicht eine kleine?

Ich hoffe, Sie schreiben mir bald eine zusagende Antwort. Telefonieren Sie morgens vor 9 oder abends um 11.

Mit den besten Wünschen an Ihre Eltern, Frau und Sie, Ihr

Kurt Schwitters.

An Sir Herbert Read

39 Westmoreland Rd.,
Barnes, SW 13,
Nov. 1. 1944

Sehr geehrter Herr Read!

Ich danke Ihnen sehr, dass Sie sich so beeilt und solch einen wunderbaren Artikel geschrieben haben. Ich bin sehr glücklich darüber und in Hochstimmung, seit er angekommen ist.

Sie haben alles genau erkannt und ausgezeichnet erklärt. Vor allem stimme ich Ihren Bemerkungen über das Mystische in meinem Werk zu, und was Sie über den »rejected stone« geschrieben haben, drückt vollkommen meine Art zu fühlen und zu arbeiten aus.

Ich bin Ihnen wirklich sehr dankbar.

Ihr ergebener

[Kurt Schwitters]

An Edith Tschichold

10. 12. 44

Liebe Edith, lieber Jan!

Zuerst danke ich sehr für meine Gedichte. Sie kamen mir eines Tages wie ein Gruss aus anderer Welt und anderer Zeit. Ich sehe, ich lebe jetzt in England, und müsste alles in Englisch übersetzen, dass es wieder mein würde. Aber wie. Englische Witze sind nicht deutsche Witze. Englische Wortspiele sind nicht deutsche Wortspiele. Die Übersetzung hätte sehr frei zu sein. Und das Publikum hätte sehr verständnisvoll zu sein.

Ich lebe in einer anderen Welt und habe eben mich auch zu ändern.

Ich weiss selbst nicht, ob ich die Ursonate auf Grammophon geben sollte?

[... ...]

An Marguerite Hagenbach

39 Westmoreland Road, London SW 13,
den 27. 2. 45.

Liebes Fräulein Hagenbach!

Für Ihren Brief vom 7. 1. danke ich allerherzlichst. Der Inhalt ist sehr ernst für mich, aber ich erfuhr zum ersten Male ausführlich über den Tod Helmas. Nein, ich habe lange nichts von Ihnen oder Edith gehört. Aber selbst das Telegramm kam mir nicht unerwartet, da ich schon instinktiv wusste, dass Helma nicht mehr lebte. Helma und ich lebten so lebhaft zusammen, obgleich wir getrennt waren, dass ich die plötzliche Lücke fühlte. Ich äusserte gegenüber Freunden, dass Helma nicht mehr lebte. Und jetzt, nachdem sie in einem freieren Leben ist, habe ich wieder stärker das Gefühl ihrer Nähe. Ja, ich fühle, dass sie dieses oder jenes gutheisst oder nicht gutheisst. In Allem aber fühle ich, dass sie mich liebt. Und ich bin glücklich.

Durch Ihren Brief erfuhr ich auch, dass Helmas Häuser und der Merzbau, sowie viele meiner Werke nicht mehr existieren. Es ist natürlich traurig, aber weit mehr für Andere als für mich. Für mich ist das Schaffen einer Arbeit das Wichtigste. Ich lerne daran, und ich habe ein Mittel, den Menschen mitzuteilen, wie man nach meiner Ansicht malen, dichten oder modellieren soll. Die Geschichte wollte es anders, und der Merzbau teilt nicht mehr mit. Aber die Menschen verdienen es eigentlich nicht, dass ihnen Kunstwerke erhalten bleiben, da sie nicht dafür selbst eintreten. Ich habe ein anderes einmaliges Werk geschaffen, die Ursonate, die verloren ist, schon wenn ich nicht mehr fähig bin vorzutragen. Es wäre einfach, sie auf Grammophon zu sprechen, aber wer würde sich dafür einsetzen? Aber vielleicht hat mein Sohn Ernst recht, dass man den Wert der Kunst nicht überschätzen soll. Menschen sind mehr als tote Kunstwerke, und ich bin froh, Freunde wie Sie zu haben. Schreiben Sie mir doch bitte öfter, auch ohne einen so wichtigen Anlass.

Ja, ich war krank, hatte einen leichten Schlaganfall. Aber ich bin ja zäh und denke, ich wäre wieder besser, obgleich ich noch sehr vorsichtig sein muss und nur wenig arbeiten kann. Aber ich denke, dass meine letzten Arbeiten eher besser geworden sind. Es geht mir da ähnlich wie Arp. Wir Beide arbeiten seit 25 Jahren uns immer gleich bleibend, da wir uns selbst geben und uns daher nicht ändern können. Und da wir an uns wirklich arbeiten, werden die Resultate stets reifer. An sich arbeiten bedeutet mit seinen Sinnen die Welt betrachten, und da die Welt unerr[eich]bar reich ist, übernimmt man durch fortgesetztes Studium mehr und mehr von ihren Gesetzen und wächst. Darum ist es so dumm, durch die Augen Anderer zu sehen, wodurch die Mode entsteht an Stelle der Kunst. Ein vielleicht zu Unrecht bewundertes Beispiel des modernen Chamäleons ist Picasso, der von Natur aus nicht unbegabt ist. Ob ich noch lachen könnte? Das hängt nicht von äusseren Ereignissen ab. Der Mensch fühlt soviel Glück, als er in sich hat. Denken Sie sich jemand, der überfahren worden ist und hat ein Bein verloren. Der Eine wird sagen: »Welch ein Pech, dass gerade ich überfahren wurde!«, während der Andere sagt: »Habe ich Glück gehabt, dass ich nur ein Bein verlor!« Ich lache, weil ich mich sehr unglücklich fühlen würde, wenn ich nicht mehr lachen könnte. Und dann sorgt ein glückliches Geschick auch dafür, dass der Grund für Fröhlichkeit kommt.

Auf der Ausstellung habe ich 4 Arbeiten verkauft und 3 Bestellungen erhalten. Trotzdem sehe ich, dass der Surrealismus zur Zeit hier Mode ist, eine andere aber nicht bessere Mode als Picasso. Gabo sah ich neulich. Er besuchte mich mit Herbert Read in meinem Hause. Ich liebe ihn sehr. Er weiss nichts von Pevsner, soviel ich weiss. Ich lebe hier in einem [. . . . . .]*

An Edith Tschichold

39 Westmoreland Road
London SW 13 (Phone *RIV*erside *1698)*
den 4. 3. 45 (Sonntag)

Liebe Edith!
Dank Dir allerherzlichst für Deinen Brief vom 6. 1. von Arosa. Er ist Dir sicherlich schwer geworden, aber es war recht, dass Du ihn

schriebst. Helma fehlt mir sehr, ich brauche eine Frau und besonders eine Helma, die mich immer verstand, immer treu umsorgte,
die im Grunde viel zu gut für mich war. Wir haben 24 Jahre zusammen in glücklicher Ehe gelebt, mein Ernst ist in unserer Liebe
gross geworden, und nun ist es schwer zu begreifen, dass das vorbei sein soll. Noch habe ich das Glück, mit Ernst zusammen zu
sein. Aber ich kann auch Helma oft fragen, wenn ich bei einer
Sache unklar bin. Ich kenne sie so genau, dass ich weiss, wie sie
sich zu den Dingen stellt. Nun hast Du noch Briefe von ihr. Behalte sie in guter Wacht, bis ruhigere Zeiten kommen, dass Du mir
dann die letzten Nachrichten Helmas zusenden kannst. Und selbst
dann würde ich lieber Kopien haben, damit dieser wertvolle
Schatz nicht verloren geht. Jedenfalls weiss ich mich reich, noch
etwas von Helma zu besitzen.

Als ich Euer Telegramm erhielt, ahnte ich schon, dass es Brust-
krebs war. Ich fürchtete diese Krankheit für Helma schon 20
Jahre. Ich hoffe auch einmal Deine Schwägerin zu sprechen. Es
war lieb von ihr, hinzufahren. Bei der Gelegenheit hörte ich auch
gern mehr über meine Mutter. Warum ich nie schrieb, werde ich
Dir später einmal mitteilen. Der Verlust der Häuser ist zu ver-
schmerzen. Ernster ist es um den Verlust des Merzbaues. Nach
meiner Mutter könnte man durchs rote Kreuz fragen, aber ich
warte, bis der Krieg vorbei ist.

Ich bin noch immer krank, kann aber wieder etwas arbeiten.
Schmerzen habe ich wenig, aber ich bin immer müde und habe
leicht Herzklopfen. Aber es ist auch gut, dass man sich auf wichtige Dinge konzentriert.

Dank für meine Grossvaterausstellung in Bern! Als Künstler komme ich mir noch garnicht als Grossvater vor. Arp und ich sind
noch in der Frontlinie, wenn wir uns auch nicht seit der abstrakten Kunst weiter entwickelt haben. Der Konstruktivismus ist noch
immer Front, während Surrealismus Reaktion ist. Einer kann froh
sein, wenn er sich nicht rückentwickelt hat. Ich bin stolz, Grossvater zu sein.

Ich lege einen Brief an Professor Müller bei. Es ist eine gute Idee,
alles was geblieben ist, bei Euch zu sammeln. Aber ich bin tatsächlich nicht so traurig über den Verlust so vieler früherer Arbeiten, weil ich inzwischen gewachsen bin. Ich bin noch ausserordentlich jung und bin nur stärker in meiner Kunst geworden. Ich
lege eine Kritik Herbert Reads bei.

Sag Arp mein tiefstes Bedauern über Sophie Taeubers Tod. Und sende mir seine Adresse, damit ich ihm selbst schreiben kann.

Wantee lässt wieder herzlichst grüssen. Vielleicht komme ich einmal mit ihr Dich besuchen, oder Du kommst mal nach London? – [... ...] Glaubst Du, dass Ihr mir ein Exemplar der Ursonate senden könnt?

Weisst Du, dass Ernst auch Gelbsucht hatte? Hoffentlich ist Peter ganz besser wieder. Ernst brauchte Jahre dazu.

Wie siehst Du mit grünen Haaren aus?

Aber eine Altersweisheit habe ich nicht. Frag Ernst oder Wantee, ich bin voll von Dummheiten.

Unzufrieden bin ich zwar nicht, aber ich habe eine grosse Vorliebe für Glück und Zufriedenheit, darum habe ich keine Veranlassung, unzufrieden zu sein. [... ...] Wie konnte Schlemmer so jung schon sterben? Wo leben Baumeister und Vordemberge? Ernst ist als Fotograf ein grosser Meister. Er ist fellow der Photographic Society und hat viele Ausstellungen. Könnt Ihr ihm nicht auch eine in der Schweiz besorgen? Soll er Euch mal Fotos zur Ansicht senden?

Natürlich bin ich mit allem einverstanden, was Du mit meinen Arbeiten tust, auch mit ev. Verkäufen.

Auf der Ausstellung London habe ich 4 Sachen verkauft und eine nachher.

Dieses ist die Expressnachricht, dass ich Deinen Brief erhalten habe. Danke sehr!

So, nun willst Du wissen, wie wir leben? Sodann wie ich dieses schreibe, kommt Dein Brief vom 14. 3. Es ist der 3. 4. Du siehst, wie wir es haben. Arbeit hier und Arbeit da. Ich male, kaufe ein, koche, besorge ein Haus von 7 Räumen und 2 Gärten, versuche Geld zu verdienen, bin nicht ganz gesund dabei. Da bleibt oft das Wichtigste liegen. So dieser Brief. Aber ich denke oft an Dich und immer und ewig an meine über alles geliebte Helma. Sie war sehr krank. Wie gern hätte ich sie noch einmal gesprochen, aber ich bin meinem Schicksal dankbar, dass ich gar nicht wusste, wie schwer krank sie war. Es hätte mir das Herz zerrissen.

Schreib bald wieder. Ich verspreche Dir in 8 Tagen wieder einen Brief.

Gruss und Kuss, auch an Jan und Peter

Dein Kurt Schwitters MERZ.

An die Artists Section of the Free German League of Culture in Great Britain

Ambleside,
am 1. 9. 45

Sie sandten mir ein »Memorandum«, das die Merkmale historischer Art zu bestimmen versucht, die unserer Ansicht nach den Weg der deutschen Kunst in der Vergangenheit ungünstig beeinflusst haben, und das eine praktikable Politik für die Künstler in der Gegenwart skizziert.

Ich stimme mit Ihnen überein, dass »demokratischer Frieden« die Hauptsache für eine »positive Entwicklung von Kunst« ist.

Sie fahren fort, dass deutsche Künstler deshalb ihren Anteil an Verantwortung als Bürger und als Künstler bei der politischen, sozialen und kulturellen Wiedergutmachung Deutschlands übernehmen müssten.

Das ist falsch. Die Verantwortung eines Künstlers gilt *nur* der Kunst.

Wenn jemand, der Bilder oder Skulpturen macht, unter einem anderen Einfluss stünde als dem der Gesetze der Kunst für die Gestalt seines Werkes, dann wäre dieses Werk *nicht* Kunst und der Betreffende *nicht* Künstler.

Die deutschen »Künstler« (ich gebrauche das Wort hier nur im Sinne von freiberuflichen Künstlern) waren unter den Nazis zuletzt unterdrückt durch den »Leiter der Kulturkammer«. Das heisst, dass ein Künstler tatsächlich nicht mehr in Deutschland existieren konnte. Es war wirklich für Künstler eine schlimme Zeit. Sie mussten für die Nazis arbeiten oder sie kamen um oder sie mussten Deutschland verlassen und ihre Kunst als Flüchtlinge in einem von den Nazis noch unbesetzten Land ausüben.

An Henriette Schwitters

1. 1. 1946

Liebe Mamma!

Heute am 1. 1. 46 früh erhielt ich endlich, endlich Nachricht, dass Du noch in Hannover lebst, und dass es Dir gut geht. Ich bin erschüttert. Glaub mir, ich habe immer so oft an Dich gedacht und hatte das feste Gefühl, Du lebst irgendwo. Entsprechend unserer

Abmachung, dass wir bei Vollmond durch Betrachten des lieben Angesichtes des Mondes miteinander sprechen wollten, habe ich das getan und immer von Dir eine schwache Antwort erhalten. Helma fehlte plötzlich, und ich konnte mich nicht mehr mit ihr unterhalten. Bis ich im Dezember 44 die erste Nachricht ihres Todes erhielt. Dann lebte sie wieder für mich, und wird immer und ewig bei mir sein. Ich hörte damals auch, dass mein Atelier und unsere 4 Häuser zerstört sind und dass Du damals in Oma Fiederallalas Hause lebtest. Nun weiss ich, dass Du lebst, dass es Dir gut geht, und dass Du Krischan und Luise kennst. Ich hoffe, sie werden Dir etwas helfen. Wenn es möglich sein wird, so schreib mir direkt. Ich lebe in: »2 GALE CRESCENT, AMBLESIDE, WESTMORLAND, ENGLAND«, es ist eine wundervolle Gegend, mit vielen hohen Bergen und grossen Seen. Meine Wohnung liegt etwas am Berge und hat schöne Aussicht. Ich kann bescheiden leben, und könnte Dir, sobald es erlaubt ist, etwas Geld senden. Aber ich kann in der allernächsten Zeit nicht zu Dir kommen oder Dich einladen. Vor mir liegt Dein letzter Brief vom 10. 6. 41, in dem Du schreibst: »Ich habe das bestimmte Gefühl, dass wir fünf uns wieder umarmen können.« Auch das vierblättrige Kleeblatt ist in dem Briefe. Ich habe ihn immer bei mir. Helma ist nun nicht mehr [... ...] Aber Ernst ist in bester Gesundheit und hat gute Erfolge und lebt mit seiner neuen Frau Eve in unserer alten Wohnung: Lysaker, Oslo, Fagerhøyveien 22. Mutter Bertha Jenssen sorgt gut für ihn, und wir haben lange mit ihm in London gelebt. Im November an seinem 27. Geburtstage heiratete er, und ich war Zeuge. Dann hat er mich in den Bergen hier besucht. Ernst ist jetzt Norweger und arbeitet wundervolle Fotos. Ja, wir haben uns soviel zu erzählen! Schreib mir nur, wie es Dir in Wirklichkeit geht, wie Du lebst, wer Deine Freunde sind, ob Du genügend Geld hast, um Dir etwas kaufen zu können. Ich wüsste auch gern, was ist mit Güntherstrasse 13 geschehen. Opa und Oma Fiederallala sind tot, das ist mir bekannt.
[... ...]
Dass Du für mich betest, ist sehr wichtig für mich. Mir fällt das sehr schwer. Wo habt Ihr das Kleeblatt gefunden? Hast Du manchmal etwas Wein?
Bitte lass diesen Brief auch Christof Spengemann lesen. Er wohnt Lange Feldstrasse 83. Sag ihm meine besten Grüsse, und dass ich ihm bald schreiben werde. Diese drei Menschen sind meine besten Freunde in Hannover. Sag ihm, dass Ernst seinen Roman und die

anderen Dichtungen in bestem Gewahrsam hat. Wenn möglich, so soll er mir auch bald schreiben.

Nun sind wir wenigstens wieder miteinander in Verbindung und werden es auch bleiben, und wir schreiben uns Alles, und wir werden uns auch wiedersehen. Du weisst nun auch, dass es mir und Ernst gut geht, und dass wir immer an Euch dachten.

Bring bitte Papa eine Blume von mir. Ich denke immer in Liebe an ihn, ich weiss, was alles ich ihm verdanke.

Sei herzlichst umarmt und geküsst von Deinem Sohn

Kurt.

An Edith Tschichold

2 Gale Crescent
Ambleside Westmorland
1. 1. 46

Liebe Edith!

Das war eine riesige Freude, als Dein Brief vom 28. 12. heute Morgen ankam. Ich weiss nicht, wie ich Dir danken soll. Auch Deiner Schwägerin bin ich sehr dankbar. Bitte schreib mir ihren Namen und Anschrift. Ich wundere mich, ob Mama noch Güntherstrasse 13p wohnt. Aber ich kann von hier nicht schreiben. Ich lege die Briefe an sie und Spengemanns bei. Wenn es nicht möglich ist, sie mitzusenden, so bitte ich Dich, den Inhalt wiederzugeben. Ich bin so froh über Walter Spengemann. Die 9 Jahre waren schrecklich, aber er ist nun eine Art von Märtyrer für den Sozialismus geworden. Dann erträgt sich solch ein Los leichter. Bin ich z. B. nicht auch solch eine Art Märtyrer für die Kunst? Ich bin so froh, dass Du immer an mich denkst und mir hilfst. Ich hoffe, wir sehen uns bald einmal wieder. Zum Hüsli herzlichste Gratulation. Wegen der Bilder danke ich auch sehr. Ich muss einmal an Müller selbst schreiben. Aber Du weisst, wenn ich ein altes Stück Holz liegen sehe, so *muss* ich eine neue Plastik daraus machen, und das nimmt mir alle Zeit. Mir gehts besser. Ich war viel krank, besonders pflege ich zu fallen, und dann muss ich 2–3 Wochen im Bett liegen. Dann pflegt mich Wantee. Ernst unterstützt mich, wo er kann, aber ich verdiene ja auch durch – – Portrait. Was kann ich denn tun, dass nicht genügend Leute den Wert meiner Abstraktionen sehen und genug davon kaufen. Da helfe ich mir selbst und male Portrait, und ich glaube, ich habe das Recht dazu und male sie so gut es mir irgend möglich ist als Charakterstudie. Ich lebe nicht grossartig, aber ich lebe. Ernst ist in Oslo in unserer alten Wohnung und ist Norweger geworden. [. . . . . .]

So, meine Liebe, die herzlichsten Grüsse Euch Dreien.

MERZ.

An Walter Dux

2 Gale Crescent
Ambleside, Westmorland
1. 1. 45 [46]

Lieber Dr. Dux!
Die Nachrichten überlaufen einander. Ich hörte soeben über Basel, dass meine Mutter in Hannover lebt und sich wohl befindet. Keine nähere Adresse. Die 3 Spengemanns wohnen Lange Feldstrasse 83. Wo ist das? Walter war *9* Jahre im Zuchthaus und arbeitet am *Neuen* Hannoverschen Kurier als Redakteur.
Bitte seien Sie recht gut ins Neue Jahr gekommen. Alle von Ihnen, All of You. Dieses wünscht Ihnen nebst einem gedeihlichen 1946 Ihr

Kurt Merz Schwitters
von Lysaker, Hjertøya, Ambleside und Hannover.

An Edith Thomas

Im Zug nach Preston
4. 1. 46

Meine liebe kleine Wantee!
An diesem Morgen, als ich Dich schlafend zurückliess, um nach Blackpool zu fahren, waren Deine besten Wünsche mit mir. Vielleicht verdanke ich es diesem Umstand, dass am Ende noch alles gutging. – Es war 13 Minuten nach 7, als ich das Haus verliess und bemerkte, dass es regnete und das Wasser auf dem Boden gefroren war. Alles, alles war schlüpfrig und vereist, und unser Weg hinunter ist steil. Ich dachte, ich würde den Zug nie erreichen. Alles war ein gefährliches Hindernis. Erst die Hausstufen. Dann der Rasen, und die Laternen brannten nicht, es war einfach dunkel.

Die Stufen hinter der Post waren sehr schlüpfrig. Ich nahm die 2 Taschen und das Sperrholz in eine Hand und ging, die andere Hand am Zaun, Stufe für Stufe. So ging ich bis zum Haus mit den Kücken und der Mutter und dem Kind. Dann kam das schlimmste Stück. Es gab keinen Zaun mehr, und der Weg war sehr steil und sehr vereist durch das Haus, von dem Wasser herunterlief. Ich erwog erst, umzukehren, aber wer sollte die Bilder in Blackpool malen? Ich musste gehen, und ich ging die Stufen und den schlüpfrigen Weg ohne Geländer, aber ich ging nicht lange, da fiel ich auf mein Hinterteil und schlitterte abwärts. Die Malgründe und die Taschen schlitterten vor mir her. Es war so glatt, dass es unmöglich war, den Weg in entgegengesetzter Richtung zu gehen. Unten angekommen, fand ich mein Gepäck unversehrt vor, auch ich war unversehrt, nur nass. Nun sehe ich im Zug, dass ich in Blackpool eine gute Reinigung brauche, ehe ich zu Herrn Gillon gehe. In dieser Situation wäre das richtig. Aber ein Bindfaden des Pakets mit den Malgründen ist gerissen, und es ist ausserordentlich schwierig, das Paket zu tragen. Die abwärts führende Strasse in Ambleside war sehr nass. Der Bus war bereits angekommen. Aber er wartete, und ich erreichte ihn 7.30 Uhr. Es war 5 Minuten zu spät. Nun konnte ich mein Geld nicht herausholen, die Hände waren gefroren. Schliesslich hatte ich schreckliche Angst, dass die Finger schmelzen könnten. Aber nun fahre ich im Zug. Der Mantel wird an mir trocken. Nichts ist gebrochen durch den Sturz. Alles ging schliesslich gut. Ich bin zuversichtlich, dass ich die Portraits malen werde. Ich bekam ein Stück Bindfaden im Bahnhof und band die Malgründe wieder zusammen und nahm bereits den einen für heute heraus. An meinem Fenster fliegt der Rauch der Lokomotive vorbei. Ich denke an Dich. Verlasse das Bett nicht unnötigerweise. Du darfst Dir nicht eine neue Erkältung holen. Grüss Dr. Johnston von mir. [... ...] Bald komme ich zurück und nehme Dich in meine Arme, und ich habe viel Geld für uns verdient.
Meine allerbesten Wünsche. Ich küsse Dein Herz.

Jumbo Winterbottom.

[... ...]

Ambleside, 5. 1. 1946

Liebe Mamma!
Ich hörte über mehrere Leute, dass Du in Hannover lebst, und dass
es Dir gut geht. Ich bin sehr glücklich. Mir geht es den Verhältnissen entsprechend gut. Ich lebe, male und habe so viel, dass ich bescheiden leben kann. Ich bin auch gesund, nachdem ich vor 2 Jahren
schwer krank war. Ich hatte einen Schlaganfall. Nun bin ich wieder
ganz frisch. [.. .. ...] Ich war tief erschüttert durch Helmas Tod.
Sie wird stets in meiner Erinnerung sein. Bring Papa eine Blume
von mir. Nach nochmaliger Überlegung sende ich den Brief durch
Spengemanns. Ich kann nicht kommen, bevor alles geordnet ist.
Aber ich nehme Dich in meine Arme und küsse Dich.

Dein Sohn Kurt.

An Christof und Luise Spengemann

2 Gale Crescent
Ambleside Westmorland
26. 1. 46

Lieber Krischan, liebe Luise, lieber Walter!
Endlich von Euch ein richtiger langer Brief. [.. .. ...]
Der Brief enthielt auch die Nachricht über meine Mutter. Ich war
gerührt und tief erschüttert über ihren letzten Brief. Es war der
schönste, den sie je geschrieben hat, ich will ihn stets nahe mir
haben. [.. .. ...] Von Helmas Tod erfuhr ich über Basel mit Luises
Karte. Es war im Dezember 44. Ich sass umgeben von 33 Bildern
in meiner Ausstellung in London, alles neu in England entstandene Arbeiten, als mir der Veranstalter der Ausstellung ein Telegramm von Basel brachte. Helma war tot. [.. .. ...] Bitte schreibt
mir mehr über Helmas letzte Jahre, bitte viel und bald. [... .. ...]
Ich war gefasst, denn ich kann noch arbeiten, bedaure aber sehr
den Verlust meines Lebenswerkes, des Merzbaues. Auf Ernsts
Veranlassung habe ich einen neuen Merzbau in Oslo begonnen,
der gut erhalten ist. Die Nazis haben mir nur die Möbel und die
Bilder an den Wänden zertrümmert. Ernst ist übrigens ein meister-
haft guter Fotograf. [.. .. ...]
Ich dichte auf Englisch:

I am the bank,	You are feudyn
I chissel lank,	You chissel plyn
I griffel taler,	You griffer Turkey
I am the maler.	You are the pur brey.

Versucht nicht, irgend einen Sinn herauszulesen. Oder
                    The Fury of Sneezing:

Tesch
Haisch
Tschiiaa
Haisch
Tschiiaa
Haisch
Happaisch
Happapeppaisch
Happapeppaisch
Happapeppaisch
Happapeppaisch
HAPPA PEPPE TSCHA!

Dieses Gedicht ist in deutschen Lauten geschrieben. Es ist ansteckend. Deutsche Überschrift. »Die Wut des Niesens.« [. . . . . .]
Wie schön, zu hören und wie schön, sprechen zu können. Gestern schrieb mir Herbert v. Garvens aus Bornholm. Allmählich hört man von allen alten Freunden.
Dank Euch und Dank Dr. Dux.

                                        Euer Kurt Merz Schwitters.

An Edith Tschichold

                                        2 Gale Crescent
                                        Ambleside Westmorland
                                        31. 1. 46

Liebe Edith!
Dank für Briefe vom
Das war alles, was ich gestern im Bette schreiben konnte. Dann fiel die Tinte um. Mich machte es traurig, all die Flecke auf Bett und Teppich, Bört und allen zu beantwortenden Briefen zu sehen. Dieselbe Tatsache aber machte Wantee wütend. Sie gab mir Namen

und änderte sie in andere Namen, dann hatten wir stundenlang zu waschen und Wasser zu tragen, und alle Zitronen wurden verbraucht. Dann durfte ich nicht mehr schreiben. Und heute darf ich nur mit Bleistift schreiben, um den Verlust der Tinte wieder herauszusparen. Nun wirst Du fragen, weshalb ich schon wieder im Bette lag. Dieses Mal ist es eine »flu«. Ich hätte nie gedacht, dass ich so gut husten kann. Ich huste wie ein alter Gaul. So, nun zurück zum Anfang: Ich wiederhole das Wort »vom«: »28. 1. 46.« und fahre fort: Luise teilte mir schon durch Dr. Dux, meinen Freund, vorher die traurige Nachricht meiner Mutter Todes mit und sandte über Dux den ersten und zugleich letzten Brief, ein geradezu wundervoller Brief. Ich bin so glücklich, dass das noch möglich war, und dass die alte Frau noch über mich hörte. Aber was schreibt Luise. Ich hätte wohl schreiben können. Nein, ich konnte *nicht*. Du weisst es, und gerade Dux riet mir, *nicht* mehr nach D. zu schreiben, auch Ernst riet es, wenn ich nicht Mamma und Helma gefährden wollte. Dann im Frieden war es streng verboten. Ich beriet mich wieder mit Dux, der versuchen wollte über Spengemanns, alte Freunde Duxens, Verbindung zwischen mir und meiner Mutter herzustellen. Es gelang ihm. Ich selbst konnte von Ambleside, einem Ort ohne Soldaten, nichts unternehmen. Nun fragt Luise, ob ich alles vergessen hätte, dass ich mich nicht rührte. Ich glaube ich habe alles getan, was nötig war. – An Dr. Harorre habe ich auch geschrieben. Ich lasse Dich wissen, was er antwortet. Ich glaube auch, dass der Sturm sozusagen erloschen ist. In den letzten Tagen.

Hier war eine Unterbrechung, Wantee warf mir 3 Rasierklingen an den Kopf. Es war gut, denn meine ist alt und nimmt die Haare nicht mehr ab. Nun vergass ich, wie es weitergehn sollte.

Hier liegt Dein Brief vom 28. 12. 45. Schreib mal, weshalb und ganz, das heisst wesganz Du soviel zu tun hast. Man hat doch immer nur soviel Arbeit, wie man sich macht. Und wie gehts dem Hüsli im Tessin? Bitte fahr fort, alle meine Bilder dort zu sammeln. Es ist Sonnabend. Das bedeutet to day we may visit the Cinema. Also we shall have a warm bath. And we got our meat – and sweet rations. I wonder, whether you understand enough of the English language to read this. Shall I write every time a little part of the letter in English? With my kindest regards to Jan, Peter and you yours faithfully   Kurt Schwitters.
MERZ

Ambleside
15. 2. 46

Liebe Edith!

Dank für Deinen Brief. Ich habe ihn erst heute gelesen. [. . . ? . . .]
I sent you einen Brief an Hans Arp, bitte sende ihn weiter. Nun
schreibe ich 3 Tage an diesem Brief. Ich kann nicht sehen, was
ich schreibe. Wantee kann nicht Deutsch. Ich hoffe, Du findest
etwas heraus. Dr. Pfeiffer 2 hat seinerzeit meinen Anteil auf meine
Frau übertragen. Ich teilte das Dr. Harorre mit. Ich bin nun 16
Tage krank. Ohne Wantee wäre ich nicht mehr. Es ist eine böse
Grippe. Wenn ich nicht bald wieder arbeiten kann, komme ich
auch in Geldschwierigkeiten. Das wird sein Ende Juni. Kann Dr.
Müller mir nicht endlich etwas von dem restlichen Gelde senden?
Ich beantworte den Rest des Briefes bald, er scheint nicht so wichtig
zu sein. Es hapert mit Lesen, und meine Augen sind sehr matt.
Ich habe den ganzen Tag die Augen zu. Wenn Du englisch könntest,
würde Wantee es lesen können und könnte antworten.
Herzlichst Dein

Kurt Schwitters.

Liebe Edith! *

Heute bin ich 3 Wochen krank. Aber ich bin viel, viel besser. Ich
sende Dir die ersten Briefe doch mit. Erstens kann ich beinahe
wieder sehen, für kurze Zeit. Es war eine gefährliche Influenza. Der
Arzt war täglich da. Gleichzeitig hatte ich im Gehirn eine Blutung.
Ich werde noch einige Zeit auf Besserung warten müssen. Ernst
hat mir wundervoll geschrieben, er will mir helfen soviel er kann.
Ich will ihn nur nicht rufen lassen. Ich habe den ersten Brief an
Dich und Arp geschrieben unter dem Eindruck, es wäre mein Ab-
schiedsbrief. Jetzt weiss ich, dass ich an dieser Flu nicht sterben
werde.

Ich beantworte nun den letzten Teil Deines Briefes.

Du schreibst, Wantee scheint eine sehr temperamentvolle Dame zu
sein. Aber bist Du nicht ebenso temperamentvoll? Ich habe das mit
der Arbeit, die man sich macht, sicher nicht böse gemeint. Jedenfalls lass Gras über die Worte wachsen und sei gut. Du weisst, dass
ich Dir sehr dankbar für all Deine Briefe in den Jahren bin. Dieses
Mal wäre es gut gewesen, Du hättest in Englisch geschrieben, oder

ich hätte auf Englisch antworten können, aber lass uns zukünftig bei Deutsch bleiben. Io parlo un poco Italiano, aber warum diesen Umstand.

Ich bin erschüttert über Moholis Krankheit. Dieser Mann war immer so frisch. Ich kann es mir einfach nicht vorstellen.

An Harorre habe ich geschrieben. Ich gebe ihm endgültige Nachricht, sobald ich Antwort von Ernst habe.

[. . . ? . . .]

Ich sende Dir eine neue Mz, konnte mich heimlich aus dem Bette stehlen, als Wantee nicht aufpasste. Du siehst, ich bin schon ziemlich gut wieder. Sie ist für Dich. Ich hoffe, Du magst sie leiden.

Herzlichste Grüsse an Jan, Peter und Dich

Dein Kurt Schwitters.

An Eve Schwitters

Ambleside
16. 2. 46

Meine liebe Eve!

Ich danke Dir für die vielen Briefe!

Ich beantworte den Brief vom 7. 2. Ich bin sehr dankbar für die ausgezeichnete Schilderung von Ernsts Reise. Ich schreibe auch an Ernst, ich wäre gern Maus gewesen. Ich kenne Aker so gut wie Ambleside. Ernst gab mir eine Photo[graphie] von meiner Mutter. Diese Photo[graphie] steht nun neben meinem Bett. Was nun die weisse Farbe betrifft, so ist es vielleicht der gleiche Grund, weshalb meine 2 Pakete hier nicht ankommen. Vielleicht geht im Augenblick kein Paket hinaus. Ich bin etwas in Sorge, dass es verlorengegangen sein könnte. Ich denke, es ist sehr gut, dass Du mit norwegischen Stunden begonnen hast. Ich bin neugierig, ob Du schon mit [. ? .] sprechen kannst. Schicke nicht ein drittes Paket, ehe die 2 ersten angekommen sind, *bitte*.

Brief vom 14. 2.

Ich bin Jumbissimo, wenn Du magst. Nein, ich will nicht so schnell aufgeben. Ich komme eines Tages als Troll nach Norwegen, aber jetzt muss und muss ich hier gesund werden. Du verstehst, es ist unfair, krank zu werden in England und gesund zu werden in Norwegen. Ich will in Norwegen als ein gesunder Mann ankommen.

Meine herzlichsten Grüsse an Dich

Dein Daddy.

An Christof und Luise Spengemann

4 Millans Park
Ambleside, Westmorland
Gt. Britain 3. 4. 46

Liebe Spengemanns!
Seit 3 Tagen können wir Euch schreiben, und ich hoffe, auch umgekehrt. Ich bin froh, dass wir wieder schreiben können, es war eine
lange Zeit der Trennung ohne Briefe. Die arme Helma hat am
meisten darunter gelitten. [. . . . . .]
Wir lebten in Barnes, einem Vorort Londons, Ernst, Gert Strindberg und ich. [. . . . . .] Ich führte Haus (7 Zimmer, 2 Gärten,
Kochen, Einkaufen, Besorgungen) und malte und modellierte
(abstrakt und Portrait). Ernst und Stri arbeiteten für die norwegische Regierung. So hatten sie gleich nach dem Friedensschluss
– Verzeihung sagen wir nachdem in Norwegen nicht mehr gekämpft
wurde – nach Norwegen zu gehen. Ernst lebt dort in unserem
alten Flat: Lysaker per Oslo, Fagerhøiveien 22, nachdem er die
Nazis dort herausgeworfen hatte. Er ist auch Norweger geworden.
A propos, dort hat er Krischans Manuskripte wohlbehalten aufbewahrt, z. B. das Duell, den Kupfernagel, die Geschichte mit Afrika
als Mitte der Welt. Der Mann, der sich teilen konnte und ver-
doppeln. [. . . . . .]
Ich bin sehr froh, dass wir uns wenigstens schreiben können. Bis
auf ein Wiedersehen wird wohl noch viel Wasser durch die Leine
fliessen.
A propos, Leine, existiert die noch, oder ist sie durch einen Volltreffer vernichtet? Und wie geht's der Ihme? Fliesst der schnelle
Graben noch von der Leine in die Ihme, oder fliesst er nun umgekehrt, den Berg hinauf. Welche ungeahnten Aussichten für Selbstmörder, sie würden immer wieder hinaufgespült. Das würde den
Selbstmord selbstmorden.
Mit diesen schönen Gedanken schliesse ich. Könnt Ihr eigentlich
englisch lesen?
I wish you all the best for the future. With my kindest regards
yours
faithfully

Kurt Schwitters.

Wantee – Anna Blume – Eve Blossom has Wheels.
Do you already know it, did anybody tell you, one can also read
you from the back, and you, you most glorious of all, you are from
the back as from the front.
E(easy) V(victory) E(easy). EVE.

An Christof und Luise Spengemann

4 Millans Park
Ambleside, Westmorland
Gt. Britain 25. 4. 46.

Lieber Krischan und liebe Louise (als Tippe, weil er nicht kann.)!
Sag mal Louise, Wieschen, was kann er eigentlich, wenn nicht
tippen? Ein bisschen dichten und sonst? – Er kann einem Leid tun.
Abgesehen davon scheint Krischan es ganz gut zu haben als Pen-
sionär. Viel Zeit und wenig Arbeit, ganz wie ein richtiger Dichter.
Ich persönlich habe solch ein Leben am liebsten gehabt, weil man
in der Kunst warten muss, bis man plötzlich etwas findet. Suchen
kann man wohl, aber aufs Finden kommt es an. Und da muss man
viel Zeit haben. Amen.
Man kann auch sagen: »Wer lange sucht, findet schnell.«
Also wir sind in Verbindung getreten. Warum heisst es eigentlich
getreten? Man kann einem in den Hintern treten und mit einem
in Verbindung treten. Dann ist man ihm sehr verbunden. Sieh, wie
konnte ich zur langen Feldstrasse etwa einen kurzen Brief schreiben, darum schreibe ich auch einen langen Brief. Aber ich würde
raten, Euch über ihn lange zu freuen, nicht unendlich. Über kurz
oder lang wird auch Vordemberge aus Amsterdam schreiben. Ich
weiss, dass Dux krank war, aber ich auch. Ich hatte eine solche Flu,
d. h. Grippe, dass der Arzt glaubte, ich würde sterben. Nur Wantee
hat mich gerettet durch unausgesetzte Pflege. (nursing.) Als ich
besserer war, wurde Dux krank. Ich vermisse Helma nicht, denn sie
ist immer um mich. Ich denke an sie, als wäre sie Teil von mir,
berate mich mit ihr, und sie gibt mir sozusagen Ruhe. Sie berät
mich in Dingen, die sie im Leben nicht kannte.
[. . . . . .]
Ich war *thrilled,* das ist hochbegeistert, zu lesen, dass es möglich
ist, dass unter den Trümmern noch ein Teil des *Merzbaues* verschüttet sein könnte. Ich will dann unter allen Umständen ver-

suchen, nach Hannover zu kommen, um es zu bergen. Doch da bitte ich, zu helfen, dass es *nicht zerstört wird,* bevor ich es retten kann. Ich mache eine Zeichnung: * Dieses ist die ganze Wohnung. Davon war der gestrichene Teil *Der Merzbau.*

Wenn die Leute aufräumen, so sollen sie *unbedingt mit den beiden Räumen und dem Balkon warten,* bis ich komme, denn der Merzbau ist aus Gips und leicht zu zerstören. Hingegen kann ich durch *langsame* Arbeit Teile sicherlich retten. Und es lohnt sich wirklich, da es mein *Lebenswerk* war. Und es galt sehr viel in der Meinung des Auslandes als neues Gebiet in der Kunst.

Ich will versuchen, amerikanisches Geld für die Bruchstücke zu interessieren, ich würde die Reste oder Bruchstücke ausgraben, wie man es mit antiken Steinen tut, und an Amerika verkaufen. Ich könnte davon leben, während ich ausgrabe, und immerhin, *ich bin der Eigentümer meiner Arbeit,* und *habe ein Recht daran,* dass es nicht durch Schuttabtragen zerstört wird. *Ich will* darüber auch an *Dr. Pfeiffer schreiben.* Ferner lagen *viele Bilder im Atelier.***

Unter dem Balkon war im Grund und Boden ein Raum im Werden. *Jedenfalls muss ich dabei sein, wenn ausgegraben wird.*
Amen.

Also *die Erlaubnis zum Abfahren des Schuttes* über dem Merzbau *gebe ich nicht.* Ihr seht ja, wo das Treppenhaus ist. Ich zeichnete Stufen ein, 8, es waren in Wirklichkeit 12. *Ich kann mir nicht denken, dass der Einsturz des Treppenhauses irgend einen Einfluss auf das Atelier haben* kann. [. . . . . .]

Zurück zur Wirklichkeit: Du schreibst: »Unsere Wohnung liegt . . .« Dass sie nicht steht, kann ich mir denken. Sie liegt . . . was liegt sie, wo liegt sie? Angeblich »reizend«. Da müsst Ihr andauernd sehr gereizt sein. Das tut mir aber leid. [. . . . . .]

Today I had my tooth extracted and as I felt bad afterwards, I went to bed. To morrow we will see the most marvellous view of the Tarnhouse. It is really grand nature here, I think it is the best part of England. Almost as beautiful as Norway. In july and august it is very green, in the winter cold and wet, but in the spring and autumn it is really lovely.

I write you in every letter a bit of English, as I see it. I know, it is not quite good, but I think that you like it. Do you know English soldiers and officers? I sent you one officer. Did he come?

Now all the best to all of you!

Love Kurt.

6 [...] zu retten, daß   (25/4)

Es nicht zerstört wird, bevor ich
es retten kann. Ich mache eine
Zeichnung: Dieses ist die ganze
           Wohnung.

Davon war
der
/////
gestrichene
Teil
der
Messbau.

Wenn die Leute aufräumen, so

An Carl Buchheister

4 Millans Park
Ambleside, Westmorland
Gt. Britain 29. 4. 46

Lieber Karl Buchheister, altes Haus!
Ich war sehr erfreut, von Dir zu hören. Dass ich Dich altes Haus
nenne, ist sehr unrecht, da meine ehemaligen Häuser sehr alt geworden sind. Da ist z. B. das Haus 5 über meinem Atelier zu-
sammengestürzt. Nun kennst Du ja jeden Stein in meinem Atelier
und verstehst auch, dass es mir und der Kunst viel bedeutet, wenn
es noch erhalten werden kann. Wenn auch nur kleine Teile. Ich
bitte Dich daher, geh *bald* einmal hin und sieh, was da eventuell
gerettet werden könnte.
Es handelt sich um diese 3 Räume.*
Du weisst, dass es viel abgebildet wurde unter dem Namen Merzbau.
Schreib mir einen detaillierten Bericht *bitte,* aber nicht in russisch.
Wie geht es Dir, wo bist Du gewesen? Ich floh 36 nach Norwegen,
und 40 nach England, wo ich während des Krieges mit Ernst in
London wohnte. Jetzt ist Ernst zurück in Lysaker, und ich lebe mit
Wantee in Ambleside; im Lakedistrict zwischen Seen und Bergen,
sehr malerisch. Wir haben 4 Räume, davon eines ein Studio. Ich
male Portraits um zu leben, sonst abstrakt. Ich modelliere viele
kleine abstrakte Plastiken.
Ich korrespondiere viel, u. a. mit Claude Serbanne, 52 av. de la
victoire, Nice, France. Das ist ein moderner Franzose, der auch
Deine Arbeiten sehr liebt. Er kennt Dich von Abstraction Création.
Schreib ihm mal. Vordemberge wohnt Nic. Maesstraat 22, Amsterdam Zuid. Schreib bald.
Herzliche Grüsse, Dein

Kurt.

An Otto Gleichmann

4 Millans Park
Ambleside, Westmorland
Gt. Britain 27. 5. 46

Lieber Gleichmann!
Durch Spengemann erfuhr ich Ihre Adresse und sehe mit Freude,
dass Sie diese furchtbare Zeit überlebt haben. Ich hoffe, Sie malen

noch in gleicher Frische. Schreiben Sie mir doch einmal, ich wüsste gern, was Ihre Frau und Tochter machen. Grüssen Sie sie und auch Dr. Stuttmann bitte. Ich lebe in einer kleinen, sehr schönen Stadt zwischen grossen Seen und Bergen und male und modelliere weiter abstrakt und Merz. Meine Frau starb, wie Sie wissen. Sie war meine beste Freundin und ist stets bei mir und behütet mich gegen alles Böse. Ernst ist Norweger geworden und ausserdem ein ausgezeichneter Fotograf. Er lebt in unserem alten Flat in Oslo-Lysaker mit seiner zweiten Frau.

Ich hoffe bald von Ihnen zu hören.

Alles Gute!

Herzlichste Grüsse Ihr

Kurt Schwitters.

An Christof Spengemann

4. Millans Park
Ambleside, Westmorland
Monday 27. 5. 46

Lieber Krischan!

[.. .. ..]

Ich male jetzt meinen Doktor, Dr. Johnston, als Gegengabe für seine Mühe, mein Leben zu retten. Nun liebt er es nicht, zu sitzen, daher spiele ich Schach mit ihm. Das bedeutet eine doppelte Anstrengung. Nun ist es sehr eng in meinem Arbeitsraum, called *studio,* das bedeutet eine dreifache Anstrengung. Aber es geht gut. Nun weiss ich nicht, soll ich ihn gewinnen lassen, dann ist sein Gesichtsausdruck freundlich, aber Leute mögen denken, ich wäre ein schlechter Schachspieler, weil doch das Spiel auf dem Bilde ist, das ich gemalt habe, oder soll ich winnen, dann aber ist sein Ausdruck unfreundlich, und Leute denken, ich wäre ein schlechter Maler. Ich hätte gern Deine Ansicht über diesen schwachen · des Portraits.

Nun will ich zunächst schreiben, wo ich bin.* Wir sind in 5 Minuten am Rydatwater, oder am Windermere, in 15 am Elterwater, in $1/2$ Stunde mit Gehen am Longhrigg Turn. Das ist unser Lieblingsplatz.

Aber wir müssen steigen. Dafür sind wir allein, nur Wasser, Berge, einzelne Bäume als Gesellschaft. Wir fanden da unter Bäumen am

See eine kleine Höhle im Fels, und an kalten Tagen sitzen wir in der Höhle und machen am Eingang ein kleines Feuer. Dann sehen wir das Wasser durch die Flammen. Aber heute kann ich es mir nicht leisten, ich würde nicht schlafen und morgen nicht malen können. [.. .. .. .]

Nun zu Deinem Briefe. (letter.) Meine Eltern hatten in ihrem Confectionsgeschäft einen Hausdiener. Er hatte oft an englische Kunden Bestellungen abzuliefern. Einmal hatte er ein Kostüm an Mrs Smith zu bringen. Er kam mit dem Kostüm zurück und sagte: »Da wohnen nicht Smiths, da wohnen Letters.« (Brief.) Nun musst Du lachen, ich habe einen Witz gemacht. Ich bitte auch den eventuellen Zensor an dieser Stelle zu lachen. Ich weiss, Censoren haben sonst nicht viel zu lachen, weil sie all unser Gefasel lesen müssen. [.. .. .. .]

Wantee kämpft mit allen Mitteln, mich elegant aussehend zu machen, aber ohne Resultat. Morgen male ich wieder z. B. in Grasmere, eine lady. Da wäscht sie mich, wäscht meinen Nacken und Ohren, bürstet und kämmt mein Haar, putzt meine Stiefel, die neuen, weil die alten ein Loch in der Sohle haben, nimmt allen Merz (rubbish) aus meinen Taschen und bürstet mich, bevor ich gehe, zieht meinen Schlips gerade, und sagt: »Nun bist Du ein niedlicher reiner kleiner Junge, ich halte meine Finger für Dich gekreuzt.« Mir kommt es vor, dass ich ein Fatzke bin. [.. .. .. .]

Die Zahngeschichte ist noch im Gange, 3 Zähne ausgezogen und mein altes Gebiss passt nicht mehr. Ich bin kein alter Mann, sondern ein altes Ross. Böckchen kann mich nun gern Rösslein nennen.

Ach, wenn ich das Fischlein baden könnte!

69 Jahre! Von hinten wie von vorne! Stell Deine Jahre auf den Kopf, das kannst Du nicht, ebenso wie mit 96. Siehste! [.. .. .. .]

So, nun lebt wohl, sehr wohl.

Du Luise,

Leb wohl,

Krischan,

Als auch

Böckchen

Und Frau Buck,

With my best regards,

Von Merz zu Haus,

Aus.

Merz.

Es ist der 6. 6., bevor ich den Brief *sende*. [.. .. ...] Nun noch ein Witz. [.. .. ...]

»Der in Hannover wohlbekannte Kunstmaler Kurt Schwitters, Dichter von Anna Blume und Schnauze-Bauze, lebt als Flüchtling vor dem Hitler Regime immer noch in England. Am 2. 6. sass er in einem Ruderboot auf dem Grasmere, einem idyllischen kleinen See mit Schwänen, wie im Schwanen See, von Tschaikowsky, Ballettmusik vastehste. Er war in die Natur vertieft und malte die Landschaft. Neben ihm lag seine gute Taschenuhr, noch aus Hannover stammend. Da schwamm ein Schwan ohne Last heran, und plötzlich hörte er einen Laut, als ob jemand um Atem rang. Er blickte in der Richtung nach dem Geräusch und sah, wie ein Schwan mit Anstrengung seine Taschenuhr verschlang. Nun sind alle Schwäne und ihr Eigentum nach englischem Gesetz unantastbar, weil sie der Krone gehören, so konnte der arme Dadaist seine Uhr nicht wieder herausholen, ausserdem zischte der Schwan überlegen und schwamm davon. Kurt Schwitters fragte einen Arzt, ob der Schwan krank werden könnte, wenn er Uhren äsce. Der Arzt, Dr. Johnston, sagte, möglicherweise, wenn die Uhr in den Blinddarm gelangte. Voraussichtlich aber würde er die Uhr im Grasmere verlieren auf natürliche Weise, hinten raus. Oder ... er könnte sie verdauen, ausser dem Glase. Dann gab der gute Doktor dem armen geschädigten Künstler seine Uhr mit Kette.«
[.. .. ...]
Und wie schon auf Seite 16 gesagt: Lebt sehr wohl.

Kurt Merz Schwitters.

An Raoul Hausmann

4 Millans Park
Ambleside Westmorland
Gt. Britain 18. 6. 46

Lieber Rôul!
Ich war gerührt, einen Brief von Dir zu bekommen nach so langer Zeit. Ich hörte dieses Jahr durch M. Serbanne in Nizza, dass Du noch lebst und dass Du mit seinem Freund René René korrespondiert hast. Aber er gab mir nicht Deine Adresse. Jetzt müssen wir häufig voneinander hören.
Bitte schreib mir, was geschah, seit Ihr Berlin für Ibiza verlassen

hattet. Was ist mit Heta, Deiner ersten Frau, Deiner Tochter, Vera, und weisst Du irgend etwas von Hannah Höch. Bitte schreib mir einen langen Brief.

Ich muss auch einen langen Brief schreiben. 1936 verliess ich Deutschland und ging nach Norwegen; da lebte ich mit Ernst in Lysaker. Helma besuchte uns und ging zurück nach Hannover, und ihr letzter Besuch war im Mai-Juli 1939. Dann habe ich sie nicht wiedergesehen. Wir mussten Norwegen verlassen, als am 9. 4. 40 die Deutschen kamen, und wir flohen nach England: Ernst, seine Frau Esther und ich. Während des Krieges lebten wir in einem schönen Vorort von London, Barnes, zusammen mit Gert Strindberg. Ich fuhr fort, zu malen, und hatte 1944 eine Ausstellung in Jack Bilbo's Modern Art Gallery. Du kennst ihn vielleicht von Spanien, er war in Barcelona und hatte dort eine Bar. Während meiner Ausstellung kam ein Telegramm über Basel, dass Helma gestorben sei. Sie hatte Krebs, wie ich später hörte. Da war nun mein bester Freund aller Zeiten dahin und liess mich und Ernst zurück.

Auch mein Haus und mein Merzbau waren zerstört. Übrig bleiben nur ein paar Bilder in Basel und was ich nach Lysaker mitgenommen hatte.

Inzwischen hat sich Ernst zu einem bekannten und sehr guten Fotografen entwickelt. Du solltest eines Tages Arbeiten von ihm sehen. Er und Stri arbeiteten auch für die norwegische Regierung. Ernst ging zurück nach Norwegen und wurde norwegischer Bürger, während ich in England blieb. Ich lernte ein nettes Mädchen kennen, ich nenne sie Wantee. Sie hatte eine Art nervösen Zusammenbruch von den Bombardierungen. Und ich war auch nicht ganz gesund, ich hatte einen Schlaganfall und war auf einer Seite gelähmt. So beschlossen wir zusammen zu leben im höchsten Gebiet von England, dem See-Distrikt. Jetzt leben wir in Ambleside im Centrum des See-Distrikts und halten zusammen Haus.

Seit ich Deutschland verlassen hatte, musste ich von Malen leben, und da ich Portraits male, ging das. Aber ich modelliere auch und male abstrakt, ich sende Dir hier ein Klischee von einer kleinen Skulptur, genannt »Cicero«. Du kannst es behalten oder zurücksenden, wenn Du es nicht brauchst. Ich schreibe auch. Aber ich habe wenig Beziehungen zu englischen Künstlern und Kunsthändlern.

Ich habe nichts von Dir gesehen. Ich habe »plastique« nicht gesehen. Kannst Du irgend etwas entbehren, das Du mir schicken kannst? Hast Du Dein Gedicht »Drei Tännchen«? Vielleicht ein handgeschriebenes Exemplar?

Was bedeutet »gleshreahsapend«? Ich denke das bedeutet »fmsböwötääzääuu«.

Ich schreibe Dir in deutscher Aussprache ein Gedicht

>>Die Wut des Niesens«

Tesch, Haisch, Tschiiaa.
Haisch, Tschiiaa.
Haisch,
Happaisch,
Happapeppaaisch
Happapeppaaisch
Happapeppaaisch
Happapeppaaisch
Happapeppe
TSCHAA!

Ich hoffe, Du magst das Gedicht leiden, denn Du hattest seinerzeit viel Verständnis für platten Blödsinn.

Nun, ich weiss nicht, was Du willst, was ich für Dich tun kann. Ich kann Dir nicht viel helfen, hier in England zu publizieren, bevor ich weiss, was. Und ich habe sehr wenig Einfluss hier. Da ist dieser Bilbo, ein richtiger Kunst-Gangster. Er könnte interessiert sein an Deinem Dadabuch. Mr. Bilbo, the Modern Art Gallery, Charles the 2nd Street, near Haymarket, London. Er hat meine Ausstellung arrangiert.

Wenn Du Zeit hast, einige Monate zu warten, könnte ich »vielleicht« etwas mit M. Mesens arrangieren. Aber im Augenblick hat er nicht die Möglichkeit.

Lass mich, bitte, wissen, was es ist.

Als Dein Brief ankam, war Wantee auch entzückt. Es gefiel ihr, dass Du englisch schreibst und Deine feurigen Ausdrücke.

So weit.

Liebe.

Merz.

An Raoul Hausmann

4 Millans Park
Ambleside Westmorland
27. 6. 46

Lieber Raouleman!

Dank für Deinen sehr netten Brief. Ich beantworte ihn nur schnell heute, da ich ihn zur Post bringen will. Weil –––– der Grund hat sich geändert, und ich beantworte Deinen Brief gleich.

Ich sehe, Du bist wirklich in einer solchen Lage, dass ich die Absicht habe, Dir als ein Freund zu helfen, wo ich kann.

Zunächst muss ich Dir sagen, dass Wantee mir Deinen Brief vorlas. Sie war sehr erfreut, dass Du englisch schreibst. Und sogar ein sehr gutes Englisch.

Dank für Dein Bild. Ich sende Dir meins auch. Ich sende Dir eins mit ernstem Ausdruck. Es wurde gemacht, während ich Gedichte vortrug, aufgenommen von Ernst. Die Falten zeigen Dir, dass ich auch durch allerhand hindurchgegangen bin. Es war vor allem Krankheit, aber auch die Dummheit der Menschen und finanzielle Sorgen. Ich muss alles verdienen, was ich für mich und Wantee brauche, und die Leute wollen immer Geld bekommen, aber nicht geben. Ich lebe von Portrait-malen, aber in England darf man keine Pinselstriche auf der Oberfläche des Bildes sehen. Ich aber male mit Pinselstrichen, daher habe ich Schwierigkeiten.

Ich schicke Dir auch eine Kopie vom alten Brückenhaus in Ambleside. Du siehst, ich lebe hier an einem romantischen Platz. Dann sende ich Dir einen Brief von der London Gallery, geschrieben von Herrn Mesens.

Ich weiss nicht, ob Du ihn von Paris kennst. Er ist Surrealist, und ein ernsthafter. Er glaubt auch, er wäre einer der ersten gewesen. Er ist ein sehr netter Mann, liebt dada, nach dem Surrealismus, und wir sind Freunde. Ich denke, er ist der einzige Mann in London, der Deine Gedichte und Geschichten würdigen würde. Du musst ihm auf nette Art entgegenkommen, er wird Dir helfen. Erwähne meinen Namen nicht, und sende ihm Deine Geschichte über Dada. Er *könnte* sie als Buch drucken. Er könnte. Vielleicht schreibst Du eine Antwort, auf französisch, auf die 4 Fragen, und sendest sie ihm. Es ist vielleicht zu spät, aber er sieht Deinen guten Willen, und bitte ihn, sie so schnell wie möglich nach Brüssel weiterzusenden.

Ich sende Dir auch ein Foto von einem Weihnachts-Mahl während der Kriegszeit in unserem kleinen Flüchtlingshaus in London. Du siehst Wantee, mich und Ernst. Wantee ist 30 Jahre alt, und ich finde, sie ist sehr schön. Die vierte Person, die Du nicht siehst, ist Mr. Gert Strindberg, ein Zeichner, ein Verwandter von August Strindberg. Du siehst nur seine Portion des Mahles. Vielleicht kannst Du Dir nach dieser Portion vorstellen, wie er aussieht. Bitte sende das Foto zurück!

Warum haben Deine Freunde Deine Briefe nicht beantwortet? Vielleicht waren sie keine Freunde. Ich kenne das sehr wohl. Ich half einem Freund, Christof Spengemann, als er und seine Familie durch Hitler im Gefängnis war. Alle Leute warnten mich. Wenn jemand in üblen Umständen ist, darfst Du ihm nicht helfen. Und wirklich, die Gestapo rief mich. Aber ich ging nicht hin, sondern nach Norwegen.

[.. .. ...]

Ich kenne Jolas, er veröffentlichte meine »Ursachen und Beginn der grossen, glorreichen Revolution« auf englisch. Ich sah nie eine Kopie und bitte Dich, mir seine Adresse zu geben, wenn Du kannst. Kennst Du nicht Petronella van Doesburg? Ich glaube, Du könntest ihr Freund sein. Kannst Du mir Domelas Adresse geben? Wo lebt Mrs. Paula Vezeley? Wo ungefähr liegt Limoges?

Beste Wünsche zum 12. 6. Sei nicht traurig, ich bin 59. Aber ich kann nicht rennen, ich habe hohen Blutdruck. Im Augenblick bin ich fast ohne Zähne, sie mussten raus, sonst wäre ich gestorben. Jetzt gehe ich für eine Woche nach London, ohne Zähne, dann einige Tage nach Blackpool am Meer und dann zurück in die Berge und erhalte neue Zähne.

Kann Serbanne Dir nicht helfen irgend etwas zu drucken? Er lebt in Nizza. Wenn Du ein guter Fotograf bist, warum nicht Fotos rund um die Welt machen? Sende z. B. einige Szenen-Fotos an die Royal Photographic Society, London, der Brief kommt an, und frage an, um Mitglied zu werden. Es ist eine Welt-Gesellschaft. Sie würden die Fotos in ihrem Haus in London ausstellen. Bitte sie um Publizität. Als Fotograf steht Dir die Welt offen.

[.. .. ...]

Sieh, wenn Du es fertig bringst, mir das Büchlein in der nächsten Woche zu senden »c/o Mr Dux, 18 St. Georges Road, St. Margaret on Thames«, dann kann ich es lesen und dann an Mesens senden. Ich kann, bei meinem Besuch bei ihm, ihn jedenfalls ausfragen, ob er interessiert wäre. Ich bin IMMER sehr interessiert, Deine Werke zu lesen, und werde das Mskr zurückschicken nach der Lektüre. Die englischen Leute sind »konservativ« und verstehen überhaupt nichts von Kunst.

Ich sende Deinen Brief an Ernst in Oslo.

Alles Beste

Liebe

MERZ.

An Carla Brandes

4 Millans Park
Ambleside Westmorland England
16. 7. 46

Liebes Frl. Brandes!

Ich hörte von Ihnen durch Dr. Löhdefink. Es war gut zu hören, dass es Ihnen und Ihren Eltern verhältnismässig gut geht. Am 9. Okt. habe ich auch alles in Hannover verloren. Ich kann daher Ihren Verlust mitfühlen. In meinen Häusern war mein Atelier, an dem ich 10 Jahre ununterbrochen gearbeitet hatte. Es erhielt einen Volltreffer. [. . . . . .]

Leider mache ich nicht mehr Typographie. Ich habe alle Beispiele verloren. Würden Sie mir einen grossen Gefallen tun? Sie waren ja immer sehr lieb zu mir. Sehen Sie sich doch mal im Rathaus um, ob Sie noch irgend etwas von meinen Briefköpfen oder Umschlägen, Vordrucken oder Plakaten finden können, (in Futura) und sammeln Sie für mich je 3 Exemplare. Sammeln Sie, denn Sie können jetzt *nicht* senden. Packete können nicht *nach* und *aus* Deutschland. Wenn es dann später möglich sein wird, schicken Sie es bitte. [. . . . . .] Und schreiben Sie bald wieder. Wenn Postkarten existieren von Hannover, wie es jetzt aussieht, hätte ich gern eine.

Viele herzliche Grüsse sendet

Ihr Kurt Schwitters.

An Christof und Luise Spengemann

4 Millans Park, Ambleside,
Westmorland, 17. 7. 46

Lieber Krischan, liebe Luise.

Ich habe hier einen Brief von Käthe. Sie weiss durch mich, dass
Böckchen verheiratet ist und hat das Ilse, die einen Arbeiter geheiratet hat, mitgeteilt. Ilse wird an Böckchen einen Brief schreiben.
Aber Käthe beschränkt sich darauf, mich zu bitten, Euch mitzuteilen, dass all ihre Wünsche mit Euch sind, und dass sie froh ist, dass
Böckchen verheiratet ist. (»tell them that all my wishes are with
them, and that I am glad that Böckchen is married.«) Sie sagt, she
lives in a difficult world .. sie ist very happy that Spengemanns
are saved. Und she admired you the way you survived this trouble
aber, und sie bezieht sich auf einen Ausspruch von mir: »Was der
Mensch trennt, soll Gott nicht zusammenfügen.« So, nun wisst Ihr,
warum sie nicht auch schreibt. (Deutsche Buchstaben sind sehr
schwierig.)

Ich habe hier einen Brief, der sehr lange liegen blieb, da Wantee
und ich in London waren. Grosse Stadt. Sehr gross. Wie ein aus-
gewachsenes Hannover. Der Brief ist mit Dank vom 17. 6. Ich
nehme an, es stimmt, dass Du meine 2 Briefe beantwortet hast.
Mach doch immer ein + drauf, wenn. Von Ernst ist keine Antwort
lange zu erwarten. Er hat jetzt Ferien und ist im Norwegischen
Hochgebirge mit Eve. Sonst hat er unheimlich viel zu tun. Ich sende
ihm Deinen Brief mit Frage vom 17. 6. Die Summe von K. Brause
stimmt. Ich sandte das Anfang Januar von Blackpool. Ja, lass Blumen sprechen. Kauf Topfblumen und pflanze sie mit einem schönen
Grusse ein. Ich hoffe bald selbst zu kommen zu können. Herr Erb-
schaftsrat Steinhaus hat noch nicht geschrieben. Dr. Koch hat nun
die Erbschaftsangelegenheit Herrn Bergmann weitergegeben. Ob
der annimmt, ist noch nicht raus. Wenn nein, würdest Du in den
sauren Apfel hineinbeissen? Baurat Schulz hat auf Dr. Löhdefinks
Veranlassung vorgemerkt, dass ich bei den Aufräumungsarbeiten
zugegen und dabeisein will. Im Grundbuch?? Nun habe ich an meinen Freund Oliver Kaufmann in Pittsbury USA geschrieben, dass
er helfen könnte, unendliche Schätze zu bergen, wenn er mir das
Geld zur Reise nach Hannover geben würde. Auch für extra Arbeiten. Dann wollte ich ihm einen Merzbau hinsetzen, wie ihn die Welt
noch nicht gesehen hat. Er hat einen Sohn im Museum of Modern

Art, NY, Edgar Kaufmann, mit dem ich verhandeln soll. Er selbst ist only too glad to advance the money. Wie er schreibt. Nun erhielt ich vorgestern von Frau Prange, die früher in Waldhausenstr. 5[I] wohnte, eine Foto[grafie] nach der Zerstörung aus Burgdorf geschickt. Danach scheint das Atelier sehr zerstohren zu sein. Aber immerhin. Ich hätte nun gern eine Foto[grafie] von hinten, nicht Ich von hinten, sondern das Haus. Ich bat Gleichmann, der all right ist, und mir schrieb, ob er mir eine besorgen könnte. Vielleicht kannst Du ihn mal anklingeln, Brandestr. 15[I]. Ich hätte gern, sehr gern diese Foto[grafie]. Ich habe eine application for British nationality gemacht und habe support from the best people in art. Aber nichtsdestotrotz könnte ich vorher mal kucken kommen. Seit einigen Tagen ist es nämlich so, dass man von Angleterre nach Deutschland und return Urlaub kriegt, wenn der Besuch für den Aufbau einen Wert hat. Ich werde mich danach besonders erkundigen. Da ich gebombte Häuser habe, wäre wohl mein Besuch aufbauend. Ein Blick, und das ganze Haus steht schon wieder da. Nun würde ich gern Ende Oktober für einige Monate kommen. Wo??? könnte ich mit Wantee wohnen??? Ich kann doch unmöglich ohne meine Nurse reisen, da ich anfällig bin. Kann ich in Waldhausenstr. 5 2 Räume aus dem Dreck ausscharren? Wie heizen? Kann ich Güntherstr. 13 wohnen? Ich erbe ja das Haus. Wie kann ich eventuellemang die Leute, die dort wohnen herausbekommen? Frag doch mal. Ich habe eine Ahnung, wie es in Hannover aussieht. Ich war 5 Jahre in London, das fast zugleich bombardiert wurde. Ich habe vergessen, was ich über den schnellen Graben schrieb. Teile es mir bitte einmal mit. Was ist das: Faust ist nicht von Schiller? Meine Ansicht ist: Wer Schiller heisst, der muss auch schillern können. Dabei bleibe ich. Um welchen Knochen haben wir uns gestritten? Ich mache jetzt viele Knochenplas=ticken. Ich kaufe einen Knochen, lasse von einem Hund abnagen, was er für nagenswert hält, und baue den abgenagten Rest nach den Regeln der Bewegung in der Kunst mit Gips wieder auf. Das ergibt keine Knochen, sondern Skulptures.

Meiner Gesundheit geht es lich. Ich wollte sagen, mir geht es gesundheitlich zeitlich. Wie es eben so geht. Dr. Robertson hat mir upstairs alle Zähne ausgezogen, und ich habe downstairs noch 8 Stück, darunter ein verrottender Weisheitszahn. In einigen Tagen erhalte ich ein neues Obergebiss. Ich muss 12 Stunden täglich schlafen, sonst bin ich nur ein halber Mensch. Da aber ein halber Mensch nur halb arbeiten kann, ersetze ich die andere Hälfte durch

Schlaf. Man steht hier wie ein Fragezeichen zur abstrakten Kunst. In Amerika wie ein Ausrufungszeichen. Ich habe als alter PEN die Sitzungen und Essen in London besucht und den Sekretär Ould gemalt. Dein Brief kam in London an, als ich am Morgen in Dr. Dux Garten sass und Frühstück ass. Ich las ihm den Brief gleich vor. Morgen, am 20. 7. hat er silberne Hochzeit. Leider habe ich es zu spät erfahren. Er ist in Keswick in Cumberland, Hotel Barrow, Borrowdale. Aber er will morgen eine Tour machen. Er bleibt dort noch 14 Tage. Ich werde ihn um 7 Uhr anrufen. Jetzt ist es 5 Uhr 23. Es ist von hier eine Stunde Busfahrt. Schreib ihm 18 St Georges Road, St Margarets on Thames, near London. Ich wohnte bei ihm 8 – 10 Tage und spielte 3mal Schach mit *Eva*. Nun zu dem Merzbau. Da *muss* unbedingt was zu retten sein, wenn es auch nur Teile, wenn auch nur die Nebenräume, sind. Diese Teile lassen sich zusammenfügen und ergeben wieder eine Plastik. Manchmal waren *Innenräume* gestaltet. Wenn da *nichts* zu retten ist, erhalte ich kein Geld aus USA. (Viel Geld.) Ich hatte auch auf dem Boden vorn einen Raum gestaltet. Da ist sicher was zu retten. Ich bin sozusagen verpflichtet, etwas zu retten. Ich wüsste nun gern, wann ich die Erbschaft erhalten kann. Kannst Du Dich danach erkundigen? Ich hoffe gleich, sodass ich zu leben habe, wenn ich in Deutschland bin. Ich schreibe an Dr. Koch und Herrn Bergmann.

So nun bereite ich mich auf den Telefonanruf vor. Alles beste. Herz=merzlichst

Kurt Schwitters.

Grüsse an alle Viere.
Woran starb Seiffert-Wattenberg?

An Cesar Domela

24. 7. 46

Lieber Domela!
Es ist lange her, seit wir voneinander hörten. Manchmal sah ich eine Reproduktion von einem Ihrer Bilder, oder jemand hörte meine Grammophonplatte in Ihrem Studio. Nun gab mir Hausmann Ihre Adresse. Ich freue mich, dass ich wieder an Sie schreiben kann. Ich lebe in Ambleside, Westmorland, England *4 Millans Park*. Meine Frau starb in Hannover während dieses furchtbaren Krieges.

Sie starb an Krebs. Ich erfuhr während der Eröffnung einer Ausstellung von abstrakter Kunst in London, dass sie tot ist. Es gab keine Verbindung mit Hannover. Mein Sohn Ernst lebte mit mir zusammen. In einem Vorort von London. Er ist ein ausgezeichneter Photograph. Er ging zurück nach Norwegen, Lysaker pr. Oslo, Fagerhøiveien 22. Unser altes Flat, wo wir bis 1939 mit Helma und meiner Mutter lebten. Und er bekam schliesslich die norwegische Staatsbürgerschaft. Wir haben ein sehr gutes Verhältnis zueinander. Er versucht mir über den Verlust von Helma hinwegzuhelfen. Ich war schwer krank, gelähmt durch einen Schlaganfall. Danach Grippe. Eine sehr nette Freundin, Wantee, hat mich gepflegt. Nun leben wir zusammen. Ich male und modelliere, sie besorgt das Haus (4 Zimmer). Hier sind Berge und Seen. Ich hoffe bald von Ihnen zu hören, was Sie machen, wie es Ihrer Frau geht, was Sie arbeiten!
Mit herzlichem Gruss

Kurt Schwitters.

An Christof Spengemann

Seite a — Anfang   [24. 7. 1946]

Lieber Krischan!

Dr. Dux und Frau sind in meinem Atelier zu Besuch. Die Sonne scheint schon schön, und ich bitte Mr. Dux mir seine Anwesenheit – – Du wirst schon raten – – zu bestätigen zu wollen. Wir senden Dir und Luise beste Grüsse.

> Er ist noch genau so verrückt wie früher,
> Gott sei Dank. Ich schreibe bald, wir
> wünschen alles Gute, Ihr Walter Dux
> Keswick 24/7/46*

Seite b = bescheidene Folge.

Ich fahre fort. Dux und Frau fahren im Bus nach Keswick zurück. Wantee und ich gehen auf den Longwrigg für einen walk. Das bedeutet Natur beobachten und zeichnen. Ich will Luises Brief mit vielem Dank beantworten. Nun sag mal, wo in Kirchrode diese lange Feldstrasse liegt. Dorf, nahe Tiergarten, entlang Eilenriede oder wo. Damit wenn ich mal nach Hannover komme, ich Euch finde. Dieses Mal beklage ich, dass Du, liebe Luise, keinen Gruss an Wantee gesandt hast. Ich nehme die Klage zurück, ich fand den Gruss. [.. .. ..] Ich erinnere mich nicht mehr an den Namen des Rechts an Waldes. Jedenfalls muss er Helma viel geholfen haben, und ich bin ihm wie Euch sehr dankbar. Diese blöde und verbrecherische Stapo! Helma wusste ja selbst unseren Aufenthalt nicht.

c = c = Zetern. (in Bleistift.)

Was ist das mit dem anonymen Briefe an Helma? Ist es *sicher,* dass die Stapo den Brief fingiert hat, oder wäre es denkbar, dass irgend jemand die Notlage Helmas hat ausnutzen wollen, um Geld zu erpressen? Weisst Du, *wo* sie Geld hat deponieren sollen? Die Stapo sollte gewusst haben, dass Helma überhaupt nicht soviel Geld besass. [.. .. ..] Jedenfalls ist es eine grosse Gemeinheit. Das Vernehmen ist eine allgemeine Sache in Krankenhäusern, selbst in Norwegen. Als wir 3 wegen Pilzvergiftung schwer, lebensgefährlich erkrankt im Krankenhaus Bärum, nahe Oslo, lagen, wurden wir einzeln vernommen, noch in Lebensgefahr, über die blödesten Dinge, z. B. was die Vornamen meiner Schwiegermutter waren. Einmal kam ein Arzt und stellte ganz aus dem Blauen heraus die Frage, wie ich zu Hitler stände. In Krankenhäusern, wenn die Patienten

D = Dilemma

noch nicht ganz beisammen sind, sagen sie oft Dinge, die sie besser nicht sagten, und die sie wenn sie gesund sind bei sich behalten. Daher müssen die Krankenhäuser ein wundervolles Feld der Betätigung für die Stapopo gewesen sein.
Dank England leben wir in einer Idylle. Das ist ganz recht. Besonders England ist idyllisch, romantisch, mehr als jedes andere Land. Und Deutschland ist der Typ des Helden Vaterlandes. Aber das kann auch manchmal schief gehen. Da kann solch ein Hitler z. B. entstehen. Ich bin darum skeptisch gegen alles Heldentum. Nichtsdestotrotz kann ich mir vorstellen, wie es drüben aussieht. Aber der Engländer kann es nicht. Er lebt wirklich romantisch, und solch ein Heldentum ist ihm unverständlich. Ja Helma war eine wirklich überzeugte Frau, die für ihre Überzeugung lebte. Als sie Briefe ins Kamp schrieb, wusste sie so geschickt *zwischen* den Zeilen zu

schreiben, dass es der deutsche Censor nicht verstand, aber der englische Censor viel davon erfuhr.

E = Eigennutz

Dass wir draussen leben mussten, war doch ganz klar. Wären wir in Deutschland gewesen, so hätten wir doch nicht mit Helma zusammensein können. Wir wären erschossen oder im Konzentrationslager umgebracht. Wir hätten Helma doch nicht helfen können.
Ich habe an Hannah Höch geschrieben. Merkwürdig genug, ich habe hier gerade einen Brief ihres ehemaligen Freundes Raoul Hausmann, der um ihre Adresse fragt. Er lebt in Limoges. Ilse Leda, Vordemberges Frau, hätte mich *beinahe* besucht, als sie in London war. Aber die Ent-

F wie Fernung

fernung ist zu weit. Das Wasser war auch zu tief. Nun sag mal, warum sollen wir uns ändern? Man nennt das Charakter. Das sind die Züge, die ins Gehirn eingegraben sind durch unser früheres Leben. Natürlich ändern wir uns durch neue Züge, die das fernere Leben in uns eingräbt. Z. B. hat die Flucht von Norwegen und die Bombardierung Londons, das Lager seine Züge zurückgelassen, aber es blelbt doch alles, was elnmal da war. Du könntest sagen, die Summe sollte sich ändern. Aber der Kern bleibt. Ich versuche, dass sich bei der Summe nichts ändert. Denn ich lebe bewusst, wie ich lebe. *Das Ziel ist Ernst, der Weg humorvoll.* Oder sarkastisch. Oder Spiel. So ist das ganze Leben aller Menschen, wenn sie ohne äusseren Zwang leben. Wir spielen, bis uns der Tod abholt. Dass uns die neue Jugend nicht versteht, ist mir ebenso gleichgültig, wie dass mich die alte nicht verstand. Ich bin so, weil ich so sein muss und will. Meine Mutter sagte immer: »Auf jeden Pott passt ein Deckel.« Ich suche diesen Deckel. Willst Du nicht

G wie Gurke

mein Deckel sein? Ich bin Dein Pott als Gegenleistung. Die Jugend in England ist auch eine andere als vor dem Kriege. Aber darum brauche ich oder Vordemberge uns nicht zu ändern. Denk einmal, was wir tun, tun wir nicht, um irgend jemand zu beeindrucken. Oder zu beeinflussen. Wir malen Bilder so, dass sie an Qualität nicht übertroffen werden können. Ob die Zeit diese Bilder braucht, diese

Frage interessiert uns nicht. Man kann im Leben *nur eine* Sache vollkommen machen. Entweder es ist Religion, oder Kunst oder Sozialismus. Solche Dinge erfordern den Menschen ganz.

Ist eigentlich das Kunstausstellungsgebäude in der Sophienstrasse zerbombt? Was ich aber nicht glaube, ist, dass die Menschen seelenlos werden mussten, weil sie sonst all das Leid nicht ertragen könnten oder hätten. Wir haben auch viel Leid und viel Gefahr erlebt. Allein auf der Flucht von Oslo. Wir sind Menschen geblieben mit Seele. Es ist merkwürdig genug, dass man als Mensch oft Mitleid sogar mit Verbrechern hat. Wenn man sein Verbrechen selbst auch verachtet.

H = Hannah Höch

Ich hatte überhaupt eine sehr komische Idee. In 7 Jahren ändert sich der ganze Körper, stofflich. Nach 7 Jahren ist nicht ein Teilchen mehr dasselbe, es ist ausgewechselt. Wenn nun einer einen Mord begangen hat, ist er nach 7 Jahren kein Mörder mehr. Aber die Verteilung der Substanz ist im Wesen dieselbe, also ist er doch ein Mörder. Und würde die gleichen Verbrechen bei gleichen Veranlassungen wieder begehen.

Wer aber einmal mit dem Worte spielte, wird immer wieder mit dem Worte spielen, auch wenn es unangenehm auffällt, dass er etwa in ernsten Gesprächen nicht ernst bleibt. Er *kann* nicht anders. Das bedeutet nicht, dass *auch er* ernst wäre. Natürlich verstehe ich, was Du schreibst, und ich achte natürlich Deinen Standpunkt. Standpunkt, da sieht man, dass jedes Ding *verschiedene Seiten* und verschiedene Ansichten hat. Es ist ganz klar, dass Du** Krischans Bücher nicht so schätzen kannst, wie z. B. ich oder Ernst. Für uns ist er eine Offenbarung, weil er teilweise ebenso verrückt ist, wie wir. Dr. Dux schliesst sich uns an. Aber es

I = Igittegittegitt

liegt ein Sinn im Unsinn. Die Menschen nehmen sich oft zu ernst und sehen vielleicht ihren eigenen Unsinn ein, wenn sie ihn in der Dichtung sehen. Es ist dasselbe, als wenn ein Maler bewusst Kitsch macht, damit die Welt erst einmal den Begriff Kitsch kennen lernt. An anderen sieht man es viel besser als an sich selbst. Wenn Du mir antwortest, schreib ruhig in deutscher Schrift. Ich kann es lesen, und der Ernst vermutlich auch. Dank für die vielen Anschriften. Ich will mir dort Schätze von Helma sammeln. Und nun zum Schlusse. Die neue Jugend gründet die Möglichkeiten für ein schöneres Leben, in dem wir alle frei und sagen wir lustig sein können. Krischan und ich erhoffen das auch und tun schon jetzt, als ob es schon da wäre. Man wird uns verzeihen, dass wir nur einen Teil der Annehmlichkeiten, die die Menschheit braucht, verkörpern. Den gemütlichen Teil. Wenn ein Reisender etwas verkaufen will, so macht er einen Witz. Sein Opfer lacht und kauft. Man sollte den Humor viel mehr ins Leben einreihen. Wantee und ich grüssen herzlichst, ich auf deutsch, sie auf englisch.

Dein alter (in doppeltem Sinne) Kurt.

An Christof Spengemann

4 Millans Park
Ambleside, Westmorland, England,
24. [25.?] 7. 1946

Lieber Karrischan!
Dux war ganz in alten Erinnarrungen gestarrn. Er zitierte andauernd: »Der Rittersaal, einst stolz und mächtig – erglänzte wieder farbenprächtig. –« [. . . . . .]
Dux will seine Hühner mit Deinem Wachstums Serum einreihen und hofft, dass sie dann Strausseneier legen. Er wird seinen Hühnarrstall jetzt Kongarressbau nennen.
Also Du bist andarrs geworden? Wie rum? Vielleicht läuft die lange Feldstarrasse von Kleefeld bis Kiarrchrode. Wenn nicht, so mach mir mal eine Skizze, wo ich Dich zu suchen habe, wenn ich an Dich denke. Was meinst Du, wenn man ein mit Wachstums Serum aufgepufftes Huhn auf Strausseneier setzen würde? Oder auf 5 hundert Dutzend Hühnereier zur gleichen Zeit? Das könnte zu einem grossen Schwarzhandel führen. Oder male ein Ei weiss und rot gestreift. Dann läuft das Kücken wie ein Zebra herum. Ich glaube, das führt zur Atombombe.
Es war einmal eine kleine Maus, die hörte, dass die Frau, die dort lebte, die Katze auf sie und ihre Geschwister hetzte. Die armen kleinen Mäuse suchten Schutz in den Winkeln, aber vergebens. Die grosse Katze verzehrte eine nach der anderen, bis auf diese eine Maus. Die sann auf Rache. Denn grosse Gefühle wachsen auch in der Brust der kleinsten Maus. Plötzlich hatte sie die Lösung, wenn sie stark und gross wäre, könnte sie die Katze fressen. Nun wusste

sie, wo die Frau das Wachstumsserum aufbewahrte und trank eine ganze Flasche voll auf einmal aus. Am nächsten Morgen war sie so gewachsen, dass die Katze vor ihr davonlief und aus dem Fenster sprang. Als die Frau das sah, fing sie die Katze und sagte: »Du bist zu klein, dass Du vor Mäusen davonläufst, ich will Dir Wachstums Serum einimpfen, dann wirst Du die letzte Maus ausrotten.« Am Abend stand die Katze stark wie ein Löwe da und spielte mit der Maus. Da gab ihr die Frau den Befehl, die Maus zu töten. Da sagte die Katze zur Frau: »Wer bist Du, dass Du mir Befehle erteilst. Nimm Dich in acht!« Mit diesen Worten sprang sie auf die Frau und zerriss sie. Dann setzte sie sich zum Mahle und verzehrte gemeinsam die Frau mit der Maus, die jetzt mit der Löwenkatze befreundet war.

Das ist nach Deinen Angaben ein Märchen. Was meinst Du? Jedenfalls bin ich Dir für die Anregung sehr verbunden. In diesem Sinne herzlichste Grüsse

Dein Kuart
Mearrz
Schwittarrs.

Ich habe die Dichtung noch einmal durchgearbeitet und zu meinen Gedichten getan. Für weitere Anregungen bin ich sehr dankbar.

An Raoul Hausmann

4 Millans Park
Ambleside Westmorland
25. 7. 46

Lieber Houseman!
Ich nehme an, es geht Dir wie mir, Du kannst nicht mehr ordentlich deutsch sprechen, aber auch keine andere Sprache. Ich z. B. spreche 3 Sprachen, die dritte ist Norwegisch. Manchmal nehme ich Wörter aus einer Sprache in die andere. Ich bewundere Dein Melonen-Foto. Es steht in meinem Esszimmer, und ich lebe mit ihm. Es ist so einfach. Wenn Du über Fotografie schreibst, warum nicht einmal über meinen Sohn Ernst. Er ist wirklich ein guter Fotograf. Ich glaube, es ist jetzt noch zu früh für mich, an Mesens zu schreiben. Er ist immer so beschäftigt und vor allem vor der Eröffnung der Galerie. Ich denke später daran, bei *Gelegenheit*.

Ich warte auf die drei Tännchen. Kannst Du vielleicht anfangen und zunächst EINS senden?

Ich glaube, ich kann nichts weiter mit fmsbw tun. Weil die Sonate schon seit so langer Zeit gedruckt ist, und ich habe bei jeder Vorlesung gesagt, dass es von Dir ist; ebenso wie Ddessnnrr von Dresden oder Rackett von Rackett. Was ich machte, ist nur die Komposition. Dein fmms inspirierte mich, die ganze Sonate zu schreiben. Ich machte Variationen davon wie Variationen von Dresden.

Ich will Dir ein paar neue Gedichte schreiben:

> Um zehn nach drei
> Ist der Lenz vorbei.
> Alle Fliegen, die schon da sind,
> Alle Mütter, die Mama sind,
> Alle Herren, die Papa sind,
> Singen Lieder, die »dada« sind;
> Alle Vögel alle.

>
> Der Pingewesel
>
> Ein sehr betagter Pingewesel
> Besuchte einen alten Esel.
> Da sprach der Pingewesel: »Du?
> Du bist ein Esel, keine Kuh.«
>
> Da sprach der Esel: »Pingewesel,
> Du bist doch noch ein grösserer Esel
> Hast keine Haare mehr vom Schwein,
> Und willst noch immer Pinsel sein!«
> Hahah!

Heute fing ich an mit »Variationen über das Thema Thames Valley« genannt »London«.

Es ist immer gut, mit Dir zu korrespondieren, dies Dein Wort »Variationen« interessiert mich sehr.

Ein anderes Gedicht:

> Wie war ich froh,
> Als Du warst do,
> Wie klopfte laut mein Herz!

214

Wie wird es mir
mit ohne Dir!
Ich schweige stumm, wie Erz.

Unterschrift: »Die Atombombe«.

Was ist Liebe? Liebe braucht nicht erwidert zu werden von der
anderen Seite. Liebe bedeutet, dass Du jemand sehr gern hast. Sie
kann jemand anderen gern haben. Du bist glücklich, wenn sie Dich
wieder liebt. Du liebst einen Apfel zu essen. Glaubst Du, dass der
Apfel das auch liebt? Vielleicht, aber ich zweifle. Andrerseits, der
hungrige Löwe liebt Dich zu fressen. Du liebst das sicherlich nicht.
Aber Liebe ist so.
Ich weiss nichts über die RPS. Mein Sohn kann Dir Details geben.
Nun sende ich Dir meine besten Wünsche und Grüsse. Und 2 andere
Gedichte. Obervogelgesang und So – so.
Liebe   Kurt Schwitters.

Obervogelgesang

Ji
Uü
Aa
P' gikk
P' p' gikk
Beckedikee
Lampedigaal
P' p' beckedikee
P' p' lampedigaal
Ji Uü Oo ii Aa
Nz' dott Nz' dott
Doll
Ee
P'   gikk
Lampedikrr
Gaal
Brii   nü   aan
Ba   baa

So – so

Vier Maurer sassen auf einem Dach.
Da sprach der Erste: »Ach!«
Der Zweite: »Wie ist's möglich dann?«
Der Dritte: »Dass das Dach halten kann?«
Der Vierte: »Ist doch kein Träger dran!!!«
Und
Mit einem Krach
Brach das Dach.

Kurt Schwitters
4 Millans Park
Ambleside
Westmorland

An Raoul Hausmann

4 Millans Park
Ambleside-Westmorland
8. 8. 46

Lieber Raoul Houseman,
Ich danke Dir besonders für die 3 Tännchen. Ich kannte sie auf
deutsch, aber hatte es fast vergessen. Ich hatte eine schlechte Zeit,
Sorgen und schlechtes Wetter, da kamen die 3 Tännchen. Und der
Hof mit vier Richtungen. Ein viereckiger Hof (a square square).
Nichts konnte langweiliger sein als dieser Hof ohne Sonnenschein.
Leute können es nicht verstehen, denn Leute machen nicht den
richtigen Gebrauch von ihren Sinnen. Immerhin er ist da. Er lang-
weilt sie, aber er muss beschützt werden gegen die Müllkästen.
Dann sind die 3 Tännchen ohne Sonne. Das ist die gewöhnliche
Moral. »Das moderne Feigenblatt«. Wirklich, es ist wahr, und
Deine Geschichte ist sehr, sehr gut. Wirklicher Dadaismus. Vor
allem in den Details.

NEWS
SWEN
ASOTEN
ASOWES

Ein Spiel mit ernsten Problemen. Das ist Kunst. Und Du kannst
allen erzählen, wo immer es sei, dass Du ein wirklicher Künstler

bist. Aber die Leute glauben es nicht, weil .. Du ein Reformator und Bekenner bist. Du ärgerst sie, indem Du ihnen die Wahrheit sagst, dass sie im allgemeinen dumm sind. Das können sie nicht sehen, nicht hören, nicht fühlen, nicht denken. Dass sie, anstatt mit ihren Augen, durch ihren Intellekt sehen. Dass intellektuelle Leute noch dümmer sind als gewöhnliche Leute. – Ich finde wirklich, dass Deine 3 Tännchen Dein Meisterwerk ist. Und ich wünsche Dir Glück. Aber ich fürchte, es ist zu klug für intellektuelles Denken. Du machst Dich zu Deinem eigenen Feind. Houseman gegen Hausmann, Nord gegen Süd, West gegen Ost, Null gegen Wert, Sein gegen Gewesen. Darum muss ich aufhören, um Komplikationen zu vermeiden.

To avoid
To avoid
To avoid
Zelloloid.

Wantee und ich grüssen Dich und Heta über den Ozean. Ich gegen Dich, Wantee gegen Heta.

	Ich	liebe	
	Du	iebel	
dada	Wantee	ebeli	M E R Z
	Heta.	belie	

Herbst ist es, und die Gardinen sind leer.

An Raoul Hausmann

4 Millans Park
Ambleside, Westmorland
15. 8. 46

Liebes Haus, lieber Mann!
Ich meine, es ist eine ausgezeichnete Idee. Aber wir müssen sie gut überlegen. Der Untertitel »a thing of phantasia« wäre richtig. Vielleicht: »a right thing of phantasia«. Oder: »*The right thing of phantasia for the whole mankind.*« *Die Musen dürfen nicht mehr schweigen.* Wir möchten den Menschen helfen, ihr Verständnis für *schöp-*

ferische Kunst zu entwickeln. Du siehst, ich sammele Sentenzen für das Vorwort. »*Die schöpferischen Fähigkeiten sind in der Kriegszeit sehr tief gesunken. Wir wollen Ihnen helfen.*« »*Der alte Unsinn vermag nicht weiter zu führen.*« »*Die Welt braucht neue Tendenzen in der Dichtung und Malerei.*« »*Der Geist muss Bomben und Raketen besiegen, wenn die Menschheit überleben will. Wir wollen helfen, den Geist zu entwickeln.*« Alle diese unterstrichenen Abschnitte sollten im Vorwort von »Pinhole Mail« stehen. Ich denke, Dein Vorwort ist zu weit weg von der Absicht. Es ist uninteressant, welche Sprache wir verwenden. Aber weiter: »*Wir, Raoul Houseman und Kurt Schwitters, sind imstande zu sprechen und zu schreiben, weil wir sehen mit unseren Augen und hören mit unseren Ohren. Wir schreiben quadrils (Houseman) und triquadras (Merz-Schwitters).*« Ich würde nicht sagen, was das ist, weil es dann interessanter und mystischer ist. »*Unsere phantastischen quadrils und triquadras sind erfüllt von Mystik und treffen auf einen Mangel an Geist nach dem Kriege. Sie werden die ›moderne Dichtung‹ überwinden durch ihr höheres formales Leben und ihre Beschaffenheit und den Sinn für negative Ausdrucksweise.*« »*Ihre entobjektivierten Inhalte sind so direkt, daß sie jenseits aller sprachlichen Bedeutung zu suchen sind.*« »*Es sind Steine, die sich zusammenfügen zum künstlerischen Gebäude.*« Ich prüfe mit Absicht Deine Sätze und mache ein anderes Vorwort daraus. Nun musst Du diese Sätze wieder verwenden für ein drittes Vorwort. Es wird jedesmal etwas mehr. Auf jeden Fall würde ich nicht herumbasteln mit all den verschiedenen Sprachen, die wir sprechen, weil es so viele *Kühe* gibt, die die Sprachen besser beherrschen als Du und ich. »*Die Sprache ist nur ein Medium für Verstehen und Nicht-Verstehen, ein Medium für das Gefühl.*« »*Wir bevorzugen die Sprache, wenn Sie durch sie nicht verstehen können, was so allgemein ist, dass jedermann es längst weiss. Wir bevorzugen die Sprache, die Ihnen ein neues Gefühl vermittelt für die neue Zeit, die kommt.*« »*Geben Sie Ihre von der Vernunft kontrollierten Gefühle auf und kriechen Sie durch unser Nadelöhr, und Sie werden erfahren, dass es die Zeit wert war.*« Wenn Du einverstanden bist und mir 3 Kopien unseres gemeinsamen Vorworts schickst, können wir Herrn Mesens und Herrn Sweeney ansprechen. Es wäre besser, wenn ich es täte, weil ich mit ihnen gut stehe. Ich kenne auch Herrn Kaufmann vom Mus. of Mod. Art. Er schätzt meine Arbeit und könnte uns vielleicht mit Geld helfen. Vielleicht. Bei dieser Gelegenheit muss ich Dir noch mitteilen, dass das Mus. of Mod. Art im Frühjahr 1947 eine Ausstellung von *Collagen* plant (!). Sie wollen insbesondere mich ausstellen. Aber ich will, wenn die Zeit reif ist, ihnen sagen, dass sie auch Dich ausstellen müssen. Jetzt darfst Du zu niemand etwas sagen. Schreib nicht an Sweeney oder Kaufmann. Ich werde es tun, wenn es soweit ist. Ich werde unser Vorwort umgehend schicken, wenn Du mir die Kopien schickst. Wenn Du es schickst, könnte es nicht so gut sein. Du verstehst. Weil dieser Sweenegel Dir schrieb, Deine Sachen seien nicht künstlerisch. Der Einfall »Pinhole« (meinst Du nicht, dass wir »Mail« weglassen könnten) bleibt *Dir,* aber *wir* arbeiten *zusammen.* Das heisst, wir beide müssen einverstanden sein mit dem Inhalt jeder einzelnen Nummer. Und *kein* anderer arbeitet mit, nur *ausnahmsweise* vielleicht ein gutes Arp-Gedicht. Ich schlage vor, Kunstdruckpapier zu verwenden, weil es mir lieb wäre, wenn einige einfache Fotos von Dir, wie die Melone, gedruckt würden. [... ...] Ich denke wirklich, dass wir grossen Erfolg haben werden. Aber ich meine, es wäre besser ohne Mesens und ohne Sweeney. Die beiden würden von sich aus kommen, wenn wir ohne sie Erfolg haben. Wenn der Shakespeare Shop es herausbringen würde als eine erste Nummer mit der Absicht, weitere herauszugeben von Zeit zu Zeit, so hätte er keinen Verlust. Wie sind Deine Beziehungen zu ihnen? Frage sie, ob sie eine Serie von *Pinhole* herausgeben und *finanzieren* wollen.!! Sweeney und Mesens haben ihr eigenes Geschäft und würden *uns* nur ausnutzen.

Vielen Dank für Deine Neuformulierungen. Sehr fein.

Was hast Du über ein neues Alphabet geschrieben? Ich habe es nicht ganz verstanden.

Ich will meine Antwort gleich zur Post bringen, deshalb gehe ich die Texte mit Wantee ein ander Mal durch, exposed .. Du meinst *exhibited!* Gestern bekam ich den Katalog der Ausstellung »Réalités nouvelles«. Mir ist nicht bekannt, dass dort jemals eine solche Ausstellung war.

Willst Du immer die Neuformulierungen machen? Ich kann es nicht gut. Ernst ist gut für Norwegisch. Aber er hat so wenig Zeit. Helas. Ach.

Men / sieht gut aus. Aber *Fotos! Wiederhole nicht* die 4 Surrealist ... questions, sondern sage:

»I detest to see men or ... laughter.«

»I love to be king ... rock.«

»I wish to have married ... Pi Casso.«

nicht *Picasso* sondern *Pi Casso*!!
»I fear that I should be crippled . . . . .«
Diese vier Sätze sind ausgezeichnet.
»*Ain ain*« anstelle von *Ain-si.* Auf einem Dach sassen vier Maurer.

Alors
Avec fracas   Ich schicke Dir
Le toit   ←!   »*She*«
S'effonebrât.

Schade, ich kann *Cheval blanc* nicht folgen. Ich verstehe *Quadril*
besser. Ich meine, ich kann es erfühlen. Es ist wundervoll.
Was ist vorher: . . . . . »je me tais comme mort!«?
Alles Gute. Ich gehe zum Postamt. Schreibe bald. Ich sagte schon:
»Alles Gute.« Noch einmal alles Gute.

MERZ.

An Raoul Hausmann

4 Millans Park
Ambleside Westmorland
27. 8. 46

Lieber Houseman!
Ich bin ein schlechter Mensch, aber ich liebe unser Vorwort nicht.
Es ist wie ein Kirchen-Pamphlet. Du gewinnst nur die Leute, die
sowieso auf unsrer Seite sind. Alle andern sind gelangweilt und
nicht interessiert, weiter zu lesen. Darum nahm ich es vor und miss-
brauchte meine Phantasie daran. Ein Vorwort für ein Büchlein mit
phantastischen Gedichten muss mit Phantasie geschrieben sein, mit
demselben Material. Sieh, es war möglich, alles zu sagen, was Du
an guten Gedanken sagtest als gebildeter Mensch. Ich sage es erst
mystisch, dann klar. Du musst einen Spielraum zum Raten lassen.
Und wenn es klar ist, musst Du es noch klarer machen. Anstatt
Phantasie sage ich Phan. Warum nicht PIN, anstatt PIN hole (Nadelöhr)? Das ist klar genug und gibt den Intellektuellen was zu tun.
Vielleicht machst Du aus ASIA USIA ein Ding Phan. Wie gefällt
Dir »Dichterei und Malung? Phan und Fun (Spass) . . .«
Anstatt Vorwort, können wir es: »*Die Menschheit muss weiter-
leben*« nennen.
Jetzt habe ich eine Idee. Wir beide sind meschugge. Aber mit ver-
schiedenen Ausdrücken. Wenn wir zusammen an demselben Stoff

arbeiten, so dass der eine sich durch die Ausdrücke des anderen hindurcharbeitet, wird das Resultat so meschugge, dass es
lieblich wird.
Sollen wir einige drils und quadras zusammen durcharbeiten?

d i s u d a

r l q a r s

Daraus wird *disuda* und *rlqars*.
Ich glaube, wir müssen erst einen Herausgeber finden und dann viel
Material sammeln.
Nun adieu!
Liebe

Kurt Schwitters
MERZ.

An Raoul Hausmann

31. 8. 46

Imagination

Four navvies sat on a roof
The first one said: »Ouf!«
The second: »How is it possible then«,
The third: »That the roof can support us, when –«
The fourth: »Roofs without girders never can.«
And then it rang;
The roof went bang.
Siehst Du! . . . . .

31. 8. 46

Lieber Houseman!
Du wirst mein Gedicht wiedererkannt haben: »Vier Maurer . . .«
Ernst machte diese Übersetzung.
Kennst Du Herrn Laplaine. Ein Freund von Serbanne in Nizza.
Er scheint kein Franzose zu sein, sein Brief scheint falsch. Immerhin, er schreibt, und er will über mich und meine Freunde schreiben. Ich habe hier keine Freunde für meine Arbeit. Aber wir werden in der nächsten Zukunft zusammen arbeiten. Er kann darüber
schreiben. Und vielleicht einige *Triquadras* veröffentlichen. Bitte
sende ihm einige von Dir und mir. Aber »erkläre« nichts mehr.

221

Die Leute sollten raten, was triquadras meint. Schreib ihm französisch, dass wir zwei die einzigen sind, die fähig sind, Triquadras zu machen. Das soll er den Zeitungen geben. Ich lege einen Brief an ihn bei. Bitte schicke mir meinen Brief zurück, den Brief von Laplaine an mich, nachdem Du ihn gelesen hast.
Liebe

MERZ.

An Raoul Hausmann

2. 9. 46

Lieber Ausmann!
Heute kam mir die Idee, das H vor Deinem Namen als »h muet« zu betrachten und konsequenter Weise fortzulassen. Wie findest Du die Idee?
Du hast eine gute Propaganda für PIN, wenn Du einen schönen Artikel über die Gründe schreibst, überflüssige Buchstaben wegzulassen. Gib diesen Artikel Herrn Laplaine. Er übergibt ihn der Presse. »Der Dadaist Hausmann nennt sich jetzt (H)Ausmann. Ein Leben lang trug er ein H überflüssig mit sich herum . . .« Sieh einmal, so etwas nehmen die Zeitungen gern, und es ist für Dich Propaganda. Du kannst es zur Propaganda für PIN machen. »Dieser Ausmann arbeitet zusammen mit Kurt Schwitters, der sich ›Merz‹ nennt, an einer neuen, sehr konsequenten Zeitschrift: PIN. The right thing of Phan. Phan in poetry and painting, in poeting and paintry. (Das rechte Ding Phan. Phan in Dichtung und Malerei, in Dichterei und Malung.) Ein Whisky, um die ›moderne Dichtung‹ zu überflügeln, durch negative Ausdrücke. Sein entobjektivierter Inhalt ist direkt. Die Sprache ist über der Bedeutung jeglicher Sprache . . .« Ich glaube, viele Zeitungen würden das bringen, und wir hätten einen schönen Start für PIN. Jedermann möchte mehr wissen über Ausmann, PIN und PHAN.
Ich hatte einen wundervollen Erfolg. Sweeney, Barr und Kaufmann, Museum of Modern Art, interessieren sich für die Restauration meines Merzbaues in Hannover, der gebombt ist. Sie wollen mir helfen rüberzukommen. Sweeney schreibt: »Ich fühle, es ist ein wichtiges Monument für den Ausdruck des XX. Jahrhunderts, und ich hoffe aufrichtig, dass Sie fähig sein werden, dies Werk zu unternehmen, bevor es zu spät ist.« Sweeney schlägt vor eine one man

show (Sonderausstellung) für mich, Merz-Zeichnungen und -Bilder und Plastiken zusammen mit Fotos der Restauration des Merzbaues in verschiedenen Stadien. Ich war sehr erfolgreich, aber wissend, wie weich Sweeney ist, muss ich noch vorsichtig sein und kann *nichts mehr* vorschlagen. Ich muss vorerst die PIN Angelegenheit bei ihm nicht erwähnen. *Sowie* ich von ihm Näheres über die Collages-Ausstellung höre, werde ich Dir schreiben und Dich als wichtigen Mann vorschlagen. Wenn Mesens mehr *settled* ist, werde ich ihm persönlich PIN vorschlagen, wenn ich im November nach London komme. Vorläufig sehe ich nur einen Beitrag zu PIN meinerseits durch Laplaine. Er sei unser Johannes. Sag mir, planst Du ein Büchlein oder eine vielleicht alle 3 Monate erscheinende Zeitschrift?

Alleinige Mitarbeiter Du und ich (aus!). Gelegentlich Fotos von Ernst. Der Anfang ist natürlich am schwersten. Wenn eine schöne Nummer vorliegt, kann ich sofort an Sweeney um Unterstützung schreiben. Ich sende Dir eine Ursonate als Drucksache. Wenn Du sie gelesen hast, bitte ich um Rücksendung. Alle meine Bücher sind verbrannt, ausser wenigen.

Liebe wie immer.

MERZ.

Ich erhielt heute Morgen einen sehr freundlichen Brief von Cesar Domela. Kann der irgendwie helfen?

An Ernst und Eve Schwitters

Ambleside
5. 9. 46

Liebe E + E!
Es kann sein, dass wir bald wieder Krieg bekommen, England–Amerika gegen Russland. Es kann sein, dass wir für eine lange Zeit getrennt bleiben. Aber ich weiss, in Gedanken sind wir stets zusammen. Sind das nicht schreckliche Zeiten. Wieder Krieg? Und England wird wieder zuerst allein stehen. Wenn das eintritt, dann bleibt, wo Ihr seid. Ich versuche, nach USA zu kommen, und ich versuche, Wantee mitzunehmen. [. . . . .] Es ist möglich, dass meine Freunde in Amerika mir helfen. Ist es nicht furchtbar, die Krankheit im Februar, dann keine Aufträge. Aber ich lebe und

werde weiter leben. Wantee ist mein guter Kamerad. Ich hatte Fieber, aber mein Hut, den Du mir aus Oslo gesandt hast, hat mich gerettet. Ich bemerkte, dass er Wasser durchliess, und so liess ich mich nass werden und erholte mich. [. . . . . .]

Lieber Ernst! Ich vergass die Seite mit meinem registrierten Brief ... Briefen von Mamma an Fräulein F[. . .] Sie sind so schön wie [. . .] Du siehst die Geschichte von Mamma in diesen Briefen und einen grossen Teil der Familiengeschichte der Schwitters. Sie könnten der erste Teil eines Buches sein mit dem Titel: »*Die Schwitters.*«

[. . . . . .]

Herzlich

daddi.

An Raoul Hausmann

4 Millans Park
Ambleside Westmorland
9. 9. 46

Lieber Roul!

Ich finde PIN jetzt gut. Nicht zu viel Whisky. Ich kenne keine Whisky-Firma, bevor ich im November nach London gehe.

Ich sandte »PIN« an Mesens. Lass uns seine Reaktion abwarten. Jetzt müssen wir sehen, wo es herauskommt, in Paris, in London? Welche Sprache?

Immerhin denke ich, wir sollten nur eine Seite Buchstaben-Gedichte haben. Denn wir müssen etwas interessantes Zeug haben für die Leute, die nicht lesen, nur verstehen können. Für solche Leute nehmen wir »4 Maurer« und so weiter. Das ist auch ganz gut. Ich warte auf den nächsten Brief von Sweeney. Dann kann ich entscheiden, ob ich ihm auch PIN schicke.

Bitte mache erst eine Zeichnung für PIN .*

Was denkst Du zu dieser? Und was tun wir in die erste Nummer? Welche Gedichte und welche Fotos? Vielleicht so?**

Ich denke, wir sollten nicht anfangen zu drucken, bevor jeder die disudas des anderen durchgearbeitet hat. Es soll nicht ein Haufen Gedichte sein, sondern Geist, so stark wie Whisky, oft wird es stärker, wenn man einfach die Stellung wechselt. »Die schöpferischen Fähigkeiten sind tief gesunken in der Kriegszeit« ist nicht so stark wie: »in diesen selben Kriegszeiten«. Verstehst und fühlst Du dies? Dies ist Deine Anregung.

Ich finde, Deine Gedanken sind sehr gut, wer aber interessiert sich für gute Gedanken. Nenn schöpferischen Geist »Whisky«, und Du wirst finden, dass das ohne dies Wort »trocken« ist. Und so, in meschuggener Weise, interessiert man die Leute, sogar am Geist. Spiele mit Worten, um einen ernsten Sinn zu erhalten, Du verstehst?***

Gefällt mir nicht. Im Fall, dass es in Frankreich erscheint, müssen wir einen anderen Namen finden. Warum nicht auf französisch: PINHOLE.Oder: *tastic* (von phantastic.)

tastig

Monsieur Laplaine wird es nicht verstehen, aber das macht nichts, er wird mich nicht mehr langweilen. Ich stelle Dich, wenn Du willst, als meinen grossen Freund vor, wo ich kann. Ich muss Domela auf seinen Brief antworten. Ich werde PIN erwähnen und meinen grossen Freund Hausmann. Ich gratuliere Dir zu Deinem Erfolg in der Pariser Zeitschrift. Kannst Du Sol-Chant nicht für PIN geben? Oder die Drei Tännchen? (auf englisch).

Ich werde später, wenn ich meine Ausstellung habe, das Museum of Modern Art für ein *neues anderes Ding* von uns beiden interessieren.

Du bist nicht umzubringen! - - - -

Das »I« ist besser, wie Du es schreibst

i / i

i / i

i / i

i / i

Ich bin nicht dagegen, die Gedichte in drei Sprachen zu veröffentlichen. Es wäre auch nicht schlecht, wenn Mesens einige ins Holländische übersetzen würde. Soll ich ihn fragen? Es kann sein, dass ihn das interessierter macht. Aber ich glaube, in der zweiten Nummer wird mehr Platz für Lautgedichte sein.

Wenn Du die erste Nummer machst, überlege, wie viele Seiten, 8 oder 16? Wie gross? Vielleicht doppelt so gross wie dies Blatt. Die erste Seite enthält

S

S   θ

S

S   PIN

und den Schlüssel

und so weiter. That is also
quite good. I wait the next letter
of Sweeny. Then I decide whether I
send letter Pin too. Please make first
a drawing of PIN.

What do you think of about this?

And what to take for the first
number? Which poems and which photo
tos. Perhaps:

RAOUL HAUSMANN   PPPP   II N N N   2   UNE CHOSE FANFAN ●   2   KURT SCHWITTERS   PIN dad

dont please me. We have in case of France to find another name. Why not in France: PINHOLE. Or: __tastic__ (from phantastic.)
__tastig__

Mr. Laplaine will not understand, but never mind, he will no more bother me. I present you as you like as my great friend, when I can. I have to answer directly for his letter. I will mention PIN and my great friend Heartmann. Congratulations for your success in Paris review. Could you

```
          – – – – – – – – – – –
          – – – – – – – – – – –
          – – – – – – – – – – –
ein       – – – – – – – –
– – poem              – –
          – – – – – – – – – – –
```

Du musst jede Seite für den Drucker fertig machen, um Mesens
zu interessieren.
Ursonate kam noch nicht zurück.
Alles Liebe

MERZ.

An Nelly van Doesburg

4 Millans Park
Ambleside, Westmorland
England 10. 9. 46

Liebe Nelly!
Ich bin sehr betrübt, dass es Dir nicht besonders gut geht. Du musst
Dir Ruhe gönnen. Mir geht es besser, aber nicht gut, und es ist sehr
schwer, sich so am Leben zu erhalten, dass man ein bisschen Geld
verdienen kann. Aber da es bisher gegangen ist, warum soll es dann
nicht weiterhin gehen. [. . . . . .] Aber sieh, es ist unmöglich, lange
Zeit ein revolutionäres Werk zu schaffen, ohne in ein solches Stadium zu kommen wie Delaunay. Ich selbst entwickle die Portraitmalerei, um mich fit zu halten für abstrakte Malerei und Skulptur.
Wenn Du Dich lange Zeit allein auf einem Weg befindest, auf dem
Dir nur ein paar Leute folgen, musst Du irgend etwas dieser Art
tun, um nicht wahnsinnig zu werden. [. . . . . .] Ich habe regelmäßig
Portraits gemalt, deshalb werde ich nicht müde, wenn ich unauf-
hörlich revolutionäre Kunst mache. Vielen Dank für den Katalog.
Mein Freund Hausmann in Limoges beklagt sich sehr, dass Du ihn
nicht auch ausstellst. – Ich will mit Hausmann eine Broschüre oder
eine Serie von Broschüren herausgeben mit dem Titel PIN. Es ist
eine *wirklich* phantastische Sache. Kannst Du uns nicht helfen, einen Verleger zu finden? – »Klebebilder« nenne ich jetzt »Merzzeichnungen«. »Expose« ist kein englisches Wort. Du musst
»exhibit« sagen. Vielen Dank, dass Du mit Peggy gesprochen hast.
Sie hat mir nicht geschrieben. Vielleicht schreibt sie mir.

Kannst Du mir die Adresse von Paula Vezeley mitteilen? Die Fahrt von London nach Ambleside und zurück kostet £ 3,– und dauert zweimal 8 Stunden. Ich kann eine Ausstellung im Museum of Modern Art in NY haben. Vielleicht zugleich Vorträge dort. Vielleicht in anderen amerikanischen Städten. Aber nicht in diesem Jahr. Wenn Du Amerika besuchst, kommst Du dann auch in den Osten? Dann besuche Käthe Steinitz in Los Angeles. Ich kann Dir ihre Adresse schreiben. 950 S. Hoover street Los Angeles 6. Calif. Sie arbeitet in der Bibliothek für Dr. Elmer Belt, eine ausgezeichnete Sache. Erinnerst Du Dich, als wir in ihrer Wohnung, Hannover, Georgstrasse mit Dr. Dorner tanzten, dass er Dich so bewunderte, dass Does eifersüchtig wurde? Vielleicht wirst Du Dr. Dorner treffen? Direktor des Kunstmuseums, Rhode Island, School of Design, USA. Wenn ja, dann erzähle ihm von mir und grüsse ihn von mir. Es wäre sehr nett, wenn Du ihn wiedertreffen würdest. Übermittle Hans Richter meine Glückwünsche.
So.
Herzlich.

MERZ.

An Christof und Luise Spengemann

4 Millans Park
Ambleside, Westmorland, Engl.
18. 9. 46

Lieber KrischanLuise, liebe LuiseKrischan!!
Dank für Brief vom 9. 9. Habt Ihr Eure Ohren wieder frei oder noch immer viel um dieselben? Demoliertes Land dito Existenz. Leider ist meine auch sozusagen demoliert. Ich bin Flüchtling. Aber wie ich mutig aufbaue, zwischen New York, Hannover, Molde, so werdet Ihr ebenfalls.
[. . . . . .]
Ich lasse mich über die Zerstörung von № 5 nicht täuschen und weiss, dass es weiter durch Regen, Frost, Wind zerstört ist. Aber mein Sponsor in New York schreibt, ich soll retten, was zu retten ist. Ich soll ihm Fotos von dem augenblicklichen Zustande und von der Arbeit senden. *Kannst Du mir schreiben, ob Fotomaterial in Hannover zu haben und frei ist, oder ob ich es besser von USA verlange.* Mein Merzbau war praktisch nicht ein einzelner Raum,

sondern über das ganze Haus verteilt. Der Hauptraum scheint zerstört zu sein. Ich habe Fotos von ihm, als er heile war, und werde sie eben in USA mit Fotos von dem demolierten Zustande zusammen ausstellen. Wenn das Kind ins Wasser gefallen ist, ... Jetzt will das Museum of Modern Art in NY den Merzbau ausstellen mit soviel als möglich Fotomaterial. Du kannst Dir denken, *was solch eine Ausstellung in dem grössten und besten Museum für moderne Kunst für mich bedeutet.* Abgesehen von den Ausstellungen, die sich *daranschliessen: Chicago, Los Angeles ...* Verbunden mit einem Besuch nach Amerika, wo ich meine *Gedichte und die Ursonate* vortragen werde. Das alles hängt ab von der Reparaturfähigkeit des Merzbaues. *Wenn nur ein paar Ruinen ausgegraben werden können, die ich nach NY als Fragmente senden kann, so hat sich die Reise gelohnt.* Teile des Merzbaues waren im Nebenraum, auf dem Balkon, in 2 Räumen des Kellers, in der 2ten Etage, auf dem Boden. *Ich hoffe, dass die 2te Etage und der Boden zu betreten sind.* Das Treppenhaus soll ja eingestürzt sein. Sonst muss ich Leitern anstellen. *Wenn es möglich wäre, ein wasserdichtes Laken über den Hauptraum zu legen, so würde es wenigstens jetzt weiter erhalten, wie es ist.* [.. ...] Ich werde im November in der Fabrik Dr. Dux in Richmond etwa 3 Wochen meine New York-Bilder vorbereiten. Es ist dieses im Grunde die London Ausstellung von 1943, erweitert und vermindert und verschmutzt* [.. ...]
1941 habe ich ein Gedicht »Eisenbahn« gemacht:

Auf kühlen Eisen
Will ich verreisen,
Auf einer Bank die rattern tut.

Dort kommt:
»Schischischischischen,
← Der Dampf dazwischen,«

Das tut den kranken Nerven gut.

Die Passagiere
Sind Wirbeltiere
Und haben weiter keinen Zweck.
Die meisten scheinen
Das nicht zu meinen,
Doch diese wissen einen Dreck.

Am meisten vorne
Auf dem Balkorne
Da steht ein Mann, der fahren kann.
Didiktatoren
Sind unverfroren
Und geben meist gewaltig an.

Die Fortsetzung habe ich auch vergessen. Schade. Schade ist tot, sagt man in Hannover.

Jetzt weiss ich genau, wo Ihr wohnt. Ich brenne darauf, über den Feldweg zu gehen, Luise auf die Backe zu küssen, Krischan auf beide Backen nach russischer Manier. Dann kommt Wantee. Sie küsst auf 3 Backen. Dann gehen wir vier nach Bischofshole Kaffee trinken und denken an Helma. Ach wird das schön sein. Ich bin gespannt, wie Ihr wohnt, habe ich doch schon ein Dutzend Eurer Wohnungen kennengelernt. Die schönste war für mich in der Podstrasse, wo Walter mit seiner Morfinistin im Hinterstübchen residierte. Aber *alle* Eure Wohnungen waren beseelt, wenn Ihr darin wohntet, und öde und uninteressant, sobald Ihr verzoget. Wie aufregend war die Zeit in der Weinstrasse. Ich brachte jeden Tag 2 Steine auf dem Fahrrad für die Felsen, an denen Luise arbeitete. Und Nachmittags, wenn ich müde von Reklamearbeiten über ganz Hannover vorbeikam, besuchte ich Luise und bekam dort heissen Tee und Brötchen mit Butter. Das lebt in meiner Erinnerung. Da entdeckte ich in einer Nebenstrasse den Vers vom ollen Terrarium. Einmal erlebte ich auf dem Wege zur Weinstrasse ein Gewitter. Ich machte ein Gedicht und las es gleich Luise vor:

Es donnert, es donnert, es donnert stundenlang.
Es blitzet, es blitzet, die Strassen werden blank,
Es scheinet, es scheinet erneut der Sonnenschein,
Kann das wohl, ja kann das wohl ein Gewitter sein?
Es donnert, es donnert, es donnert stundenlang,
Es blitzet, es blitzet, die Strassen werden blank,
Es scheinet, es scheinet erneut der Sonnenschein.

Blöde!
Wie lange Jahre, ja Jahrenden habt Ihr mit einem von Natur blöden Individibumm ausgehalten!
Wenn man nun den schnellen Graben umleiten würde, von der

Ihme in die Leine, das ist wirklich eine grosse Idee, dann flösse er wirklich bergauf. Das Resultat wäre eine Wiedergeburt der Selbstmörder!!!!!!!!

Sie würden in umgekehrter Reihenfolge als sie hineingehopst sind plötzlich ans Land geschleudert leben und dann mit einem Fettkopf dastehen um ins Leben hineinzutreten. Welche Komplikationen könnten da entstehen. Wenn z. B. einer heranhoppt und kommt gerade an, wenn seine verflossene Friedericke, um die er sich das Leben genommen hat, doch mit ihrem nächsten Heinerich am Ufer steht, um einen Doppelselbstmord zu begehen. Unser ins Leben tretender Selbstmörder begreift die Situation und schleudert Heinerich in den schnellen Graben. Dann umarmt er Friedericke, aber in dem Moment wird Heinerich wieder ans Land geworfen, weil der schnelle Graben umgekehrt fliesst. Heinerich stürzt nun Fritz ins feuchte Element, und umarmt Friedericke. Fritz wird wieder ans Land geworfen und stürzt Heinerich hinunter und umarmt Friedericke. Dann geschieht wieder der Land Sturz Heinerichs. Dann Fritzens, dann Heinerichs und so fort. Bis Krischan, der Schriftsteller, sich an den Magistrat wendet, dass der schnelle Graben wieder umgestellt wird. Und so fliesst der schon Jahre lang verschimmelte Fritz wieder ab in die Ihme, während Heinerich mit Friedericke sich zwecks Selbstmordes in die gelblichen Fluten der Leine begeben. Schade, was? –

Da steht Ihr an der Wiege meiner letzten Dichtung. Es ist sonderbar, dass wir zusammen dichten können. Es ist eben etwas Gemeinsames bei uns.

Faust – Schiller . . . ist das ein Citat aus Deinem Buche über Zeitgenossen in Hannover?

Apropos Wantee-Knochen. Ich sende Euch ein Foto von Wantee, Ernst und mir vor unserem Weihnachtsmahle in London, ich glaube 1943. Bitte *vergiss nicht, mir das Foto prompt zurückzusenden,* da ich nur das eine habe. Aber davon könnt Ihr Euch von uns Dreien drei Bilder (ein Bild) machen. Kennt Ihr mich wieder, nachdem ich so gealtert bin? Und Ernst. Er ist ein richtiger Herr geworden. Was sagt Krischan zur Wantee? Ihr Name ist LADY WANTEE WINTERBOTTOM.

Klingt das nicht sehr vornehm?

Das ist so ungefähr wohl alles.

Love

MERZ.

1

4 Millans Park
Ambleside, Westmorland, England
20. 9. 46

BEAR MANN!

I have good news. Mr. hessens
wishes to see the whole material for
our booklet. That does not mean anything, but is better than nothing. He
decided now to give out a booklet
of 15 - 20 chess drawings in colourprint.
I go therefore in November to London, to start the print. Also he will
give out about 10 Gramaphon records
of my Ursonate. Perhaps he agrees that
I mention there your name. I will tryit
anyhow in the advertising for it. Now I

I hope you dont mind that I kept you so long, but there is always so much to say at a short visit.
Dank für Luises schönste Grüsse.

An Raoul Hausmann

4 Millans Park
Ambleside, Westmorland, England
20. 9. 46

LIEBER [HAUS]* MANN!
Ich habe gute Nachrichten. Herr Mesens wünscht das ganze Material für unser Buch zu sehen. Das bedeutet nichts, aber es ist besser als gar nichts. Er hat beschlossen, ein Buch mit 15–20 MERZ-Zeichnungen in Farbdruck herauszubringen. Darum gehe ich im November nach London, um mit dem Druck zu beginnen. Er will auch ungefähr 10 Grammophonplatten meiner Ursonate herausgeben. Vielleicht ist er einverstanden, wenn ich dabei Deinen Namen erwähne. Ich werde es versuchen. Wenigstens in der Ankündigung. Nun denke ich: »Schmiede den Eisen, bis er warm wird.« Wenn ich ihm im November eine Nummer von PIN zeigen kann, könnte ich ihn dazu bringen, es zu drucken. Er ist in London der einzige Mann für uns.
Nun habe ich über einiges nachgedacht. Ich würde nicht uns beide im Vorwort nennen. Da würden vielleicht nicht viele interessiert sein, es zu lesen; und es kann sein, daß wir irgendwann Lust hätten, Gedichte von jemand anderem dazuzunehmen.
Wir schreiben: *Herausgeber, nicht: Alleinige Herausgeber.* Raoul Hausmann und *Kurt* Schwitters. Ich würde sagen, das genügt, und wir wissen, dass da kein anderer Herausgeber ist. Und *Kurt* Schwitters ist dasselbe wie MERZ und ist besser bekannt als Merz Schwitters. Willst Du nun, bitte, eine Nummer für Mesens zurechtmachen. Wie Du magst. Aber ich denke, nicht zu viele Buchstaben-Gedichte. Aber der Schlüssel zum Lesen von Buchstaben-Gedichten in ihrer Form als Lautgedicht. Buchstaben-Gedichte können auf verschiedene Art gelesen werden. Nach Geschmack eines jeden. Ich mache Lautgedichte, und der Schlüssel gibt die Art an, wie ich sie lese und wie jedermann sie lesen *könnte.* Du machst Buchstaben-Gedichte und musst sie mit einem Übersetzungsschlüssel versehen, so dass jeder sie lesen *könnte.* Natürlich, man kann

auch ganz anders lesen. Diese Übertragung gibt nur unseren Schlüssel an, wie wir sie lesen.

Ich liebe Deine Sonne. Laß uns den PIN -Kopf mit diesem *Sonnen-Zeichen* machen (siehe 4). Kannst und willst und würdest Du es durcharbeiten, bitte? Wenn die London Gallery es veröffentlicht, ist PIN der richtige Name, und die Hauptsprache muß Englisch sein. Pin und Phan ist nicht zu verstehen. Das ist die rechte und die linke Seite von Phan.

Schick mir nun das Vorwort noch einmal, durchgearbeitet, und wir haben ein wirkliches Ding an Sweeney zu senden. (Nicht Barr. Barr hat keinen Einfluss mehr.)

Darf ich ehrlich sein. Dein Alptraum muss lesbar gemacht werden. Du musst alles weglassen, was nicht lesbar ist. Z. B.: »88«, denn Du musst es in irgendeiner Sprache sagen. Oder: »B«, denn »b« ist einfacher. Und Du musst mehr mit Rhythmus arbeiten. Für mich ist die Zahl der Buchstaben zu gleichartig für eine Komposition. Ich will versuchen, eine disuda von dem Alptraum zu machen, denn die Idee ist sehr gut. So gut wie Obervogelgesang. Ich schreibe es gesondert. [. . . . . .]

Schlüssel zum Lesen von Lautgedichten

Da die englische Sprache für exakte Klänge sehr schwierig ist, wählte ich die einfacheren Klänge der deutschen Sprache. A e i o u sind einfache Töne, nicht ou oder ju, wie o und u im Englischen.

Und ich gehe zurück auf einfache Konsonanten. Wenn ein Konsonant durch zwei ausgedrückt werden kann, gebrauche ich ihn *nicht,* z. B. das deutsche z, so sage ich ts.

Wenn 2 Vokale geschrieben werden, so bedeutet das einen längeren Ton als einer. Wenn 2 Vokale als 2 gesprochen werden sollen, so trenne ich sie. aa ist ein langes a; a a sind 2 as.

Konsonanten sind ohne Klang. Sollen sie einen Klang haben, so muss der Vokal des Klanges geschrieben werden: b be bü bee. Wenn Konsonanten wie bp dt gk einander folgen, so sind sie einfach zu sprechen. bbb wie 3 getrennte b. Wenn einige f h l j m n r s w ch sch (sh) einander folgen, so sind sie nicht als einzelne zu sprechen, sondern wie ein langer Konsonant. c q v x y z werden nicht verwendet. w ist nicht double u wie im Englischen, sondern wie das englische v. Grosse Buchstaben bedeuten dasselbe wie kleine, sie ergeben nur eine bessere Trennung. Die englischen Vokale a, i werden gedruckt ä, ei; das französische u = ü; das norwegische ø = ö.

Lieber Houseman!
Kannst Du den Klangschlüssel besser machen? Immerhin, ich arbeite nun nach diesem Schlüssel.

Die wirkliche disuda des Alptraums [. . . . . .]

I.

ch	bbgjjjji
chcht	zz uu oooo
chchtt	nj
cchattt	hz hz ggz
chat!	ggz kkiiuu
chtatt	hn iiu hz
cht att at ee	hhhhggg
e.	kkkoo
chuatt	jjj
batt	zzz
bgatt	tt trr uu
bgg	jjj uu
bbbgg.	iii uuu
cc	jjj uu
jjjjiuut	lılı z
ffr	ff r
uuuuiiii!!	tz
uuzuu ggg	z.
–	
hhhh gg	kkk opp
jj iiii !!	öö oo ii
kkkk iiii !!	huu
hh z	hhhuu
g t g	uuii
g t g t	ggg z
fff rrrf	g z
h	huuhuu
h uu	huu
ooiioo	ii oop
hhh uu	ii oooo ii
uu	uuuuii
jjj uu	ooooii
frf g g zu u	uuh g g hki

236

gggttt jjj uu
u
uuu
ujuj

grr
curr.

ch
ch Ch t
chat !
chtat
chtattatee (1 long e)
ee.
chnat
bat
bgat
bgG
bBbgG
cC
jJjJi uut (1 long u)
ffr (1 long f)
uu ii
uuzuug G g
b B g G j J j J ii (1 long i)
zZ uu oo
nj
nj
hz Hz g G z
g t g t
g t g t g t g t g t g t
f F f r R f
h
h uu (1 long u)
oo ii oo (2 long o, 1 long i)
h Hh uu   (1 long u)
uu   ”
jJj uu   ”
frfgGzu
gGgtztjJj uu   ”
uu   ”
uUu

ch Ch t T
ch Ch at
g Gz kK ii uu (1 long i,
hn iiuu hz   1 ” u)
hHhHgGg
kkk oo (1 long o)
jJj
zZrR
tTtrR uu (1 long u)
jJj uu   (”   )
iIi uuu (1 very long u)
jJj uu (1 long u)
hHz
fFrR
tz
z.
hH hH gG
jJ iiii (1 very long i)
kKkK iiii (”   )
hHz
g t g
g G g z
g z
h uu h uu (2 long u)
uuii (1 long u, 1 long i)
gGgz
gz
huuhuu (2 long u)
huu (1 long u)
iioop (1 long i, 1 long o)
ii oooo ii (2 long i, 2 long o)
uu uu ii (2 long u, 1 long i)
oo oo ii (2 long o,   ”   )
uu hgGkK i (1 long u)

237

```
nj nj                              grk
kKk oo p P (1 long o)              kurR
öö oo ii (1 long ö, 1 long o,
            1 long i)
hHh uu (1 long u) (2)
h uu    (    "    ) (1)
uu ii   ( ",  1 long i)
```

[. . . . . .] Wir haben einen grossen Vorteil, wenn wir Lautgedichte nach einem für jeden lesbaren Schlüssel machen. Sonst ist es fast wie ein Bluff der Dadazeit. Er *ist* lesbar. Und für jedermann. Bitte sei nicht böse, dass ich Dein Werk mache, so geht es besser.

Nun, lieber Raoul, bitte ich Dich, mir Deine Ansicht darüber zu sagen. Wir haben Zeit, ein wirkliches Ding zu machen, ein wirkliches Phan-Ding.

All meine Liebe, ich kann nicht verstehen, dass wir nicht schon seit zehn Jahren zusammen arbeiten.

Beste Grüsse an *Heta!*

MERZ.

An Raoul Hausmann

Millans Park
3. 10. 46

Lieber H!

Ich bin so traurig über Dein Pech. Ich weiss, was das bedeutet: ich hatte das ganze Jahr um Geld zu kämpfen seit Februar. Ich bin froh zu hören, dass Domela geantwortet hat. Ich weiss auch, was das ist, im Bett zu liegen. Voriges Jahr musste ich zuerst 5 Wochen, dann 3 Wochen liegen, da ich auf mein Bein gefallen war. Danach musste ich 5 Wochen im Bett liegen wegen Grippe. Ich war 2 Wochen blind und brauchte 3 Monate, um zu heilen. Aber *Unkraut vergeht nicht*.

Ich will versuchen zu schreiben »Variationen über einige Themen von Hausmann«, aber nur, wenn ein geschriebener Text da ist. SOL-Chant gefällt mir sehr. Gut. »Dioskuren von grosser poetischer Dichterei«. 2 davon! Vielleicht 3. Mit Arp arP *Die drei grossen Zwillinge*. Was hältst Du davon? Drei Zwillinge.

Danke, dass Du nett zu MERZ bist. Ich schreibe Dir einen Brief an arp. PRA. Bitte sende ihn ihm mit Deinem.

Gut, dass Du diese »Intonation de l'alphabet français« geschrieben hast. Was ist »ask for sweet slice mango chutney«? Ich kann Dir meine Ansicht nicht schreiben, bevor ich das weiss. Aber im Prinzip bin ich gegen etwas, was man ebensogut »surrealistisch« nennen kann.

Ich werde sehen, ob es gut ist, Mesens einzuladen, ich glaube, es ist sehr gut, mit Arp zusammen zu arbeiten, und ich schreibe ihm jetzt. Natürlich wir beiden (2), zwo beiden haben zu ent*scheiden*. Wir zwei bleiben verantwortlich für die Redaktion. Wir drucken klein unter das Ganze »Redaktion Raoul Hausmann Limoges und Kurt Schwitters Ambleside«. Das genügt. Und wir laden z. B. Arp und Mesens ein. Lass Arp nicht wissen, *dass es Mesens ist.*

Ich kann nicht ganz erfassen, was ich als MERZ anderes schreiben könnte als MERZ. Nur kurze Geschichten. Ich kann nicht 500 Seiten MERZ schreiben. Sag mir, wie Du das meinst.

Alles Liebe!

MERZ.

An Lotte Gleichmann-Giese

4 Millans Park
Ambleside, Westmorland, England
6. 10. 46

Liebe Frau Gleichmann!
Herzlichen Dank für Ihren Brief vom 16. 8. Ich habe mich sehr gefreut über Ihren Vorschlag, Zeichnungen von den Trümmern meines Studios machen zu wollen. Ich wüsste allerdings sehr gern, ob es möglich sein wird, noch einige Teile zu retten. Es mag ja verrückt sein, aber es ist sozusagen mein Werk, für das ich gelebt habe, und an dem ich 10 Jahre gearbeitet habe.
Bislang habe ich noch kein Visum zur Einreise nach Hannover erhalten. Aber ich versuche es immer wieder und hoffe, etwas retten zu können. Ich weiss nicht, ob jemand daran gedacht hat, ein paar alte Laken über die Ruine zu decken, damit es nicht durch das Wetter mehr noch zerstört wird. Seien Sie bitte so gut und sehen einmal danach. Herr Bergmann, Landwehrstrasse 1 bekümmert sich

um meine Angelegenheiten und wird Ihnen sicherlich in meinem Keller etwas finden und darüber decken.

[. . . . . .]

Leider sage ich immer meine Meinungen offen. Das nehmen einem oft Menschen übel, aber ich bin nun einmal so. Ich hätte in Deutschland unter den Nazis einfach nicht leben können und hatte das Glück, herauszukommen. Natürlich ist es nicht immer so einfach, im Ausland zu leben.

Meine neuen Bilder sind von den alten nicht mehr verschieden, als ein Huhn von einem anderen Huhn. Tempora mutantur, aber ich kann das nicht. Seit 1918 kann ich mich einfach nicht ändern. Ich bin anders als Picasso. Man fragt immer: »Wie malt eigentlich Picasso dieses Jahr.« Das ist immer ganz interessant, aber ich male immer ganz gleich! Ich lerne auch nicht zu. Ich glaube seit 1919 habe ich nichts mehr im Malen zugelernt. Dazu reicht es eben bei mir nicht. Daher wenn Sie damals Bilder von mir gut kannten, wissen Sie, wie ich jetzt male.

Ich werde im November in London ein Buch mit farbigen Merzzeichnungen, das heisst *es* wird von der Londongallery herausgegeben und verlegt. Ich bin auch inzwischen berühmt geworden. Das kam ganz einfach. Ich malte im Grasmere (das ist ein See), in einem Boot sitzend, das Ufer. Da kam ein Schwan, sah meine Taschenuhr auf der Bank neben mir liegen und verschlang sie. Ich hörte ihn würgen, und sah es, wie er sie verschlang. Sofort läutete ich die Polizei an und verlangte, den Schwan wegen Diebstahls zu verhaften. Die Polizei weigerte sich, da Schwäne hier dem König gehören. Aber, wie weiss ich nicht, die Geschichte stand mit meinem Namen eine Woche lang in allen Zeitungen. Auch der Schwan und der Polizeifeldwebel waren erwähnt. Seit der Zeit bin ich hier in England berühmt. Wenn ich einen Fremden in der Eisenbahn treffe, so brauche ich bloss zu sagen: »Ich bin der Maler, dessen Taschenuhr,« dann fährt er fort: »ein Schwan auf dem Grasmere verschluckt hat.« Heute wurde ich an meinem Namen Schwitters von einem Laufburschen in einem Hotel als der Mann mit dem Schwan erkannt. Nach 3 Monaten fand ein Kind die Uhr unten im Boot liegen. Nun wage ich nicht der Polizei zu berichten, dass der Schwan sie wiedergebracht hat, sie würde es mir nicht glauben. Ich auch nicht. Aber ich bin ein berühmter Maler, aber nicht weil ich malen kann, sondern weil Schwäne meine Taschenuhren verschlingen.

Nun grüssen Sie herzlichst Ihren Mann und seien Sie selbst herzlichst gegrüsst von Ihrem

Kurt Schwitters.
(Anna Blume und der Schwan.)

[.. .. ..]

MERZ
(Schwanenkämpfer.)

An Ernst Schwitters

Ambleside
8. 10. 46

Lieber Ernst!
Ich liege im Bett. Heute bin ich vor dem Central Café umgefallen
und habe mir vielleicht das Bein gebrochen. Es ist sehr schmerzhaft.
Dr. Johnston meint, dass der Oberschenkel am Hals gebrochen ist.
Dr. Lancaster glaubt, dass nur die Muskeln gezerrt sind. [.. .. ..]

9. 10. 46

Lieber Ernst!
Das Bein ist wirklich gebrochen, daran ist kein Zweifel. Dr. Johnston sagt, ich muss 10 Wochen im Bett bleiben. Ist das nicht
furchtbar.* Hier ist es gebrochen. Ich weiss nicht, wie ich mit dem
Geld auskommen soll. Und ich bin froh, dass ich Wantee habe,
die sich um mich kümmert.
Heute bekam ich einen Brief von Hjalmar Gabrielson. Er will das
Selbstportrait kaufen. [.. .. ..] Was soll ich tun? 400 Kronen sind
nur 20 £. Soll ich von ihm 23 £ verlangen? Und wie sollte man
das Portrait schicken? Direkt? Ich warte einige Tage auf Deine
Antwort. Du kannst den Brief gut im Bett lesen so wie ich.
Das Bild ist nur der Kopf.
Alles Gute. Herzliche Grüsse Euch beiden.

Daddy.

Ich bin zum Mitglied der Lake Artists Society gewählt worden.

An Cesar Domela

4 Millans Park
Ambleside, Westmorland, Engl.
12. 10. 46

Lieber Domela!
Ich schreibe in Blei, da ich wegen eines gebrochenen Beines im Bett liege.
Meine Ursonate soll nun in längeren Teilen in London herauskommen.
Die Merzsäule wurde zum Merzbau, ein ganzer Raum, rundum gestaltet, und ist gebombt. Ich hoffe, im Frühling 47 nach Hannover zu reisen, um zu retten, was noch zu retten ist.
Über Helma habe ich immer noch Nachrichten von Freunden, sie lebt dann immer wieder.
Buchheister antwortet mir nicht auf Briefe. Ich weiss nicht, was los ist. Aber er soll leben.
Das waren alte Klebebilder, die Nelly noch hatte. Aber ich habe mich in den letzten 25 Jahren kaum geändert.
Herr Lehmann nannte sich in Oslo in 36 UNO FOTO. Jetzt ist er Foto Ernst. Dieser Name gilt viel in Norwegen und in England. Er stellt auch im Pariser Salon aus.
Ich würde mich sehr über das kleine farbige Album freuen. Die London gallery will auch ein kleines booklet mit Merzzeichnungen von mir bringen.
Hausmann schrieb, dass er mit Dir korrespondiert.

> Und wenn die Welt quadratisch wär,
> Und alle Menschen fielen ins Klosett,
> Dann gäb es keine Menschen mehr,
> Dann wär das Leben riesig nett.   (richtig behalten?)

Herzlichst

MERZ.

An Raoul Hausmann

Millans Park
Westmorland Ambleside
15. 10. 46

Lieber Raoul!
Letzten Dienstag, 8. 10., brach ich mein rechtes Bein. * hier. Ich
muss ungefähr bis Weih-Nachten im Bett liegen und sehe Mesens
nicht vor Januar.
Wenn Du das erste PIN bald fertig machst, sehe ich es durch und
kann es ihm schon im November schicken. Vielleicht wird es so am
besten sein.
Die Ausstellung in New York ist verändert. Es ist eine *allgemeine
Collage-Ausstellung* und eine Einmann-Ausstellung für mich. Aber
ich werde einen grossen Platz darin haben. Sie dauert vom 25. 3. 47
bis zum 18. 5. 47. Die Collagen müssen im November dort sein.
Schreibe nicht an das Mus of Mod Art, sondern schreib mir, ob Du
teilnehmen möchtest. Und was Du sendest. Ich schreibe dann sofort
an Miss Margaret Miller (nicht Sweeney) und sage ihr, dass Deine
Werke gut und original sind (keine Imitation), und ich bitte sie,
einige Deiner Werke zu nehmen, da wir nah befreundet sind,
garantiere ich für Dich. Nur Collagen. Es wird einen Katalog geben.
Kann sein, sie stellen Fragen über Deine Persönlichkeit.
Nun denke ich, Mesens müsste PIN auch fertig haben zu dieser
Ausstellung.
Ich bin müde, denn ich liege im Bett.
Liebes

MERZ.

An Raoul Hausmann

4 Millans Park
Ambleside Westmorland
22. 10. 46

Lieber Hausmann!
Ich weiss nicht, wie ich es Dir sagen soll. Ich dachte lange darüber
nach, aber da ich jetzt krank im Bett liege, wird es mir mehr und
mehr klar, dass es für mich unsinnig ist, mit jemand zusammenzu-
arbeiten, selbst mit Dir.

In meinem ganzen Leben tat ich alles allein, habe nie mit irgendwem zusammengearbeitet. Dadurch sah alles so aus, wie ich wünschte, dass es aussehe. Ich will damit nicht sagen, dass PIN sehr anders wäre, aber ich könnte meine Anschauung nicht ändern, wenn ich später Lust dazu hätte. Ich bin stärker allein, und Du auch.

Kurz, ich möchte überhaupt nicht mit meinem Namen auf PIN figurieren. Ich sage dies, bevor Du anfängst loszugehen. Nimm alles, was Du magst, von dem, was ich gegeben habe, Du bist der alleinige »Boss«. Ich entscheide nichts, Du bist allein verantwortlich. Es ist zu schwierig für uns, die an verschiedenen Orten leben, gemeinsam PIN herauszugeben.

Ich hoffe, Du verstehst und bist nicht böse, wir sind Freunde, aber jeder arbeite allein.

Wenn Du willst, kann ich *Dein* PIN im Januar Mesens zeigen. Ich kann es empfehlen.

Ich denke, das ist alles.

Mit besten Grüssen

Kurt Schwitters.

An Raoul Hausmann

4 Millans Park
Ambleside Westmorland
30. 10. 46

Lieber Hausmann!

Niemand schrieb gegen Dich aus Paris. Es ist nur dies, dass ich nicht weiss, wie es weitergehen kann mit PIN, wenn Du so weit weg lebst.

Vor einer halben Stunde schrieb ich an Mesens: »Hausmann schreibt mir, PIN ist fertig. Er sendet es mir. Da ich ihm aber nur Gedichte und einige Ratschläge gegeben habe und selbst nichts durchgearbeitet habe, werde ich nur Mitarbeiter des Buches sein und nicht Mitherausgeber. Es ist auch unmöglich, dass zwei Personen, der eine in Ambleside, der andere in Limoges, ein Buch zusammen herausgeben. Ich bin sicher, dass Hausmann es sehr interessant gemacht hat. Jetzt sendet er mir das Buch. Kann ich es Ihnen senden? Es ist sicher ein sehr gutes Avantgarde-Buch.«

Wenn Mesens antwortet, werde ich Dir sofort schreiben; ich weiss nicht, was er antworten wird. Warte also bis dahin, bevor Du es mir schickst, vielleicht in 14 Tagen. Aber ich möchte, dass Du meinen Anteil verwendest, wie Du es gut findest. Du bist der Herausgeber, und ich habe nur einige Werke drin abgedruckt. Ist es so recht?

In Zürich kommt ein Buch heraus mit 6 deutschen und 6 französischen Dichtern. Mrs. Giedion. Sie sandte mir die Korrektur. Ich schrieb zurück, da sie über meine Ursonate schrieb, dass sie schreiben solle, dass die Ursonate »entstanden ist als Variation von einer Melodie von Hausmann: F M M S B W T C U . P G F F . M Ü .« und anderen Melodien wie »Dresden« und »Racket«.

Nun, niemand in Paris hat mich vor Dir gewarnt. Sei dessen ganz sicher.

All meine besten Grüsse wie immer

Dein Kurt Schwitters.

An Christof Spengemann

4 Millans Park
Ambleside, Westmorland
11. 11. 46

Lieber Louis Christian Joseph!

Du bist Dich ein Louis! Klein schreiben tuts nicht allein, weshalb schreibst Du nicht lateinisch? Du willst internationalistisch sein und schreibst sozusagen Türkisch.

Cornelia, Claudia, Lucia. Meine erste Freundin in Oslo hiess Claudia. Sie war nicht so ohne. Sie war sozusagen mit.

Ich würde ein Gedicht machen, es kann ein Schlager werden.

Cornelia!
Du bist mir so fern!
Ich habe Dich so gern!
Komm in die Strassenbahn,
Ich höre Dich schon nahn.
Auf steigt mein Liebeswahn,
Wann kommst Du an?
Wann, o wann!?

So ungefähr. Oder versuch es von hinten:

Ailenroc
Ailenroc! Ein reizvoller Name.
Ailenroc aus Revonnah.

Cornelia,
Du bist mir nah.
Sei nicht so fern,
Ich habs nicht gern.
Komm mit die Strassenbahn,
Ich fühle Dir schon nahn!
Wann, Liebste, kommste an?
O wann, a wann, o wann?

Ich denke, diese Fassung hat mehr Schwung. Wie in der Schaukel.
Aber ich sehe, ich habe den Cornelia Ton nicht ergriffen. Das
Einzige wäre die Strassenbahn.

Fahr schnell bis zur Centrale,
Sieh, wie ich zu Dir aale!
Du bist mein Ailen Rock,
Ich eile als Dein Bock.

Sag, dass ich kein Lyriker bin, sag, dass ich kein Klassiker bin,
aber ich habe das innere Gefühl, Cornelia, Strassenbahn und
Zentrale passen zusammen.
Die Seiten 7 und 8 müssen irgendwo hinten drauf stehen. Du hast
sie schon, sieh einmal von hinten. Ich sende ein Foto von Barnes
(London) Weihnachten 43 [mit]. Es ist keine gute Foto[grafie], aber
ich *bitte um Rücksendung*. Sieh, der Merzbau *muss* gerettet werden.
Zu retten ist die Aussenmauer. Es muss ein Boden und ein Dach hin-
eingebaut werden. Dann fange ich eben von vorne an. Das gibt mir
die Möglichkeit zu reisen, denn ich erhalte für den Merzbau Geld
von USA. Es waren 8 Räume im Hause gemerzt. In einem Briefe
Helmas lese ich, dass der Raum über ihren Räumen und ihre
Räume selbst erhalten geblieben sind. Mache ich eben einen *neuen*
Merzbau. Aus den Resten und dem Staube des alten.
Nun wieder Cornelia Nepa: Lass sie *ent* auf der Strassenbahn
endigen, *weder* in einer Dichtung. Oder schaff Dir ein Fahrrad an
mit Rücktrittbremse und Dynamo-Lampe. Sieh zu, dass Du keinen
Hund überfährst. Die Hunde laufen so langsam. Und wenn Dein
Herz Dich zu Cornelia Nepa zieht, fährst Du auf Deinem kleinen

Fahrrad so schnell, dass die Köter nicht ausweichen können. Nimm jedenfalls Verbandzeug mit und lerne erste Hilfe an Hunden. Und vergiss nicht, der deutsche Hitlergegner schreibt lateinisch. Dir, Nepa, den überrannten Hunden, dem Frühling, Walter, Louise, Frau Morph und allen die merzlichsten Grüsse von

Kurt Schwitters.

An Raoul Hausmann

4 Millans Park
Ambleside Westmorland
14. 11. 46

Lieber Raoul!
Dank für Deinen Brief vom 12. 11. Du hast ja eine wundervolle Dichtung über Hans Arp da zusammengestellt. Ich finde, es stimmt auch.
Kennst Du: »Art of this Century«, ein Buch von Peggy Guggenheim, 30 W 57th Street New York? Schreib ihr, sie soll Dir diesen Katalog senden, Du wirst auf Seite 31 finden, was Arp über konkrete Kunst schreibt, und er nennt auch Deinen Namen.
Ich schreibe Dir jetzt einige Details: »Ursachen und Beginn der grossen, glorreichen Revolution in Revon« 1919.
Wir trafen uns 1918 zum erstenmal im Café des Westens.
Prag September 21.
Treffen in Weimar: Arp, Tzara, Doesburg, Nelly, Merz war Herbst 22. Peter Röhl griff uns an, und ich erwiderte den Angriff, indem ich dem Publikum sagte, unter dem Publikum befände sich eine ganz bedeutende Persönlichkeit, und zwar kein Geringerer als der Erfinder des Petroleums, Herr Peter Röhl. Er sagte kein Wort mehr. Von Weimar gingen wir gesammelt nach Hannover, Galerie von Garvens.
In Holland waren nur: Nelly, Theo van Doesburg, Huszar und ich. Tzara und Arp kamen nicht. Huszar war kein Dadaist, er zeigte eine bewegliche Puppe, auf konstruktivistische Art.
Wir eröffneten in den Haag. Doesburg las ein sehr gutes dadaistisches Programm, in dem er sagte, der Dadaist würde etwas Unerwartetes tun. In dem Augenblick stand ich inmitten des Publikums auf und bellte laut. Einige Leute fielen in Ohnmacht und wurden hinausgetragen, und die Zeitungen berichteten, Dada bedeute

Bellen. Wir bekamen sofort Engagements für Haarlem und Amsterdam. Es war ausverkauft in Haarlem, und ich ging durch den Saal, so dass mich alle sehen konnten, und alle erwarteten, dass ich bellen würde. Doesburg sagte wieder, ich würde etwas Unerwartetes tun. Diesmal schnaubte ich meine Nase. Die Zeitungen schrieben, dass ich nicht bellte, dass ich nur meine Nase schnaubte. In Amsterdam war es so überfüllt, dass die Leute phantastische Preise zahlten, um noch einen Platz zu bekommen, ich bellte nicht, noch schnaubte ich meine Nase, ich rezitierte die Revolution. Eine Dame konnte nicht anhalten zu lachen und musste hinausgebracht werden. Dann hatten wir Vorträge in Rotterdam, s'Hertogenbosch, Utrecht, Draghten und Leyden.

Die Arbeiter und Studenten sangen holländische Gesänge, die Studenten luden uns ein in ihr Haus in Utrecht, Delft und Leyden, um über Dada zu diskutieren. In Utrecht kamen sie auf die Bühne, beschenkten mich mit einem Strauss vertrockneter Blumen und blutiger Knochen und fingen an, an unserer Stelle zu lesen. Aber Doesburg schmiss sie in das Orchester, wo sonst die Musik sitzt, und das ganze Publikum machte dada, es war, als wenn der dadaistische Geist auf Hunderte von Leuten überging, die plötzlich bemerkten, dass sie menschliche Wesen sind.

Nelly steckte eine Cigarette an und rief ins Publikum, da das Publikum ganz dadaistisch geworden sei, wollten wir jetzt das Publikum sein. Wir setzten uns und betrachteten unsere Blumen und hübschen Knochen.

Ich hatte einige Dada-Vorträge allein, in Jena, Hildesheim, Leipzig, Dresden, Frankfurt, Paris und Napoli . . .

Erste Collagen 1918. Merz-Zeitschrift gestartet 1923 in Holland. 1923 verbrachte ich zwei Wochen mit Arp und Hannah Höch in Sellin, wo ich mit Arp gemeinsam ein Gedicht schuf. Wir machten auch Bilder mit Treibholzstücken aus dem Meer.

Ich weiss nicht, was Du davon benutzen kannst? Du wirst bemerkt haben, dass ich nicht sehr geschickt bin, Schreibmaschine zu schreiben, vor allem auf dieser vertrackten, und dabei im Bett liegen mit gebrochenem Bein.

Von Zürich weiss ich nur, dass Frau C. W. Giedion, Doldertal 7 um Weihnachten ein Buch herausbringt. Arp ist ein guter Freund von ihr.

Alles Beste

[MERZ.]

4 Millans Park
Ambleside, Westmorland,
England, 18. 11. 46.

Lieber Kran!
Ich sage mir, wir leben in einer Zeit der Abkürzungen. Raf ist
hier z. B. die Truppe, die so gut gebombt hat, Royal Air Force.
Warum soll ich nun egal Krischan schreiben. »isch« ist ganz über-
flüssig. Was bedeutet überhaupt »isch«? Kran genügt. Jeder weiss,
was ein Kran ist, aber was ein isch sein soll, weiss keiner. Es ist kein
üblicher Krahn, man könnte nun Krhan schreiben, so ist noch ein
Rest vom »isch« geblieben. Treu geblieben, nach Bleibtreu Strasse.
Und es sieht sehr originell aus. Krischan ist bäurisch, ähnlich den
Bildern Heitmüllers. Krhan ist sozusagen ein Krahn, nicht aus
Harringehusen, sondern aus der Gegend da herum um Siam. Also:

Lieber Krhan!
Ich danke für den Brief vom 5. 11. mit der grünen Nummerierung.
Ich schreibe ein kleines Drama, genannt Familiengruft. Die Scene
spielt sich ab in einem Erbbegräbnis in Engesohde. Frau Fischer
wird beigesetzt. Da gibt es Lebende, Tote und Engel als handelnde
Personen. Aber da ist keine Verbindung zwischen den Lebenden
und Toten. Nora, die Heldin, kommt noch lebenswarm mit grossen
Frauenschafts Ideen ins Erbbegräbnis, das als eine Läuterungs-
station für das ewige Leben im Himmel aufzufassen ist. Sie begrüsst
den Empfangsengel mit »Heil Hitler«, dieser aber will keine Nazis
mit in den Himmel nehmen. So gründet sie eine Frauenschaft
Engesohder Erbbegräbnis, bestehend aus ihr als Führerin, ihrer
Mutter und Schwiegermutter. Da keine Verbindung mit der Aussen-
welt ist, bleibt ihnen nichts über als alte Phrasen 1000 mal zu
wiederholen und eine fünfte Kolonne für den Himmel vorzubereiten.
Gott beabsichtigen sie im Himmelskonzentrationslager zu ermorden
und Hitler soll die Stelle Gottes vertreten. Nach einer Weile kommt
als neue Seele Wilhelma. Sie berichtet im Erbbegräbnis Engesohde
von der beispiellosen Verwüstung Deutschlands und dem Selbstmord Hitlers und der absoluten Niederlage der Partei. Noras
Wunsch, dass die Leiche Hitlers zu dem ihm treuesten Erbbegräbnis gebracht wird, wird vom Empfangsengel abgelehnt. Die Frauenschaft Engesohde zerfällt, weil die Mitglieder sich geneppt fühlen.

Der Empfangsengel schlägt vor, die Seelen zu erlösen, die sich unbedingt von Hitler lossagen und von einer Verhaftung Gottes Abstand nehmen. Während alle Mitglieder der Familie bedingungslos kapitulieren, bleibt Nora bei der Partei. Wenn alle anderen Einheiten der Nazis den Weg alles Irdischen gegangen sind, dann ist sie das letzte Mitglied der letzten Frauenschaft, der Frauenschaft Engesohder Friedhof, Erbbegräbnis. Sie kann tausend Jahre warten, sie ist sowieso ja tot. Was denkst Du dazu. Kann man so etwas schreiben? Hast Du Vorschläge?

Der Oberschenkelbruch heilt langsam, aber sicher. Ich habe noch 4 Wochen im Bett. Das Bein ist nicht kürzer geworden. Jedenfalls habe ich herausgefunden, dass ein Beinbruch längere Zeit zum Heilen braucht, als nötig ist, um das Bein abzubrechen. Eigentlich fragt man sich, warum nicht mehr Leute mit gebrochenen Beinen herumlaufen. Aber es ist besonders um Wantee sehr schade. So ein liebes junges Ding muss, anstatt auf den Bergen zu klettern, soviel Zeit und Mühe an mich alten Griesgram verschwenden. Das ist wohl zu weit für Duxens mich zu besuchen. Die Entfernung ist ungefähr Hannover – Dresden. Ich kann mich nicht an das »Dreibein« erinnern. Was war das? Hatte der ein Bein gebrochen? *Den* hat *der* wohl *angesägt!* Denn warum hätte sonst wohl das Messer da gelegen? Was ist »kleiner Goliath?« David ist klein. Du bist doch sonst so in der Geschichte beschlagnahmt! Nepa oder *Cornelia* war ebenso wie Claudia eine römische Kaiserin. Wie wäre es, wenn Du Cornelia mit Majestät anreden würdest? [. . . . . .]

Nun gruss Luse, Walt arr, Klaere. Und wenndese siehst, Frau Mauck.

Dein liebes *Kürtchen*.

An Walter Spengemann

4 Millans Park, Ambleside,
Westmorland, Eng.
16. 12. 46.

Lieber Walter.

[. . . . . .] Ich bin heute 9 Wochen 6 Tage im Bett. Morgen darf ich an 2 Krücken einmal 5 Minuten aufstehen. Ich war ganz heruntergekommen, sehr dünn, aber rein gewaschen. Wantee macht einen Showdog von mir. Miss K. S. Dreyer sandte mir 250 Dollar, das bringt mich hoffentlich soweit, dass ich wieder Geld verdienen kann. Das Leben ist eine Hühnerleiter, wie in Dr. Duxens Hühnerstall. Cheerio.

Dein Onkel Kurt.

An Otto Gleichmann

4 Millans Park
Ambleside, Westmorland, Engl.
18. 12. 46

Lieber Freund Gleichmann!
Ich verkaufte ein Selbstportrait an Herrn Hjalmar Gabrielson in Lungedrag, Göteborg, Schweden. Er hat eine sehr moderne Sammlung, hat viele Avantgarde Künstler, z. B. um eine Mitte zu nehmen, Chagall. Er hat die grösste Selbstportraitsammlung in Europa, 50–60 Arbeiten. Sie sind für das Museum in Stockholm gedacht. Nun schreibt er mir: »Eller kännee Ni nugon annen *världsberómd* målare som ville inflika sitt sjaelfportaett i min berömde samling.« Ich hoffe Sie verstehen es, ich kann nämlich Schwedisch nur von einem 14tägigen Besuch in Stockholm, aber es ist ähnlich dem Norwegischen. Er kann nicht mehr als *300* Kronen geben, aber Sie können sich vielleicht *teilweise dänische Nahrungsmittelpakete* dafür bestellen. Ich dachte, er sollte entzückt sein, wenn Sie ihm ein Selbstportrait in Ihrem Stil malen würden, er ist ganz modern. Nur weiss ich nicht, ob Sie sozusagen portrait malen. Aber im Grunde sind alle Ihre Bilder Portraits. Gabrielson wants a dobbel likeness, portrait in features and manner of painting. I think it is very interesting. Ich meine, Ihr Selbstportrait würde das allerinteressanteste sein, das interessanteste von allen, weil Sie sich mit jedem Strich geben. Als Burchartz Sie gewissermassen imitierte, so malte er Sie, nicht sich, aber nicht gut, weil es unklar war. Man kann nur durch seine eigenen Augen sehen. Picasso imitierte Braque und bewies es, als er ein Dutzend andere Maler nacheinander imitierte. Ich begreife nicht, dass die Welt das nicht sieht. Die denken nur, ein umfassendes Genie, das sich verschieden ausdrücken kann, und fragen, wie malt dieses Jahr Picasso. Dieses Jahr ist falsch, es muss heissen, die letzten drei Monate. Ich würde fragen: Wen imitiert Picasso heute. Und solch ein Gangster findet Verehrer. Es ist dasselbe wie die Brückeleute. Sie selbst haben sich die Brücke genannt. Das war

bescheiden bezeichnet dafür, dass sie sich als Brücke für die Zukunft bezeichneten. Die Zukunft ist da, z. B. Hans Arp. Jeder vernünftige Mensch bedient sich einer Brücke, um über sie ans andere Ufer zu kommen. Die heutigen Kunstkritiker bleiben aber auf der Brücke stehen und sagen: welch schöne Luft kommt von dem Fluss unter uns. Oder sie sagen: Wie schön ist doch diese Brücke. Seht einmal, welch eine herrliche Konstruktion. Nein, eine Brücke hat immer einen Zweck ausser sich selbst. Die deutsche Brücke wird aber zur Schaubrücke gemacht, und Leute wie Pechstein verdienen das wirklich nicht. Ich kenne Refugees mit Brücke-Künstlern hier, die unverkäuflich sind und nur den Wert der deutschen Kunst herabsetzen, wie Picasso den Wert der Avantgarde herabsetzt. Man sieht hin, als ob jemand mit lauter Stimme schimpft. Aber ich schweife ab.

Ich muss noch sagen, dass Gabrielson sein Vermögen in Berlin verloren hat, indem ihm die Nazis seine Sammlung dort geklaut und grossenteils zerschlagen haben. Er hat aber noch etwas Geld in Schweden, wo seine Selbstportrait Sammlung ist. Er *kann* nicht mehr als *300* Kr. zahlen, also wenn Sie sich interessieren, schreiben Sie ihm. Ich teile ihm mit, dass ich an Sie gedacht habe.

Teilen Sie mir kurz mit, was Sie zu tun denken.

Herzlichste Grüsse zu Weihnachten und ein glückliches neues Jahr für Sie drei. Ihr alter

Kurt Schwitters.

An Carl Buchheister

4 Millans Park
Ambleside, Westmorland
Gt. Britain
18. 12. 46

Lieber Karl Buchheister!
Me Hjalmar Gabrielson in Lungedrag in Göteborg Sweden asked me, whether (entschuldige mich aus Gewohnheit) fragte mich, ob ich einen berühmten Künstler kennte, der auch Selbstportraits machte. Er will für seine ebenfalls berühmte Sammlung von Selbstportraits in Öl einige für 2–300 Schwedische Kronen kaufen. Willst Du da versuchen? Vielleicht kennt er Dich nicht. Schreib ihm, dass Du der Deutschen abstrakten Gruppe angehörst, die nur 5 Mitglieder hat,

wo Du abstrakt ausgestellt hast oder auch angekauft bist, dass Du ein besonderer Freund Schwitters bist, mit dem Du seit Gründung der Gruppe zusammen gearbeitet hast, den üblichen Schmus und lass Dir ein Selbstportrait bestellen. Biete ihm für 200 einen Kopf, für 300 mit Hand an. Den Transport muss er übernehmen, wenn er es nimmt. Er muss aber fest bestellen. Und mach ein gutes Selbstportrait, dass ich Dich auch erkenne. Frag Elisabeth, ob Du es geworden bist oder vielleicht ihr ähnlicher sieht. Male auf keinen Fall einen Hitlerbart, und wenn Hand, nicht den sogenannten dämlichen Gruss, Du weisst Bescheid. Und lykke till (viel Glück.) Man sagt auch Hals- und Beinbruch. Man sollte das garnicht sagen, denn ich zum Beispiel, (auf Deutsch I) I am lying in bed with a leg which I broke on the 8th of October. Without any reason I stood on the pavement. Suddenly I sit on the same place with an awfull bruce, and the leg was broken. So, nun versuch, ob Du englisch kannst. Oder Schwedisch? Ich zitiere Dir aus dem Briefe Hjalmar Gabrielsons: »Eller kännee Ni nugon annen världsberómd målare som ville inflika sitt sjælfportrætt i min berómde samling?« Weisst Du was »Caesar equus consilium« heisst? Oder »Scala Dei«? Das ist Latein und heisst »Caesar fährt Rad« und »Leider Gottes«. Nun weisst Du, wie leicht es ist, fremde Sprachen zu lernen. Darum bin ich aufs Bein gefallen. In diesem Sinne, wer Portraits malt, kann auch Selbstportraits. Setz Dich hin und nicht gezittert. Oder hast Du vielleicht schon eines fertig? Ich würde Dir ausserdem raten, lass Dir für das Geld einige Nahrungsmittelpakete schicken, davon hast Du mehr. Geld ist Geld, aber Nahrungsmittel sind – – (noch einmal Nahrungsmittel.) Z. B. Butter, Puter, Käse, – – lass es Dir aus Dänemark schicken, die sind gut. Ein Käse bester Qualität. Moholy starb anfang Oktober und sandte mir vorher über Kopenhagen ein Dänisches food parcel. Marvellous! Nun herzliches Neujahr Dir und Elisabeth mit den geraden Beinen.
Herzlichst   MERZ. (Kurt Schwitters.)

Es ist vielleicht das beste, Du schreibst nur, dass Du in Abstraction Création abgebildet bist!

An Raoul Hausmann

4 Millans Park
Ambleside Westmorland
19. 12. 46

Lieber Hausmann!
Dank für Deinen Brief vom 22. 11. 46. »That is« ist ein grossartiges Gedicht.
Nun zu Arp: [.. .. ..] Ich kenne ihn gut, aber ich bin trotzdem sein Freund. Und Tzara, er ist nicht so wichtig als Künstler. Er könnte ebenso gut Geschäftsmann sein. Arp schafft aus dem Vollen, Tzara ist eher Schriftsteller als Dichter. Aber das alles hat nichts mit Avantgarde zu tun. Avantgarde ist ein Kreis, nicht besser und nicht schlechter als Leute, die nicht dazugehören. Aber es liegt darin eine Forderung, dass sie es sein sollten. Als Van Gogh noch lebte, war er nichts. Jetzt ist er Avantgarde für ein Jahrhundert. Aber Du glaubst, ich hätte mit Arp oder Tzara über Dich gesprochen oder korrespondiert. Kein Wort, ich schwöre.
Ich selbst hatte die Idee, dass aus PIN nichts werden kann, wenn es auf solche Entfernung gemacht werden muss, und im Augenblick haben wir keine Idee, wie MERZ z. B., nur gute Gedichte. Aber immer will ich mit Dir an Schöpfungen arbeiten. Und Du kannst überall sagen, dass ich Dich als ein wirkliches Glied der Avantgarde betrachte. Du bist viel konsequenter als ich selbst. In meiner Seele leben so viele Herzen, als ich Jahre gelebt habe. Denn ich gebe nie eine Periode auf, in der ich mit Energie gearbeitet habe. Ich bin noch Impressionist, während ich MERZ bin. Bei dem Gangster Picasso fragst Du: welchen Künstler kopiert er heute. Bei mir fragst Du: was hat er alles durchgearbeitet. Ich schäme mich nicht, fähig zu sein, gute Portraits zu machen, und – tue es noch. Das aber ist nicht mehr Avantgarde.
Sieh, ich war krank, bin es noch ein wenig, verlor die Beziehungen. Ich kann nicht sagen, was Mesens meint. Kann sein, er würde ein scharfes Ding wie PIN herausbringen, wenn er grossen Einfluss drauf hat.
Ich muss nach London gehen und zuerst mein Buch und meine Grammophon-Platten fertig machen. Wenn ich ihn in Stimmung finde, ergreife ich die Gelegenheit und frage ihn. Ich glaube sicher, ich werde fragen. Dann kann ich Dein und mein Material in weniger als einer Woche beisammen haben. Wir machen das Buch in

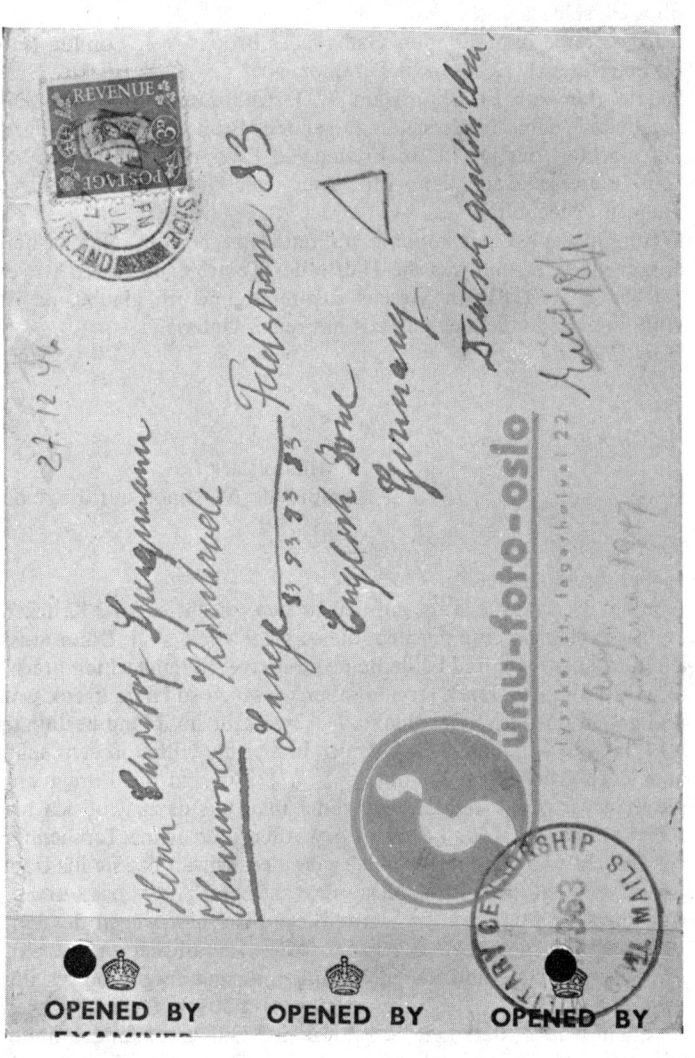

Englisch, wenn ich ihn in guter Laune finde. Er braucht im Augenblick ein solches Buch.

Bitte schreibe ihm: London Gallery, 23 Brookstreet, London (Direktor Mesens). Er ist nicht Direktor, aber das macht nichts. Gratuliere ihm zur Eröffnung am 7. Dezember und bitte ihn, Dir regelmässig seine Nachrichten zu senden. Erbitte zwei Exemplare, Du möchtest das zweite an Freunde in *Paris* geben. Limoges hat kein Interesse. Dann kann ich besser über Dich sprechen. Nichts mehr im Augenblick.

Wenn Du denkst, wir könnten PIN unter unser beider Namen herausgeben, jeder von uns die Hälfte der Texte, dann lassen wir es bei einem Heft. Wenn Mesens zustimmt, und ich glaube, da ist Hoffnung. Er braucht einen Start mit seiner Galerie.

Alles Beste   Merz

An Christof Spengemann

>4 Millans Park
>Ambleside, Westmorland, England
>27. 12. 46

Lieber Krischan!

Nun bin ich schon 10 Tage auf den Beinen, aber wie. An 2 Krücken kann ich zehn Schritte machen, die so gross wie 3 sind. Dann muss ich mich ausruhen, und beide Beine schmerzen. Weihnachten brachte uns viel Gutes. Die Freunde sahen, dass ich so lange krank war und gaben reichliche Geschenke. Das war sehr nötig und bestätigte mich in dem Glauben, dass für mich immer die Hilfe, oft sehr spät, aber doch früh genug kommt. [.. .. ...] Wir sind die Foreigners, die man verwöhnt. Jedenfalls rechnet man uns dazu. Und ich bin sehr bekannt durch den Schwan geworden, der meine Taschenuhr verschluckt hat. Die Uhr ist wieder da, der Schwan hat sie ins Boot zurückgebracht, aber ich spreche nicht darüber. Als es passierte, es war kurz vor Pfingsten, da wurde die Polizei hier wegen der Uhr 10 bis 20 mal am Tage angerufen. Alle sympathisierten mit mir. Ein Schwan starb, und man teilte mir mit, und fragte, ob ich ihn sezieren wollte, aber ich verzichtete grossmütig auf die Uhr, weil ich allein wusste, dass kein Schwan meine Uhr verschlungen hatte. Die ganze Geschichte entstammte meiner Phantasie. Einmal hielt ich einen Lastwagen auf der Strasse an, um mitzufahren, was man hier öfter tut. Ich stellte mich dem Führer (nicht Hitler, sondern driver) vor, indem ich sagte, ich wäre der Mann, dessen Uhr vom Schwan verschlungen wäre. Er sagte: »War es nicht am Grasmere?« und wollte alle Einzelheiten wissen. Jetzt sind in Ambleside Leute, die mir die Schwanenuhr nicht glauben, und den Beinbruch *auch nicht.* Ich wollte, sie hätten recht. Jedenfalls behaupten die Leute, ich hätte mir mein Bein gebrochen, nur, damit Ambleside etwas zu reden hätte. Mag sein, ich weiss es nicht. [.. ...]

31. 12. 46

Die Glocken läuten schon Neujahr ein. Dieses Gebimmel geht Sonntags und Festtags, und in der Woche wird geübt. Ich habe noch nie eine so grosse Gottesreklame kennengelernt wie hier in A. Es ist ja schön, geht aber auf die Nerven. [.. ...]

1. 1. 47.

Prosit Neujahr! [.. ...] Ernst geht es gut. Er erwartet, dass seine Frau ein Baby erwartet im Juni 47. Dann kannst Du mich Bestefar nennen. Oder Grandpa. Auch Grandpaw. Wantee ist dann substitute Grandma, oder Granny. [.. ...] Freut mich, dass Du Wantee leiden magst. Man kann sich auf sie verlassen. Der junge Mann war nicht Ernst, sondern Stri. Wir lebten in Barnes mit Gert Strindberg, einem Grossneffen von August Strindberg, genannt Stri. Er ist nun in Bergen und leitet ein Reklamebüro. Er zeichnet wundervolle Karrikaturen. Dank für »Wo sie blieben«. [.. ...]
Ich weiss, dass ich ein Rabenaas bin. Aber weisst Du, wohin ich den Brief mit Clara Praetorius Adresse getan habe? Ich möchte ihr gerne schreiben, Du sandtest mir die Adresse, ich legte sie gut weg und kann mich nicht erinnern, wowohin. Würdest Du vielleicht so liebenswürdig sein und mir die Anschrift im nächsten Briefe wiederholen? Im Radio ist Kirchenmusik, Wantee poliert den Badezimmerfussboden. Es ist dunkel und regnet draussen. Eine Uhr tickt auf dem Sims neben dem Feuer. Meine Krücken liegen gekreuzt. Ich erwarte den Schulmeister zum Schach. Und wünsche Euch alles Gute.
Herzlichst

Kurt.

An Raoul Hausmann

4 Millans Park
Ambleside, Westmorland
31. 12. 46

Lieber Hausmann!
Dein *jetziges* Vorwort für PIN gefällt mir ausserordentlich. Ich habe es noch nicht so genau gelesen, so dass ich es noch nicht unterschreiben kann. Vielleicht würde ich es noch ein wenig ändern. Aber es ist viel, viel besser als das erste.
Und da ist eine Idee. Eine grosse Idee, nicht Gedichte zu schreiben für andere Zweckbestimmungen. Gedichte sind nur Gestaltungen aus Wörtern oder Klängen oder Buchstaben, nicht romantisch, nicht patriotisch.
Das ist nicht neu, denn in meiner Sonate nach Deinem Gedicht FF MMS BW TCU war derselbe Geist, den Du hier so wunderbar ausgedrückt hast.
Ich zeige es Mesens bestimmt.
Aber vorher, sehr bald, lese ich es sorgfältig und schreibe, wie ich es formulieren würde. Jetzt müssen wir noch warten.
Viel Erfolg im neuen Jahr.
Dein treuer

*Kurt Schwitters.**

An Katherine S. Dreier

4 Millans Park
Ambleside
Westmorland England
[Januar 1947]
(im Bett liegend)

Liebe, liebe Miss Dreier!
Ihr Brief hat mich und Wantee in Aufregung versetzt vor Freude. Wantee ist jetzt bei der Kreissparkasse und holt das Geld. Ich kann nicht sagen, wie glücklich ich bin und dass ich es in Bildern zurückgeben kann. Ich kann es kaum glauben, dass ich es bekomme. Ich denke, meine liebe Helma hat Sie gebeten, mir zu helfen. Nun kommt sie zurück, es war seit langer Zeit ihr glücklichster Tag, sie strahlt. Sie brachte 61 £. Ich schreibe später in diesem Brief, was

258

therein. But before, very soon, read it carefully and write, how I would express it. The time is to *write* it now.

Much success in the new year. Yours truly

Robt Schroeders

1947

ich Ihnen dafür geben möchte. Erst will ich Ihnen von Helma berichten. Ich habe ganz aussergewöhnliche Briefe über sie bekommen. Alle meinen, dass sie einen wunderbaren, grossartigen Charakter gehabt habe, und jeder drückt es auf seine Weise aus. Aber noch nie habe ich Verständnisvolleres und Herzlicheres über sie gehört, als was Sie schreiben. Niemals. Sie *müssen* sie geliebt haben. Ich schicke den Brief an meinen Sohn Ernst in Lysaker, er sammelt das Beste und alles über Helma. Meine Schwiegertochter kannte sie *nicht* ausser durch Briefe und weiss nun auch, dass sie die wunderbarste Frau in unserer Familie war. Ich muss Ihnen mitteilen, dass Ernst mir 25 £ zu Weihnachten geschickt hat, das ist viel und wirklich alles, was er vermag. Nun kann ich beruhigt sein. Sie wissen, wie schlimm es einem Flüchtling geht, dem es nicht erlaubt ist, eine Arbeit anzunehmen. Und wir brauchen gewöhnlich 5 £ pro Woche, wenn wir sehr sparsam leben. In Deutschland, als Sie die 25 Mz kauften, konnten wir von 5 £ einen Monat leben, Helma, Ernst und ich. Das wäre eine viermal so lange Zeit. [. . . . . .]

Ich liege immer noch im Bett und kann mein krankes Bein nicht gebrauchen. [. . . . . .] Dank für das Yale Bulletin. Ich werde es lesen, ich wollte nur schnell diesen Brief absenden. Ich habe es gerade überflogen, und Ihr Bild, das ich kenne, wird ganz lebendig. Welch ein wundervolles Geschenk, alle diese Bilder! Ich glaube nicht, dass irgendeine Universität eine so wunderbare Sammlung von Bildern besitzt. Ja, der Weihnachtsbaum ist gut gelungen. Denn Ernst hat sich konsequent entwickelt. Er ist sehr tüchtig und entschieden, er arbeitet nur künstlerisch, sieht sofort, welche Komposition gut ist, wie zum Beispiel bei der Dekoration des Weihnachtsbaumes oder des Zimmers. Er macht hervorragende abstrakte Fotos. Auf dem Weihnachtsbaumbild sehen Sie ihn nur lächeln. In Wirklichkeit ist er ernsthafter als Helma und ein sehr guter Sohn. Aber nach Ihrem Brief sah ich etwas Ähnlichkeit mehr zwischen ihm und Helma. Der Vergleich Helmas mit einem spiegelnden Teich ist wirklich *treffend*. Sie erklären Helma wirklich mit Ihren Worten. Es ist nicht besser möglich. Ich danke Ihnen sehr dafür. [. . . . . .] Eine Reise nach New York wäre wunderbar, aber ich denke lieber zu einer anderen Zeit, weil ich mich beeilen *muss*, nach Hannover zu kommen, um noch etwas von meinem Merzbau zu retten, sonst wird er völlig zerstört. Aber ich würde gern für 14 Tage während der Ausstellung kommen. Ich könnte Gedichte vortragen, nun auch in Englisch, und meine *Ursonate*. Mr. Oliver Kaufmann hat ein Fachgeschäft in Pittsburgh Pennsylvania. Sein Neffe Edgar Kaufmann arbeitet im Museum für moderne Kunst. Justus Bier lebt in Louisville, Universität, Abteilung für schöne Künste. Er war Leiter der Kestnergesellschaft, Hannover und Kunsthistoriker, spezialisiert auf Riemenschneider. Aber ich zweifle, dass er oder Dorner mir finanziell helfen können. Kaufmann könnte, und er ist interessiert am M o M A. Ich schicke Ihnen den Artikel von Herbert Read bald. Ich kann ihn jetzt, da ich im Bett liege, nicht finden. Aber Herbert Read ist ein Genie. Er ist vielleicht der einzige Kunstkritiker Englands und besser als alle Maler. Ich persönlich denke, dass es nur einen *Künstler* in England gibt, der weiss, was er will: *Gabo*. In einem grossen Abstand folgen Ben Nicholson oder Henry Moore. Der durchschnittliche englische Künstler taugt nichts. Ich gebe zu, dass ich nicht sehr beeindruckt bin von den englischen Schriftstellern. Sie haben nicht mehr den Geist von Shakespeare. Aber nichtsdestoweniger sind sie besser als die Künstler. Moho und Kate Steinitz wollten mir Ausstellungen zusichern. Vielleicht würden Sie mir helfen, eine weitere Gelegenheit zu finden, wenn die Ausstellung im M o M A beendet ist. Bitte schreiben Sie mir darüber. [.. .. ..] Ich lebe praktisch von meinen Portraits, weil ich nicht von Abstraktionen leben kann. Aber ich halte sie nicht für Kunst. Ich mache sie nur, damit ich meinen Merz ohne Konzessionen machen kann. Ich würde keine Portraits malen, wenn ich wirkliche Kunst machen könnte.

Ich danke Ihnen nochmals für Ihre überaus grosse Freundlichkeit. Ich küsse Sie und gebe Ihnen einen Kuss von Helma.

Mit herzlichen Grüssen

Kurt Schwitters.

[.. .. ..]

An Otto Gleichmann

4 Millans Park
Ambleside, Westmorland, England.
2. 2. 47

Liebe Gleichmanns!
Morgen fahre ich für 14 Tage nach London, mit Wantee. Da war allerhand vorzubereiten, aber nun sind wir fertig, die Zimmer sind ready for inspection, wir haben unser Bad gehabt, nun bin ich ruhig, Ihnen einen Brief zu schreiben.
Zuerst danke ich Frau Gleichmann für die aufschlussreiche Skizze. Ich denke, das Haus sieht übel aus.
Dann Otto Gleichmann. Sie wollen gern Beziehungen zum Ausland, und ausstellen. Ich habe Ideen für Sie für New York und London.
Sie liebten immer Chagall. Nun hat Miss MARGARET MILLER, c/o Museum of Modern Art, II W 53rd Street, New York, USA ein wundervolles Buch von Marc Chagall und eins von Paul Klee im Namen des Museums herausgegeben. Meine Idee ist, Sie schreiben an Miss Miller, tell her, that you are my friend, and I told you about these two books. You admired Chagall and would like very much to have these two books. You would give her as a personal present one of your small pictures in reward. Ich nehme an, das Bild würde Ihnen viel Gutes tun. Sie ist sehr einflussreich, und wenn sie darauf eingeht, können Sie als zweiten Schritt ihr vorschlagen, dass Sie ihr Photos usw. zur Ansicht senden, Sie würden gern im MoMA einmal eine kleine one man show haben. Sie möchte mit Dir. Sweeney reden. Sweeney ist aalglatt, aber vorbereitet kann er sich entscheiden. D. h. da hat dann eine Kommission zu entscheiden, das wird Sweeney sagen, denke ich. Aber es wäre eine wundervolle Sache, im MoMA auszustellen. Es bedeutet viel in der ganzen Welt. Ich würde mich riesig freuen, und Sie werden zugeben, dass es den Einsatz wert ist. Sie wissen, ich stelle Ende des Jahres dort aus.
In London wohnt ein sehr begabter Maler, Julian Trevellian. Er schreibt auch über Künstler, *wenn* sie interessiert sind, er schreibt über viele Länder, Schweden, Holland . . .

16. 2. 47

Jetzt bin ich schon aus London [zurück]. Ich hatte eine furchtbare Zeit, denn ich bekam plötzlich Asthma. Ich konnte fast nichts tun

und bin so schnell als möglich nach Broadstairs an die See gefahren. Aber ich konnte mit Trevellian telefonieren. Er reist nach Italien und kann jetzt nichts tun. So weiss ich jetzt nichts für London. Mein Buch wird gedruckt, ich habe zwei Leseabende und eine Ausstellung im Juni. So, nun lassen Sie es sich gut gehen und wenn Sie schreiben wollen nach Ambleside, 4 Millans Park.
Herzlichste Grüsse Ihr

Kurt Schwitters.

Gabrielson schrieb mir, er wollte an Sie schreiben.

An Raoul Hausmann

Stella Bella
10 Stanley Road
Broadstairs Kent
16. 2. 47

Lieber Hausmann,
ich sandte Dir einen Brief am 31. 12. Er kam zurück, denn ich hatte vergessen, die Strasse zu schreiben. Jetzt sende ich ihn noch einmal. Inzwischen sprach ich mit Mesens. Ich werde dort ein Buch drucken mit 24 MZ in Vier-Farben-Druck. Und er interessiert sich, Pin zu sehen. Er gibt vielerlei Dinge heraus. *Jetzt ist der Augenblick, da Du ihm schreiben musst.*
Am 5. 3. werde ich in der London Gallery lesen. Dann kann ich mit ihm reden, wenn Du vorher geschrieben hast. Ich liess alle Deine Briefe in Ambleside und komme erst nachher dahin zurück. Ich habe das Gefühl, er wird es drucken. Er ist sehr an wirklichem Dada interessiert, mehr als am Surrealismus. Bitte bereite etwas vor von Dir und mir, mit dem letzten Vorwort, und einige Worte über die Aussprache von Lautgedichten. Nur englisch. Wenn es am 4. März hier ist, kann ich es mit ihm durcharbeiten. Ich sagte ihm, er solle auch etwas schreiben, wenn er mag, aber er schien nicht viel Mut zu haben. London Gallery, 23 Brookstreet, London W 1, Mr. Mesens. Er bezahlt Autorenrechte, glaube ich, und wenn er 10 % gibt, so wären das 5 % für jeden von uns.
Nun, im Juni hat er eine Dada-Ausstellung. Ich stelle eine Skulptur aus, 24 MZ und 8 Bilder. Ich nannte Dich, und wenn Du magst,

schreib ihm, dass Du gern dabei wärst und wie man die Sachen schicken kann.

Wenn Du mir schreibst, adressiere Stella Bella, vor März.

Du siehst, ich vergass Dich nicht.

Viele Liebe
Merz
Dada
Kurt.

An Carl Buchheister

4 Millans Park
Ambleside, Westmorland, Engl.
27. 3. 47

Lieber Buchheister!

Dank für Brief. Du schreibst sehr komisch, aber ich weiss ja nicht viel von den deutschen Verhältnissen. Gut, dass Du erst ein gutes Selbstportrait arbeiten willst, bevor Du Dich an Gabrielson wendest. Ich schreibe Dir nun wegen einer anderen Sache. Mr. Gabrielson, Långedrag, Gøtheborg, Schweden, wünscht ein Selbstportrait von Emil Nolde zu kaufen. Aber wenn er sich an Nolde selbst wendet, muss er Schwindelpreise bezahlen. Da muss wohl eine Lücke in seiner Ausstellung sein.

Die Lücke schreit: »Nolde, Nulpe!« Nun versuche einen Nolde unter der Hand zu kaufen für bis zu 54 £ äusserst. Dann bezahlt Dir Gabrielson 60 £, und Du kannst 6 £ behalten. Das ist soviel, wie man hier für ein Portrait erhält, 6 £. Du hast Beziehungen und kannst es gut versuchen. Sei ein deutscher Gentleman. Und schreib mir, was Du tun wirst, getan hast und tust.

Mit den besten Grüssen an Elisabeth mit den geraden Beinen, und Dich

Dein

Kurt.

[. . . . .]

4 Millans Park
Ambleside, Westmorland
29. 3. 47.

Lieber Raoul!
Ich bin sehr traurig, aber obwohl ich alles versucht habe, wollte
Herr Mesens PIN nicht veröffentlichen. Selbst als ich ihm sagte, wir
wollten kein Geld dafür haben, lachte er und erklärte, wenn er es
überhaupt veröffentlichen würde, müssten wir ihm Geld geben,
aber er beabsichtige es nicht. Er hat es sorgfältig gelesen, aber es
gefällt ihm nicht. Er sagte, vor 25 Jahren wäre es zeitgemäss gewesen, aber jetzt würden wir keine Anerkennung finden. Und er
wusste nicht, was Du jetzt machst, er konnte nur sagen, dass meine
letzten Arbeiten entschiedener seien als die vor 25 Jahren. Ich
erinnere mich nicht genau an das Wort, ob es entschiedener war?
Trotzdem habe ich noch andere Versuche unternommen, einen
Verleger zu finden, aber ebenfalls ohne Erfolg. Nun schicke ich
Dir das PIN-Manuskript zurück. Ich bin bekümmert, aber ich habe
keine Hoffnung. Die Zeit ist nicht bereit für so etwas.
Hier in meinem Atelier hängt Deine Photographie, datiert 24. 6. 46.
Seit dieser Zeit arbeiten wir schon an PIN. Ich glaube, es ist eine
lange Zeit. Vielleicht geschieht ein Wunder, aber lass uns geduldig
sein. Du nimmst das Manuskript und versuchst noch einmal einen
Verleger zu finden, aber ich zweifle, dass Du Erfolg haben wirst.
Wenn ich eine andere Möglichkeit finde, schreibe ich Dir. Es ist
eine Schande.
Ich lese das Buch von Frau Giedion. Ganz gut, aber solch ein PIN
ist wirklich nötig. Es soll nicht dada sein, ich sehe, die Zeit ist nicht
reif für Dada. Arp wird als ein wunderbarer Dadaist sichtbar, Ball
war nie einer. Tzara schreibt über Dada, ohne selbst ein Dadaist
zu sein. Du bist ein wirklicher Dadaist. Doesburg war ebenfalls
Dadaist, aber nebenher. Ich war Dadaist, ohne die Absicht zu
haben, einer zu sein. Tatsächlich bin ich Merz. Und Merz machte
eine Ursonate symphonischer Art aus Deinem Dada-Gedicht.
Das ist alles ein wenig traurig, aber gerade wenn Dada wirklich
ausgezeichnete, sehr künstlerische Werke hervorbrachte, war es
nicht das Ziel einer Periode, es war das Mittel für die Entstehung
von Kunst, Kunst, die nicht Dada ist, aber die durch Dada hin-

durchgegangen ist. Du siehst es ganz klar bei Arp. Aber da jeder durch seinen eigenen Dada gehen muss, ist es nicht notwendig, dass wir zwei PIN herausgeben, um zu zeigen, welches unser Dada ist. Es wäre besser, andere dahin zu bringen, dass sie Dada machen und gerade durch ihr Dada zur Kunst gelangen. Dieses sind nicht die Gedanken von Mesens, sondern meine eigenen, die ich gewonnen habe durch unsere Erfahrung.

Aber jetzt habe ich eine Idee.

In Gøtheborg lebt ein alter Mann, ein Kunstsammler. Gabrielson. Er hat den Einfall, Selbstportraits zu sammeln, weil jeder Künstler sein Portrait zweimal malt. Er hat auch moderne Bilder, Chagall, mich, Feininger ... Er schätzt mich und würde vielleicht unser Manuskript kaufen, natürlich ohne das Recht, es zu veröffentlichen, als ein Manuskript, für, sagen wir, 600 Kr. = ≅ 30 £. Wir beide würden dieses Geld teilen, jeder 15 £, wenn er zustimmt. Und er besässe es als Teil seiner Sammlung. Er liebt das Englische und kann vielleicht Teile davon für seinen Katalog verwenden. Er hat Beziehungen zu allen Sammlern.

Nun schreibe ich ihm sofort und lasse PIN hier in Ambleside. Ich warte auf seine und Deine Antwort. Wenn Ihr beide zustimmt, haben wir eine Stelle, wo es einst das Tageslicht erblicken wird, denn wenn er stirbt, geht seine Sammlung an das Museum in Stockholm. Ich würde von mir aus eine »Merz-Mappe« um das Manuskript machen. Er wird es auslegen, und viele Besucher werden es sehen. Und 1950 oder 1960 wird es vielleicht publiziert. Bist Du einverstanden?

Ich erwarte Deine Antwort.

Es wäre noch besser, wenn wir die »Merz-Mappe« um PIN so liessen, dass wir zwei ihm von Zeit zu Zeit neue Gedichte usw. zur Vervollständigung seiner Sammlung schicken können. Ich lasse jetzt folgen, was ich an Gabrielson geschrieben habe.*

Nun stimmt in meinem Manuskript die Reihenfolge der Seiten nicht mehr. Kannst Du es neu ordnen? Und es ist in der Mitte gebrochen. Die Seiten müssen glatt sein. Wenn es Gabrielson nimmt, bekommen wir Geld und haben keinerlei Verlust. Du musst den Umschlag für PIN machen, und ich mache die Merz-mappe. Wir geben das Original von PIN in Hjalmar Gabrielsons Collection in Långedrag, Gøtheborg und füllen es später mit anderen Gedichten, wie es uns gefällt. So haben wir immer neue Möglichkeiten.

Ich warte auf Deine und Gabrielsons Entscheidung.
Alles Gute.

Kurt Schwitters.

An Hjalmar Gabrielson

Ambleside.
29. 3. 47

Lieber Herr Gabrielson!
Ich habe mich über Ihren Brief gefreut. Ich lebe gern in Ihrem
Herzen und trage Sie ebenfalls in dem meinen. Ich habe auch mit
Vergnügen ein Gedicht über Kunst für Ihr Gästebuch geschrieben.
Es ist in deutscher Sprache, weil ich Gedichte meistens deutsch
schreibe.

> Die Gazelle zittert,
> Weil der Löwe brüllt;
> Die Hyäne wittert,
> Doch DIE KUNST ERFÜLLT.

Ich hoffe, es gefällt Ihnen. Sie sehen, dass die Funktion der Kunst
sich völlig unterscheidet von den Verrichtungen der Tiere. Ich war
sehr erfreut, dass Ihnen mein Selbstportrait gefällt. Ich habe an
Kubin geschrieben, dass er Ihnen auf sein eigenes Risiko sein
Selbstportrait schicken soll. Vielleicht übernehmen Sie die Ausgaben für den Transport. Er will erst an Sie schreiben. Wegen des
Selbstportraits von Nolde will ich an Buchheister schreiben. Er
ist vielleicht in der Lage, es für Sie zu bekommen, wenn er selbst
etwas Geld haben kann. Sie wissen, dass man jetzt sehr arm ist in
Deutschland. Vielleicht 20% des Preises.
Und nun habe ich eine Bitte. Sie kennen den Dadaismus. Die ersten,
die sich selbst Dadaisten nannten, waren Hans Arp, Richard
Huelsenbeck, Hugo Ball und Tristan Tzara. Das war 1917 in Zürich
im Cabaret Voltaire. Zu dieser Zeit arbeitete Theo van Doesburg
in Leyden, ich arbeitete in Hannover und Raoul Hausmann in
Berlin. Ich nannte mich selbst Merz, wurde aber von den anderen
Dada genannt. Dada war ein Triumph über das, was damals Kunst
war. Es zeigte der Kunst den Weg der Gestaltung. Aus dem Dadaismus entwickelten sich abstrakte Kunst, Konstruktivismus, Surrea-

lismus. Aber wenn sich etwas aus etwas anderem entwickelt, denken die Leute, dies lebt nicht mehr, selbst wenn sein Ziel, das Alte zu zerstören, nicht verwirklicht ist. Dada kämpfte gegen die Reaktion und kämpft noch gegen alte und neue Reaktion. Als wir das erkannten, schrieben Raoul Hausmann, ein echter Dadaist, und ich ein kleines Büchlein, genannt PIN. Pin ist das Nadelöhr, durch welches man hindurch muss, um zur Kunst zu gelangen. Wir versuchen nun, einen Verleger für PIN zu finden, aber vergeblich. Verleger drucken nie, was notwendig ist. PIN ist jetzt notwendig, so wie es Dada 1919 war. Da ist noch etwas, nämlich dass Nachahmungen entstehen, zum Beispiel die »Lettristen« in Paris, die die »Ursonate« von Hausmann und mir kopieren, ohne uns, die wir sie mit besseren Gründen vor 25 Jahren geschaffen haben, auch nur zu erwähnen.

Nun biete ich Ihnen das Manuskript von 16 Seiten mit der Umschlagzeichnung von Raoul Hausmann in einer »Merz«-Mappe, von mir zusammengeklebt ähnlich meinen Merzzeichnungen, für 600 Kronen an. Es handelt sich um Gedichte, eine Erläuterung der Phonetik, sehr wichtig für Buchstabengedichte, und wenn Sie wollen, können Sie auch die Originale der englischen Übersetzungen haben, wenn der englische nicht der originale Text ist. Wenn wir sagen können, dass PIN Eigentum der Sammlung Gabrielson ist, finden wir sicher leichter einen Verleger dafür. Wir würden das Recht haben, es mit Ihrem Namen zu drucken. Ich denke, das wäre gut für Sie und uns, insbesondere für uns. Wir arbeiten es noch ein wenig durch. Bitte, schreiben Sie mir bald, und ich hoffe, dass Sie einverstanden sind.

An Ernst und Eve Schwitters

Ambleside,
1. 4. 47

Liebe E |
　　| E
[. . . . . .]

Für meinen Geburtstag habe ich einen grossen Wunsch. Du schriebst von der Gefahr für mein Atelier. Es mag eine Wiederholung sein. Der Grund ist, dass all das Wasser direkt oberhalb des Merzbaus herauskommt.*

Es wäre einfach, es an eine andere Stelle unter der Erde zu ver-

legen, oder noch besser, die Röhre unterirdisch zu verlängern . . .
und weg vom Untergrund des M. Ich würde es als das bestmögliche
Geburtstagsgeschenk von Dir für mein sechzigstes Jahr ansehen,
wenn die Gefahr der Zerstörung meiner Bilder von 30 Jahren
durch Eis endgültig beseitigt wäre.
Wantee geht es besser, aber noch nicht ganz gut. Und ich bin auf
dem Wege der Besserung. Aber ich quäle mich etwas, weil ich so
langsam gehen muss. Heute hatte ich einen leichten Asthmaanfall, den
ersten seit 6–7 Wochen. Aber ich schlafe 10–12 Stunden täglich.
Der Brief erreichte mich erst nach Ostern. Ich danke Dir für die
3 Ostereier. Ich war sehr erfreut. Ich habe 10 der besten Bilder etc.
von Richmond vorgenommen und arbeite sie jetzt durch für Pinacotheca, NY. Ich werde sie zur gleichen Zeit ausstellen, in der
dort im MoMA die Ausstellung meiner Collagen sein wird. Das
Bild, das Du Moholy zuschreibst, ist es nicht ein Lissitzky? Sieh
noch einmal nach. [. . . . . .]
Hier ist mein neuestes Gedicht:

> At first men were limited, limited, limited,
> Untill then they imited, imited, imitated;
> But when then they imited, imited, imitated,
> They still remained limited, limited, limited.

Mit einigen Ausnahmen. Lass uns vielleicht meinen siebzigsten
Geburtstag feiern, wenn ich dann noch lebe. Mein kritisches Alter
ist 69 oder 96, weil Du diese Zahlen herumdrehen kannst. Was
kannst Du nun tun an diesem 20. Juni? 1.) Bitte verschleiere nicht
den schlimmen Tag. 2.) Bitte grüsse den Junior von mir und erzähle
ihm, dass ich so alt bin, dass er es sich nicht vorstellen kann. 3.) Bitte
denke eine Zeitlang an mich, mir geht es gut, und es ist gut, sich
jeden Tag etwas besser zu fühlen. [. . . . . .]
Ich bin nicht ganz einverstanden mit der Bezeichnung Junior. Es
klingt wie der Juniorchef einer Firma. Ich werde ihn, sie oder es
von nun an Mr. oder Miss Young nennen. Ich werde entscheiden,
endgültig im Juni, ob Mr. oder Miss Young. Du hast ausserdem
etwas Englisch in dem Namen Young, in Junior sehe ich mehr
einen alten Römer mit Toga. Was meinst Du? Auch das Wohn-
Schlaf-Zimmer in der Nähe der Veranda ist ein guter Einfall. Einer
von Euch kann ständig dort sein und Youngs Konzert in der Nacht
hören, und der andere kann sich etwas ausruhen im Atelier, wenn

es ihm an die Nerven geht. Aber ich würde es mit Young machen, wie Mama es mit Ernst gemacht hat. Er durfte schreien, soviel er wollte, und er schrie 8 Tage und 8 Nächte. Nichts geschah, und dann war er intelligent genug, nicht mehr zu schreien, weil es keinen Grund gab. Nur die Mahlzeiten mussten eingehalten werden, und es durfte niemals später werden. Ernst schrie nicht mehr, ausser er fiel auf den Boden und die Badewanne auf ihn. Viel später begann er immer zu schreien, wenn ich Beethoven spielte. Und das Young-Zimmer wird ideal. Vielleicht gehst Du noch einen Schritt weiter und verdoppelst den Fussboden dieses Zimmers. Young kann leicht hinaus in den Garten gehen. Und Du kannst dann Dein Mittag-essen trotzdem haben. War dort nicht ein Versteck? Ich glaube, Du musst es in den Keller verlegen. Es tut mir leid wegen des Klaviers, aber was könnte in dieser Ecke stehen? Ich kann mir vorstellen, dass nun Eve Beethoven spielt für Mr. Young. Ich denke, vom Klavier aus den Garten und den Merzbau überblickend, wird es Young gefallen, mit den Tasten zu spielen, und wer weiss, ob er sich nicht entwickelt zu einem zweiten Beethoven? Oder wenns gar ne Dame is!? Man kann nie wissen. Ich hoffe, dass sich Dein neuer Job richtig entwickelt, und ich denke, er wird, ich bin ganz sicher. Ich selbst war während des letzten Krieges zu einer Arbeit im Ei-senwerk Wülfel zwangsverpflichtet, wo ich mich nicht entwickeln konnte. Das war Sicherheit, ganz gute Bezahlung, aber das Ende meiner Entwicklung als Künstler. Helma sagte, ich sollte zur Kunst überwechseln so bald wie möglich. Oma Fiederallala war wie immer dagegen. Aber ich tat es, ohne irgend etwas, Du wurdest ge-boren, und es war schwer, oft sehr schwer, aber wir lebten. Und ich lebe noch, fast 30 Jahre später, und das Eisenwerk Wülfel ist tot seit Jahr und Tag. Ich bin sehr froh über Deine Erläuterungen über Dich und Deine Arbeit. Ich kann nicht alles verstehen, aber ich habe eine schwache Vorstellung. Lykke till! Du fandest Deinen Weg bereits durch grössere Schwierigkeiten. Irgendwie hast Du einen neuen Anfang, und etwas wird immer dabei herauskommen. Lykke till. Wenn Du das Gabrielsongeld brauchst, bitte. Ich hoffe, neues zu verdienen. Darf ich fragen, ob das Eis auch hinunterreicht in das Kellergeschoss, wo die Bilder sind, rechts vom Eingang? Oder eher in das Kellergeschoss gegenüber dem Eingang? Aber ich glaube, ich habe die meisten Bilder herausgenommen.
Alles Gute.   Dadadady.
[. . . . . .]

4 Millans Park
Ambleside, England.
1. 4. 47

Lieber Krischan!
Dank für Deinen Brief vom 9. 3. [.. .. ..] Duxens gehören zu
Euch, wie Ihr zu ihnen. Du glaubst nicht, wie oft Dr. Dux von Euch
spricht. Das ist der gleiche hannoversche Humor. Die Kinder
sprechen auch erstaunlich viel deutsch. Aber in der Familie (von
20 Personen) herrscht ein Familiengeist. Und wer dazu gehört, ist
eben Mitglied. Ich gehöre auch dazu. Wenn ich da wohne, was ich
immer in London tue, frühstücke ich morgens erst mit der Mutter,
dann mit dem Neffen, dann Sohn, Tochter, Mutter und zuletzt mit
ihm, und dann bin ich satt.
Sing doch »Freude, schöner Götterfunken, Tochter aus Elysium!«
wenn Du Dich so über alles freust. So beantwortet der grosse Dichter Schiller diese Frage. [.. .. ..] Dass Duxens Walter gegenüber
nett waren, ist selbstverständlich. Er gehört auch zur Familie Dux.
Schreib ihm, dass er auch eine Tochter aus Elysium ist. Gefrorene
Seele hält sich länger. Natürlich kann sie nicht schwingen, sondern
muss tauen. Das kann unter Umständen Überschwemmung geben,
wenn Seelenwasserströme ins Tal fliessen. Wenn Du mal wieder
auf dem toten Komma sitzt, nimm solch einen Seelenstrom und
weich ihn auf. Oder es auf. Denn es heisst das Komma. Ich werde im
Juni 60. Du schätzt mich zu jung. Aber ich finde es ungerecht, dass
ich mit 60 schon Grossvater werde, und Du mit 70 bist erst Vater.
[.. .. ..] Ich habe Bilder nach USA gesandt. Die waren 4 Monate
in London aufgehalten, erforderten über 50 Unterschriften, und
liegen nun in USA beim Zoll. Im Januar sollten sie ausgestellt werden. Zoll ist eine böse Krankheit für den Frieden. Ich weiss nicht,
warum im Altertum der Pharisäer schlechter war als der Zöllner.
[.. .. ..] Und nun sei herzlichst gegrüsst von Wantee und Bumbo
(das bin ich.)

Liebe *Luise*!
Du Luise ... hast Du eigentlich noch mein Gedicht? Ich habe es
nicht mehr. In Zürich sind etwa 20 alte Gedichte aus der Zeit her-
ausgekommen. Ich fand es nicht dabei. Es muss schrecklich sein,
wenn einem das Licht vor der Nase abgedreht wird. Mir kann das

nicht passieren, weil mein epileptisches Licht Gas ist, und stinkt, und wir immer bei Kerzen sitzen. Als mein Bein geröntgt werden sollte, musste der Strom vom Nachbarhause durchs Fenster geholt werden. Als die alten Zeiten bei meiner Widmung aufstanden, waren sie da verrottet? Oder gut einbalsamiert und wohlriechend? Oder zerbombt wie der Merzbau? Ihr Barbaren!

Aber in London hat sowieso niemand Interesse für gute Kunst. Nur Fremde hier wissen, was Kunst ist und *ein* einziger Kritiker von Format, Herbert Read. Man hat so etwas in sich. Ich bin nicht einigermassen auf den Beinen. Wenn ich 5 Minuten gehen muss, bin ich sehr müde und muss mich 2 Stunden hinlegen. Wantee ist eine Perle. Sie legt sich dann meistens auch. Meine Arbeit wird nicht durch Müdigkeit beeinflusst. Meine Arbeit war nie im Leben beeinflusst. Walter hat mir viel erzählt und hat mich sehr gut behandelt. Ich fühlte, dass er auch ein Freund war wie Ihr und schätzte das sehr. Ich kam heute auch auf den Hund. Ich kenne einen Hund, der immer sonst vor der Post auf der Strasse steht und sich einbildet, Verkehrshund zu sein. Heute ging ich mit Wantee durch den Park, und da stand er und grub seinen Kopf in die Wiese, und ein anderer Hund lachte. Als wir näher kamen, verzog sich der andere Hund, und ich sprach mit dem Verkehrshund. Er klagte, dass der fremde Köter ihn ins Ohr gebissen habe. Ich drückte ihm meine Teilnahme aus, und dann folgte er mir. War nicht wieder loszuwerden. Und Wantee schimpfte. Er aber wollte Wantee beissen. Walter kann meine Grüsse an Bergmann nicht in der Hitze vergessen haben, denn es war sehr kalt. Aus meiner Reise wird wohl nichts werden dieses Jahr. Ich habe nicht genügend Kraft für die Reise. Habe ich doch nicht genug für London. 2 Stunden ist alles, was ich täglich unternehmen kann. Aber nach London war ich 14 Tage in Broadstairs near Dover. Wir waren täglich am Meer. Da habe ich mich ein bisschen erholt. Nur lag 1 m hoch Schnee, und der Ostwind kam direkt über die See. Aber mein Asthma wurde etwas besser. So, nun grüss Walter.

All my love.

Kurt, called Bumbo.

An Raoul Hausmann

4 Millans Park
Ambleside Westmorland
10. 4. 47

Lieber Hausmann!

Zuerst mein neuestes Gedicht:

> At first men were limited, limited, limited;
> Untill they then imited, imited, imitated.
> But when they then imited, imited, imitated,
> They still remained limited, limited, limited.

Es ist ein trauriges Gedicht, aber manchmal sind Gedichte traurig.
Stimmst Du zu?
Und nun zu Deinem letzten Brief. Du bist einverstanden mit dem
Verkauf von PIN an Gabrielson. Gut, ich warte auf seine Antwort
und werde Dir dann sofort schreiben. Aber Dein Vorschlag für ein
Portrait Deines Gesichtes, gut, aber es ist noch zu früh. Wenn er
nein sagt, können wir sehen, ob es klug wäre, nach dem Selbstpor-
trait zu fragen. Wenn er ja sagt, malst Du Dich einfach und sendest
es ihm auf Dein eigenes Risiko.
Ich selbst bin im Augenblick knapp mit Geld und auch krank. Aber
es kann sein, dass ich es arrangieren kann. Wie geht's Heta?
Alle besten Wünsche

Kurt Schwitters.

An Katherine S. Dreier

4 Millans Park
Ambleside Westmorland, England
18. 4. 47.

Liebe Miss Dreier!
Am 20. 6. 47 werde ich 60 Jahre alt. Mein Sohn lebt in Oslo und
erwartet mit seiner Frau in diesen Tagen ein Baby. Ich weiss nicht,
wie ich es sagen soll, aber ich würde so gern an diesem Tag bei meinem Sohn, meiner Schwiegertochter und meinem Enkelkind sein.
Nun, bitte, *miss*verstehen Sie mich nicht. Ich bitte wieder um Geld,

aber *nicht* von Ihnen. Aber Sie können mir vielleicht durch Ihren Einfluss helfen, dass jemand rechtzeitig genug ein oder zwei Bilder kauft. Sie schrieben mir, dass Sie 5 Bilder zur Pinacotheca gegeben hätten. Gemäss meinem letzten Brief behalten Sie 5 und geben wieder 5 zur Pinacotheca. Ich hoffe, dass dieses Geschäft mir einige in kurzer Zeit verkaufen kann. Es wäre grossartig, wenn ich nach Oslo fahren und dort einige Zeit sein könnte. Weil, wie Sie wissen, mein Atelier in Hannover, Merzbau genannt, fast ganz zerstört ist, wollte mir das Mus of Mod Art helfen, ihn wieder aufzubauen. Aber das ist bereits ein Jahr her, und ich komme nicht voran. Als ich Deutschland verlassen hatte, baute ich einen neuen Merzbau in Oslo. Ich kopierte nicht den alten, sondern lernte aus den Fehlern des originalen Merzbaus. Aber er ist aus demselben Geist, und als der Krieg kam, blieb er unvollendet. Denn ich musste fliehen. Wenn ich nun nach Oslo fahren könnte, würde ich mit meinem Sohn etwa 5–6 Fotos vom gegenwärtigen Zustand machen, um damit Direktor Barr und andere in USA zu interessieren, dass ich schliesslich ihre Hilfe bekomme. Ich habe ausserdem in Molde Bilder und Hausrat aus der Zeit, als ich mit Helma dort war. Vieles ist gestohlen, aber ich kann eine Menge retten, wenn ich hinkomme.
Und ich habe wirklich Sehnsucht nach Norwegen. Mehr als nach Hannover. Denn ich war dort so glücklich mit Helma.
Ich schicke Ihnen eine meiner besten Mz für Sie, mit herzlichen Grüssen
Ihr

Kurt Schwitters.

[.. .. ..]

An Christof Spengemann

4 Millans Park
Ambleside, Westmorland, E.
16. 5. 47

Lieber Kr.
        r r r r r r r r r r r r !
Ich (I) schrieb gleich an Ernst und schrieb Deine lieben Worte ab. (Um Fehler zu vermeiden.) (Weil ich das Original an Dux weiter-sende.) Er freut sich immer über (im Arr üb Arr) Krischanbriefe. Ich wüsste kaum, dass ich einen Brief um den 10. 4. herum ge-

schrieben habe. Ich pflege nicht um Tage *herum* zu schreiben. Ich trete Dir gern die Garrossvaterwüarrde ab. Gefällt Dir die Barrücke immer noch? Ich bin um Deine Augen sehr besorgt. Hoffentlich wird es bald besser. Es scheint veraltete Bindehautentzündung (was ein langes Wort) zu sein.

Ich kann auch etwas über eine Besserung berichten. Mein Asthma ist soweit, dass ich nur ab und an Medizin brauche. Ich schlage vor als neuen Titel des Buches: »Der Kupfernagel und andere Nägel«. Dann könntest Du jeden Teil einen Nagel nennen. Das Duell könnte heissen: »Sargnagel«. Andere Teile: »Der Nagel, den Bismarck stets auf den Kopf getroffen hat«. Oder: »Total vernagelt« usw. Ernsts Anschrift hat sich seit 1936 nicht geändert. Herr Ernst Schwitters, Lysaker pr. Oslo, Fagerhøiveien 22. Du musst das ø hinter dem h nicht auslassen, es ist ein richtiges ö = ø.

Nun sehr einfach, wenn alle Rehe totgeschossen sind, füttert Euch gegenseitig. Steck Dir alte Brotrinden in die Tasche und füttere Elisabeth Mauck. Das ist auch sicherer, denn die Rehe pflegten zu beissen. Sie hat mir geschrieben, sie will Dich aufsuchen. Nimm genügend Kartoffelschale mit. Ja, ich muss die Reise Hannover noch hinausschieben. Auf die lange Bank. Luse bedaure ich sehr. Ein gefallenes Mädchen. Wochenlang damit zu tun. Ich bin gefallen und leide schon 6 Monate. Grüss sie entsprechend!! Das »Du Luise« ist in der Schweiz neu erschienen. In einem Gedichtband »Die Abseitigen«. Die müssen gedacht haben, dass Luse zu fallen gedachte. Wundervoll, dass Walter am Rundfunk arbeitet. Ist das wirklich ein runder Funk? Jedenfalls gratuliere ich. Wantee and I send you our love.

Kurt.

An Nelly van Doesburg

4 Millans Park
Ambleside, Westmorland,
England
21. 5. 47

Lieber kleiner Nelly!
Vielen, vielen Dank für den Doesburg-Katalog. Die alten Zeiten bekamen wieder Leben. Ich lebe noch in diesen Zeiten und habe

mich nicht verändert, weil ich denke, das waren die richtigen Zeiten. Mesens ärgert sich, wenn ich behaupte, dass der Dadaismus mehr Kunst war als der Surrealismus. So viele Surrealisten sind absolut nichts. Und im Prinzip handelt es sich um Literatur mit falschen Mitteln, nicht um Malerei, und darum ist er falsch. Nach meiner bescheidenen Meinung.

Wenn Du in New York bist, siehst Du vielleicht K. Dreier. Sie hat viele von meinen alten Merzzeichnungen. Du könntest sie vielleicht vergleichen mit einem Teil von neuen Merzzeichnungen, die Fräulein Margaret Miller für mich aufbewahrt für die kommende Collage-Ausstellung. Du wirst sehen, dass ich noch immer der gleiche bin.

Hans Richter schrieb mir, er würde einen Film von meiner Ursonate machen. Ich schrieb ihm zurück, dass ich mit Hilfe von Mesens eine Schallplatte damit hergestellt habe, und bat ihn zu warten, bis diese fertig ist. Aber Richters Antwort war ziemlich knapp. Er schrieb recht einsilbig. Und andererseits ist Mesens sehr überarbeitet, und nichts geschieht. Siehst Du Richter?

Herzlichst

Grosser Merz.

Liebe Nelly! Ich schicke Dir mein Gedicht, das ich gemacht habe, als ich krank war.

I build my time
In gathering flowers
And throwing out the weeds.
I build my time
In gathering fruits
And throwing out all that is bad,
And old,
And rotten.
This leads me forwards
To the death,
To God
And Paradise.

An Marguerite Hagenbach

4 Millans Park
Ambleside, Westmorland,
England.
11. 6. 47

Dear Miss Hagenbach!
Die Sachen sind so lang, wie sie breit sind. Das heisst, es kommt
langsam von einem Ende ohne Ziel zu einem anderen. Da sind
Enden genug, aber keine Ziele. Dementsprechend geht es mir
Danke. Der Doktor sagt, ich kann noch 10 Jahre in Comfort leben,
wenn ich nicht sterbe, und wenn der Comfort auch da ist. Wie geht
es Ihnen und wie Arp. Ich höre von seiner erfolgreichen Ausstellung in Basel und seinen Gedichten in Mrs Giedions Buch. Ich
war sehr erfreut Arps Gedichte wieder zu lesen. Ich bin der Ansicht, seine Sachen in dem Buch sind die besten und stärksten. Mit
Mesens habe ich über Arps Beteiligung an der Dadaschau gesprochen. Aber Mesens sagte, er hätte sowieso Verbindung mit
Arp, aber keine Mittel, Bilder von anderen Ländern herüberzu-
holen. Nun war ja Mesens selbst in Frankreich und hat sicherlich
mit Arp gesprochen.
Nun habe ich eine grosse Bitte. Die Schwester meiner Freundin
Wantee ist Sonnabend mit ihrem Mann, dem Buchhändler Erich
Blundel von London nach Interlaken gefahren. Wir bekamen
heute Nachricht, sie kamen so lala über. Sie kamen direkt in den
Streik hinein. Sie schreiben nicht über Schwierigkeiten, aber wenn
der Streik 14 Tage dauert, werden sie mit dem Zurückreisen
Schwierigkeiten haben. Sie würden mich sehr verpflichten, wenn
Sie ihnen gegebenen Falls raten oder helfen könnten, wenn erfor-
derlich.
Ich habe Ihre Adresse gegeben, vielleicht freuen sie sich, Ihnen
schreiben zu können. Die Adresse von Erich Blundel ist Jungfrau
Hotel, Wilderswiel, Interlaken.
Seien Sie herzlichst und merzlichst gegrüsst von Ihrem und Arps
Freund

Kurt Schwitters.

An Raoul Hausmann

4 Millans Park
Ambleside Westmorland
12. 6. 47

Lieber Roulmannsuah!
Dank für Deinen Brief vom 15. 4. Das alte griechische Gedicht,
uff – ist sehr hübsch, Du oller Hero. (und Leander). Zu Haus-
lamander Hero!
Was ist mit dem Streik? Kommen Briefe an? Schreib mir, wenn
dieser nicht ankommt. Gabrielson schrieb mir seit langer Zeit
wieder einmal, sagte aber kein Wort über meinen Vorschlag. Nix
zu maxen.
Grüsse Heta von Wantee und mir (Bumbo). Ich bin Bestefar
(Grossvater) seit dem 9. Juni. Am 20. 6. werde ich 60 Jahre alt. Der
Doktor sagt, ich kann noch 10 Jahre leben. Punkt. Dicker Punkt.
Spiller schrieb mir auch. Ich fiel in die Falle und schickte ihm was.
Keine Antwort. Ich werde ihm noch einmal schreiben. Ich kann
nichts zu all dem sagen, nur: »Ärgre Dich nicht!« Ich ärgre mich
nicht oft und mit demselben Resultat: »Es geschieht nichts.« Du
magst recht haben, Du kannst unrecht haben. Schade.
Ich mochte den Baaderschen Dadaismus nicht, er formte nicht wie
Du und ich. Ich bekam das Buch von Dir zurück. Da war nichts zu
bezahlen. Ich kann Anna Blume nicht schicken, aber Du hast sie in
dem Giedion-Buch. Es ist schon ins Französische übersetzt. Vielleicht machst Du es besser.
Gabrielson hat alle mögliche Art von Bildern, auch moderne (von
Arthur Segal gesammelt). (Expressionismus etc.) Und er hat eine
Abteilung Selbstportraits. Schreib ihm und stelle Dich vor. Ich
nehme an, dass er antwortet. Vielleicht bringt das die »Lawine ins
Geröll«. [. . . . . .]
Irgendwo habe ich Deinen Brief über das Giedion-Buch. Wenn ich
ihn finde, beantworte ich ihn.
So long. Love.

dada MERZ.

An Christof und Luise Spengemann

4 Millans Park
Ambleside, Westmorland, England.
25. 6. 47

Lieber Krischan

¡¡ǝsınoꞀ ǝqǝıꞀ

Am 20. 6. wurde ich 60 Jahre alt. 2x3x2x5. 60, 6x10. 3x15. 2x20. 4x15. 7x30. Bitte sucht Euch das richtige heraus. Aber es ist eine enorme Anzahl. Es würde sich nicht lohnen, es noch einmal mit durchzumachen. Nur Helma möchte ich nicht missen. Und Euch. Wenn man es so richtig betrachtet, so war es eine sehr nette Zeit.

Nun bin ich auch Bestefar. Am 9. 6. wurde meiner (lieben) Eve ein Baby geboren mit eingeprägtem Namen BENGT. Das Telegramm nannte ihn BEGNT. Ich protestierte beim Postamt, da ich den Namen nicht christlich fand. BEGINT würde ich verstehen, aber das sollte nicht sein. Sie schrieben mir von Liverpool, ich müsste mit dem Namen zufrieden sein, es wäre so. Ich hatte noch gewisse Zweifel, denn Ernst hiess ERST. Der Erstgeborene. Er war der Zwote Sohn in Wirklichkeit. Ich beruhigte mich dann und war nur heilsfroh, dass sie mich nicht Schitters nannten. Aber ich hatte recht. Das $5^1/_2$ Pfd.-Baby heisst Bengt. Ihm bangt vielleicht vor der Namensverdrehung durch das Postkontor.

Nun habe ich hier einen Brief von Krischan vom 9. 3. Ja, das Baby ist gekommen. Sie nennen mich nun Bestefar, was in Deutsch Grossvater heisst. Aber ich übersetze es auf Englisch, dann heisst es: »By far the best.« Das schmeichelt mir. Ja, gesundheitlich geht es mir: »Danke nein!« Das Herz-Asthma hat sich in ein Merz-Asthma verwandelt, und als Resultat ist ein sehr schlechtes Herz zurückgeblieben. Ich muss sehr vorsichtig sein, wie Dr. Mackenzie aus Keswick sagt. In dem Falle kann ich die 70 erreichen. Wantee ist nun auntie = Tante Wantie, weil Bengt es nicht gewagt hat, sie Bestemor zu nennen. Das heisst, er nennt weder mich noch Wantee, weil er sich noch nicht entschieden hat, ob er Deutsch, Norwegisch oder Englisch reden soll. Ich annehme Englisch, weil seine lieben Eltern sich Englisch halten unter.

Wantee ist ein sukkerpluck. Sie ist es bestimmt, aber ich weiss nicht, wie man es schreibt. Ich sende Euch eine der vielen Congratulationen zu meinem 60. Geburtstage mit. Zur Ansicht und Rücksendung. Damit Ihr seht, wie man das in AmerikUSA feiert. Kate und Nelly van Doesburg haben es eingekauft. They call me

279

6 uns Merzbau. Aber da ist ja nichts
mehr zu machen. Aber ich sage nur:
„Merzbau ist Merzbau." Da vollende
ich besser den in Oslo.

Hier

sende ich ein Bild.
Es ist zwar wenig, aber genug, alles zu
ahnen, was vor sich geht. Wie erregt der
eine Hund ist. Sein Schwanz scheint zu
bebben. Der andere Hund ist gespannt
aufmerksam. Dieses Bild ist besser als
das berühmte Lächeln der Mona Lisa!
Und es ist ein Gemälde von mir. Eine
meiner berühmtesten „Zeichnungen."

9

leben wir eine [...] a life of [...] und Luxury. [...]
gut, wenn [...] fällig da ist [...]
[...] die gute
Essen. [...]
[...] werden, [...]
alter [...] aus mit meinen [...]
Jahren. Ich sehe aus wie [...] —
80. Meine alten Anzüge schlottern
mir. Und ich habe keine Courage,
mir einen neuen anzuschaffen.
Du meinst, hier würde nicht gelogen?
Du bist der Ansicht, dass Hunde böse
[...]. Ich habe sehr gute Hunde kennen
gelernt. Es gibt Hunde und Hunde.
Fela   Lola   Lola.
        Herde   Selassi.
In die Reise denke ich mit Freude,
und solange ich denke, ist es eine Freude.

[.?.] »Grandpa«. Als ob es keine bessere Bezeichnung gäbe. Now I
am approaching seventy. Der Arzt kommt heute, meine Gesundheit
zu kontrollieren.

Duxens sind alle sukkerplucks.

Nun gratuliere ich zu Deinem 70sten Geburtstage, irgendwann im
April. Ich nehme doch nicht an, dass das ein Aprilscherz ist. Du
70 Jahre! [. . . . . .]

Dann danke ich für Deine Geburtstagscongratulation vom 9. 3. 47.
Sie war etwas früh, damals war ich nur approaching 60. [. . . . . .]

Du musst wissen, dass ich am 20. 6., meinem Geburtstage, eine
Scholarship vom Museum of Modern Art in New York erhalten
habe zum Ausbessern meines Merzbaues. Aber da ist ja nichts mehr
zu machen. Aber ich sage mir: »Merzbau ist Merzbau.« Da vollende ich besser den in Oslo.

Hier* sende ich ein Bild.

Es ist zwar wenig, aber genug, alles zu ahnen, was vor sich geht.
Wie erregt der eine Hund ist. Sein Schwanz scheint zu bebbern. Der
andere Hund ist gespannt aufmerksam. Dieses Bild ist besser als
das berühmte Lächeln der Mona Lisa! Und es ist ein Gemälde von
mir. Eine meiner berühmten »Í zeichnungen«.

LUSE schrieb am 12. 3. Das Licht werde ausgeschaltet. Ja, das ist
bitter, aber nicht so bitter, wie in Broadstairs. Hier wurde es nicht
ausgeschaltet, aber es war bei 100 £ Strafe verboten, zwi- (wiederhole zwi) zwischen 9 und 12 und 2 und 4 Strom zu gebrauchen.
Dabei war es bitter kalt, und keine Kohle zum Heizen. [. . . . . .]

Ich bin nicht auf den Beinen, aber Wantee nurst mich sehr gut. Ich
habe ein sehr schwaches Herz. Das Asthma ist dank Digitalis besserer. Etwas besserer. Aber mein Herze klopft. Ich kann nur waage-
recht gehen, nicht auf die Berge. Da kann ich nur fahren. Und mein
Maximum ist eine Stunde gehen per Tag. Und ganz langsam. Aber
schlafen muss ich 12–14 Stunden täglich. Aber Wantee ist seit dem
Nervenschock in London, als eine Fliegerbombe V 1 den Häuser-
block neben ihr in ein grosses Loch verwandelte, auch sehr schwach
und braucht viel Ruhe und Schlaf. So leben wir,** wie sie sich ausdrückt, a life of rest and luxury. Wir essen gut, wenn es zufällig da
ist, sonst erinnern wir uns an das letzte gute Essen. Du wirst Dich
wundern, ich bin dünn geworden, sehe wie ein alter Mann aus mit
meinen 60 Jahren. Ich sehe aus wie 75–80. Meine alten Anzüge
schlottern mir. Und ich habe keine coupons, mir einen neuen anzuschaffen.

Du meinst, hier würde nicht gelogen? Du bist der Ansicht, dass Hunde böse sind. Ich habe sehr gute Hunde kennen gelernt. Es gibt Hunde und Hunde.

Sela   Sela   Sela.
Heile   Selassi.

An die Reise denke ich mit Freude, und solange ich denke, ist es eine Freude. Wenn ich sie wirklich mache, muss ich die Kraft dafür haben.

Aber *Du* Luise vergeudest Deine Kraft. Du wünschst 1000 Grüsse an Wantee in einem Stück. Sag doch einfach: One £ greetings for Wantee. She sends you 1 £ greetings back. And I send 2 £ greetings to both of you.

Love

Merz.

Besucht doch einmal Frau Elisabeth Mauck, Kirchrode, Oppenbornstr. 20.

An Otto Ralfs

4 Millans Park
Ambleside, Westmorland
3. 7. 47

Lieber Herr Ralfs!
Über Ihren Brief vom 22. 6. habe ich mich sehr gefreut. Meine [. . .] liebe ich nicht, sie ist in Ungnade bei mir. Sie hat, wie ich höre, nicht ein Bild gerettet, das hat meine leider gestorbene Frau noch getan. Sie hat sie gewaschen und gebürstet, aber ich nehme an, dass beim Abwaschen manches mit abgewaschen ist. Ich nehme an, dass meine Frau alle Abstraktionen und Collagen mit nach Oslo geschafft hat. Sie hat mir wirklich viel gerettet. Das befindet sich in Oslo. Mir geht es so lalo. Man nennt es gut. Ich arbeite abstrakt, und Portrait. Ich stelle im Museum of Modern Art, New York, aus. Das gleiche Museum hat mir zu meinem 60. Geburtstage eine Scholarship zur Vollendung des Merzbaues in Oslo gegeben. Ich muss bald dahinfahren.
Ich werde gern bei Ihnen gelegentlich ausstellen. Lassen Sie mich Genaueres wissen. Der Verlust Ihres Sohnes ist sehr traurig, und der Ihrer guten Sammlung ein *grosser* Verlust. Es ist kaum ein

Trost zu nennen, dass wir alle grosse Verluste erleiden mussten. Aber ich freue mich, dass auch Sie wieder mutig anfangen. Wie nett, dass Ihnen Dexel ein kleines abstraktes Bild von mir geschenkt hat. Ich selbst bin nicht in der Lage, da ich vertraglich gebunden bin. Leider. Sie haben Ihr Gästebuch retten können! Wie wundervoll. Meine 2 Gästebücher sind beim Bomben in Hannover verschüttet. Ich selbst kann nicht nach Hannover, weil ich sonst nicht zurückreisen kann. Aber ich lebe. Meine Frau habe ich leider verloren. Wir waren durch den Krieg getrennt. Mein Sohn Ernst hat sich zu einem sehr tüchtigen Fotografen entwickelt. Lebt in Oslo und hat geheiratet und einen Sohn Bengt.

Mit vielen herzlichen Grüssen und mutig weiter!

Kurt Schwitters.

An Christof Spengemann

4 Millans Park
Ambleside, Westmorland, England.
18. 7. 47

Lieber Krischan!

Nie in meinem Leben bin ich so ununterbrochen krank gewesen, und immer anders. Ich muss wirklich krank sein. Am 17. hatte ich um 5 Uhr morgens einen Blutsturz, der bis 5 Uhr abends dauerte. Meine 3 Ärzte versuchten alles Mögliche, Wantee pflegte mich ununterbrochen. Am Abend waren wir alle 5 erschöpft. Noch jetzt spucke ich Blut, aber ganz hartes, schwarzes. Ob ich wohl auch richtige Tinte spucke, schlechter als diese kann sie nicht sein. Dabei male ich 2 Portraits und muss wieder im Bette liegen. Mit mir können sies ja machen. Ich bin ja Kummer gewohnt. Aber ich konnte auch tot sein, wenns länger dauerte. Nun ist es mir noch beschieden, Deinen Brief vom 24. 6. zu beantworten. Ich fahre fort in Blei, da die Tinte das Bestreben ausdrückt, das Bett anzuschwärzen. [.. .. ...] Ich mache einen Vorschlag, besorg Dir 2 Hunde, die aus der Hand fressen, nimm diese mit Frau Mauck in den Tiergarten. Hunde sind Tiere, und gehören hinein. Binde die 2 Hunde an 2 Bäume und nagele Schilder darüber: »Im Tiergarten ist das Füttern der Tiere erlaubt.« Dann geht einen Weg weiter und zählt, wieviele Leute die Hunde füttern. Und für die

Hunde ist es ein Schützenfest, die Hunde sind ja heutzutage nicht verwöhnt. [... ...]
So, nun lebt recht wohl.
Herzlichst

Kurt.

An Hanns Krenz

4 Millans Park
Ambleside, Westmorland, England.
20. 8. 47

Lieber Krenz!
Vielen Dank für Brief vom 4. 8. [... ...] Ich habe soviele Krankheiten, dass es eine Schande ist. Ich lebe hier auch wie in einer Kleinstadt, zwischen Seen und Bergen mit meiner Freundin Wantee. Sehr romantisch. Ich male viel Portrait, und besonders abstrakt. Ich weiss auch nicht sehr viel von England. Lebe sehr zurückgezogen. Der Engländer spricht meistens vom Wetter. Er findet es immer schön. Er ist ein guter Dichter, aber ein schlechter Maler und Bildhauer. Auch die besten, wie Ben Nicholson, Henry Moore usw. sind nicht zu vergleichen mit den besten in Deutschland oder Paris. Die Weltanschauung ist konservativ, auch die der Labour Party. Man macht jetzt Versuche, da herauszukommen. Wenn Sie sich orientieren wollen, schreiben Sie an Mr. Mesens (ein Belgier), London Gallery, 23. Brookstreet, London. Er weiss alles. Sehr gut ist Gabo, der aber Russe ist, und zur Zeit in New York ist. [... ...]
Herzlichst

Kurt Schwitters.

[... ...]

An Marguerite Hagenbach

4 Millans Park
Ambleside, Westmorland, England
2. 9. 47

Liebes Frl. Hagenbach.
Herzlichen Dank für Ihren Brief vom 18. 6. Seit dem 12. 6. bin ich Grossvater. Mein Sohn in Oslo hat einen Sohn, Bengt. Mr und Mrs Blundel sind gut wieder in London angekommen. Tschicholds sind

285

ja in England jetzt, und Edith und Peter besuchten mich. Es waren sehr erfreuliche Tage. Wir hatten soviel zu erzählen. Ich hoffe Jan gegen Weihnachten zu sehen. Edith war soweit allright. Ich bin immer noch krank. Asthma und Lungenbluten.

Wie dankbar bin ich Ihnen für Aufbewahren der Merzzeichnungen.

23. 10. 47.

Hier brach der Brief ab. Nun setze ich fort. Mein Sohn ist jetzt in Paris. Er arrangiert die Norwegische Ausstellung. Ich freute mich, dass er von sich aus mich um Arps Adresse bat. Ich konnte ihm nur rue des Chateigniers, Meudon S. e. O. geben, keine Nummer. Bitte teilen Sie mir die Nummer mit. Ich sagte, dass vor dem Hause eine Menge weisser Gipsstücke liegen. Ich bin richtig froh, wenn Ernst Arp kennen lernt, denn ich schätze Arp als den grössten lebenden Künstler; Dichter sowohl als auch Maler und Bildhauer. Er schöpft aus dem Reinen. Mrs Blundel hatte eine Fehlgeburt, Zwillinge, tot. »Er schiesst im Dunkel mausetot.« Tschichold sandte mir gestern ein Packet Dichtungen von mir, mein Leseexemplar aus Basel. Ich muss es vergessen haben. Es war mir ein grosser Schatz, weil Alles Andere verloren ist, gebombt oder verbrannt. Mein Lungenbluten scheint aufgehört zu haben. Aber ich bin ein alter, schwacher Mann. Ich baue dabei die grösste Plastik meines Lebens, $5 \times 5 \times 3$ m. Eine Innenplastik. Es ist der Merzbau 3, nachdem 1 zerstört ist und 2 unfertig. Dieses ist mit Hilfe des Museums of Modern Art. Aber von deren Hilfe kann ich nicht das Material kaufen. Wie ich es je vollenden soll, weiss ich noch nicht. Ich hoffe von Irgendwo auf Stiftungen. Ich muss Leute anstellen, weil ich nicht auf die Leiter steigen, nicht Steine tragen kann. Aber ich habe guten Mut, und es wirkt feeenhaft. $1/10$ der Arbeit ist fertig. Es ist in einem einzelnen Hause in einem Naturpark in wundervoller Umgebung, Berglandschaft. Der Besitzer des Naturparks, Herr Pierce, hat mir den Platz zur Verfügung gestellt, ohne einen Gegenwert. Er und sein Sohn helfen mir ausserdem. Herr Pierce ist ein grosser Mann. Ich hoffe, es noch lebend zu vollenden, dass Sie und Viele es sehen können. Wantee hilft mir täglich. Ich arbeite jeden Tag 3 Stunden, mehr kann ich nicht leisten. Ich werde 3 Jahre arbeiten müssen.

Aber Gott wird mir helfen.

Ihnen und Hans Arp die allerherzlichsten Grüsse.

Kurt Schwitters.

An Christof und Luise Spengemann

Dear Krischan!
Tut ma ooch laad, aber ich habe kein Lungenbluten mehr. Der Arzt meint, die Lunge war ein Ventil gegen zu hohen Blutdruck, damit ich nicht einen Schlag bekam. Wenn ich nun doch einen Schlag bekomme, dann bin ich sehr wütend! Ernst ist jetzt auf Ferien im Schnee in Finse. Der hats gut in dieser Hitze. Wenn Walter zum Wochenende immer zu Euch kommt, und im Bett liegt, so ist das sozusagen sein Wochenbett. Lass Schulze ungeschoren. Besser ist besser.
Sende Deinen Hund zu Frau Mauck. Lass Hunde sprechen. Bitte Bengt zurückerbeten. Schade um den gefallenen Kupfernagel. »– – mit Heinrich beginnend – –« ist gut, aber – »von Heinrich bis – – –« – – würde besser sein. Was meinst Du zu dem Titel: »*Köpfe, Heinrich und Hühneraugen.*« *Ein Hannoverbuch.*
Aller herzmerzlichste Grüsse

Dein Kurt.

Liebe Isa!
Ich komme schon mal aus der Krankenstube heraus, aber wieder schnell hinein. Aber z. Zt. arbeite ich an einer *Merz Barn*. Ich baue sie morgens von amerikanischer Unterstützung. Ich schlafe $3/4$ des Tages, um die Kraft für $1/4$ für die Arbeit zu haben. Es ist sehr warm hier. Dank für Zeugnis über Werners Geld. Wantee und ich grüssen Euch alle inclusive Walter und die Morphinistin herzlichst.

Dein Kurt.

An Ernst, Eve und Bengt Schwitters

Liebe
E
  +
   E
    +
     B
Endlich habe ich Euren Brief von der Reise vom 20. 9. bekommen.

Ich war sehr glücklich. Ich denke, Ihr möchtet zuerst hören, wie es mir gesundheitlich und wirtschaftlich geht. Beides ist nicht so schlimm. Ich muss nur vorsichtig sein.

Die Blutung war nur einen Tag sehr schlimm. Dann liess sie nach, und nach 4 Wochen kam kein Blut mehr. Aber Dr. Johnston liess mich noch nicht arbeiten oder ausgehen, weil dies einen Rückfall hätte verursachen können. Wenn ich nicht den Willen gehabt hätte zu leben, wäre ich sicher gestorben. Aber das Merkwürdige war, dass alle dachten, ich läge im Sterben, und ich tröstete sie und antwortete ihnen, dass ich nicht sterben würde. Ich musste Wantee, Bicky, Mr. Laughton [?] und den Arzt trösten. Sie alle sagten, sie müssten sofort an Euch schreiben, wenn Ihr kommen und mich lebend sehen wolltet. Aber ich wollte es nicht. Ich bat nur, *nicht* an Euch zu schreiben, ehe es mir wieder besser ginge. Sie versprachen es, aber hielten ihr Versprechen nicht. Ich hatte recht. Ich lebe und arbeite wieder. Und ich habe nichts zu tun mit Bickys Brief. Es tut mir so leid, dass sie Euch beunruhigt haben mit mir. Das einzige, was hätte passieren können, wäre gewesen, dass ich gestorben wäre, ohne Euch vorher zu sehen. Was macht das. Wir wissen, dass wir einander lieben immer und immer, und Du sagst selbst, dass die Toten glücklich sind. Sie sind es. [. . . . . .] Der neue Merzbau heisst Merz Barn. Es war früher eine Scheune. Sie bekommt ein Rasendach. Sie liegt in einer wunderbaren Landschaft. 5 : 5 m.* [. . . . . .]

Ja, ich kann plötzlich sterben, aber es sieht nicht so gefährlich aus jetzt. Ich werde einmal nach Lysaker kommen. Aber nicht jetzt. Vielleicht *muss* ich es, wenn sie mir nicht das Geld für die Merz Barn zusagen. Und wenn ich in 2 oder 3 Jahren die Barn beendet habe, komme ich nach Oslo, um den Merzbau II in Lysaker zu beenden. Ich denke, ich sollte jetzt in Ambleside bleiben. [. . . . . .] Meine besten Wünsche für Euch drei.

Kurt Schwitters
(bestefar.)

An Christof Spengemann

Ambleside,
29. 9. 47

Lieber Krischan!
Denk, Du wärest – – Anna Blume.
Dann würde ich Dich folgenderweise anreden:

»AN ANNA BLUME!

1. Oh Du, Geliebte meiner 27 Sinne, ich liebe DIR.
2. Du, Deiner, Dich Dir, ich Dir, Du mir, — wir?
3. Das gehört beiläufig nicht hierher!

4. Wer bist Du, ungezähltes Frauenzimmer, Du bist, bist Du?
5. Die Leute sagen, Du wärest.
6. Lass sie sagen, sie wissen nicht, wie der Kirchturm steht.

7. Du trägst den Hut auf Deinen Füßen, und wanderst
   auf die Hände,
8. Auf den Händen wanderst Du.

9. Halloh, Deine roten Kleider, in weisse Falten zersägt,
10. Rot liebe ich Anna Blume, rot liebe ich Dir.
11. Du, Deiner, Dich Dir, ich Dir, Du mir, — wir?
12. Das gehört beiläufig in die kalte Glut!
13. Anna Blume, rote Anna Blume, wie sagen die Leute?

Preisfrage:
1.) Anna Blume hat ein Vogel.
2.) Anna Blume ist rot.
3.) Welche Farbe hat der Vogel.

14. Blau ist die Farbe Deines gelben Haares,
15. Rot ist die Farbe Deines grünen Vogels.
16. Du schlichtes Mädchen im Alltagskleid,
17. Du liebes grünes Tier, ich liebe Dir!
18. Du Deiner Dich Dir, ich Dir, Du mir, — wir!
19. Das gehört beiläufig in die — Glutenkiste.

20. Anna Blume, Anna, A —— N —— N —— A!

21. Ich träufle Deinen Namen.
22. Dein Name tropft wie weiches Rindertalg.
22. Weisst Du es Anna, weisst Du es schon,
23. Man kann Dich auch von hinten lesen.
24. Und Du, Du herrlichste von Allen,
25. Du bist von hinten, wie von vorne:
26. A —— N —— N —— A.
27. Rindertalg träufelt . . STREICHELN . . über meinen Rücken.
28. Anna Blume,
29. Du tropfes Tier,
30. Ich ————— liebe – – – – Dir!«

Ich habe es so geschrieben, wie es gedruckt werden sollte.
Herzlichste Grüsse Euch Allen.

Dein Kurt.

Schade, dass *Du* von hinten und von vorne verschieden bist. Das
ist ein Schicksal, mit dem Du Dich abfinden musst.*

An Käthe Kramer

4 Millans Park
Ambleside, Westmorland
England, 1. 10. 47

Liebe Frau Kramer!
Bitte entschuldigen Sie mich, dass ich solange nichts von mir hören
liess. Aber ich hoffte, wir würden über Tschicholds oder Spengemanns hören.
Ich bin mehr krank als gesund. Lunge und Herz sind krank, und
ich muss immer ruhen. Das ist sehr lästig. Die kleinste Sache macht
mir Herzklopfen und ermüdet mich. Dabei habe ich noch Pläne.
Da mir mein Merzbau in Hannover zerbombt ist, mache ich hier
in England einen neuen. Das nimmt mir alle, aber auch alle übrige
Zeit.
Über Ediths Besuch war ich sehr erfreut. Meine Freundin, Wantee,
ist mir sehr notwendig. Was könnte ich ohne sie noch tun?
Natürlich habe ich Sehnsucht nach alten Freunden in alten Zeiten.
Aber *nicht* nach Deutschland. Es ist mir fremd geworden. Und ich
vergesse nicht so leicht, dass es mich unter den Nazis zum Aus-

wandern zwang. Ich bin auch der Ansicht, dass Helma noch leben
würde ohne die Nazis. Und endlich, ich kann ja garnicht nach
Deutschland reisen.

Danke zur Gratulation. Aber ich bin nicht Grossvater, sondern
Bestfar. Das übertrage ich auf englisch, dann bin ich by far the best.

Ja, der Mensch ist geplagt. Wirklich.

Von einigermassen voller Schaffenskraft kann nicht bei mir die
Rede sein. Wenn ich gelegentlich wieder etwas tun kann, bin ich
zufrieden.

Mit den besten Wünschen und herzlichsten Grüssen Ihr

Kurt Schwitters.

An Katherine S. Dreier

4 Millans Park
Ambleside, Westmorland, England.
6. 10. 47.

Liebe Miss Dreier!

Ich danke Ihnen für Ihren reizenden Brief. Nun habe ich Sie und
Ihr Bild zusammen. Ich konnte beides Wantee zeigen, und ein junger Freund von mir sagte, nachdem er Ihre Arbeit betrachtet hatte,
nun verstünde er auch abstrakte Malerei.

Ja, ich war wieder sehr krank, ich werde magerer und magerer,
aber mein Geist ist nicht tot zu kriegen. Ich arbeite jede Minute,
die ich dazu fähig bin. Meine Merz Barn ist besser und konsequenter als alles, was ich vorher gemacht habe. Aber ich brauche Geld.
Ich hoffe, das M o M A gibt mir noch etwas. Es ist nicht möglich,
einen so kostspieligen Bau für $ 1000 zu errichten. Ich muss ein
neues Gesuch machen. Ich bedaure, dass Fräulein Fried jetzt nichts
für mich verkaufen kann, ich würde das Geld dringend brauchen.
Aber es macht nichts.

Ich sende Ihnen zu Ihrem 70. Geburtstag alle meine herzlichen
Grüsse und besten Glückwünsche.* Schneiden Sie allen Kummer
aus Ihrem Leben heraus!

Ich bin zu bekümmert, dass ich Campendoncs Brief nicht bekommen habe. Ich schreibe ihm unverzüglich. Vielen Dank für die
Adresse.

Wantee geht es gut. Sie wird ein wenig dicker. Ich werde schwächer
und schwächer, auch die Arme.

291

Ich hatte gedacht, dass Fräulein Fried von meinen Mz an private
Kunden ohne Ausstellung verkaufen würde. Ich würde es wirklich
nicht gern haben, wenn dort zur gleichen Zeit wie im Museum
o. M. A. eine Ausstellung wäre.
Und ich hoffe Sie zu erwarten zur Eröffnung meiner Ausstellung
im M o M A.
Ich sollte Sie wissen lassen, wie es mir geht. Ich weiss es selbst nicht.
Ich arbeite schwer an der Merzbarn.
Alle meine besten Wünsche. Wie immer Ihr

Kurt Schwitters.

An Ludwig Hilberseimer

4 Millans Park
Ambleside, Westmorland,
England
25. 10. 47

Lieber Herr Hilberseimer!
Ich bekam durch Herrn Jan Tschichold, der jetzt in England lebt,
alle meine Bücher und Ihre »Großstadtbauten«. Ich lebe jetzt in
England, und fast alles, was ich in Deutschland und in Norwegen
zurückgelassen habe, ist verloren, verbrannt, zerbombt. Ich habe
die »Großstadtbauten« mit grossem Interesse wieder gelesen und
hatte das Gefühl, es muss einfach wieder aufgelegt werden.
Aber wo sind Sie. Ich fragte in Deutschland und in der Schweiz,
niemand konnte mir Ihre Adresse geben oder sagen, ob Sie noch
leben. So fragte ich Tschichold, ob vielleicht Penguin das Buch wieder herausbringen würde. Ich habe hier die Antwort. Ich denke,
die Zeit für England ist jetzt da. London ist praktisch England,
und es ist sehr zerstört. Es gibt grosse Pläne, London wiederaufzu-
bauen, besser, aber nicht zu vergleichen mit Ihrer »Großstadt«.
Sie können alle eine Menge daraus lernen … England baut konservativ, aber es plant ausgezeichnet.
So war ich sehr begeistert und sah bereits London als *Hilberseimer-
town* errichtet. Ich habe an verschiedene Leute hier und in den USA
geschrieben, habe auch Käthe Steinitz gefragt, ob wir die »Großstadtbauten« zu Ihrem Gedächtnis neu herausbringen könnten. Weil
ich glaubte, Sie seien tot, und ich dachte, es sei meine Ehrenpflicht,
mich um Ihre grossartigen Ideen zu kümmern. Käthe antwortete

mir, dass Sie ebenso wie Mies van der Rohe in Chikago lebten. Ich war glücklich, sehr glücklich, als ich ausserdem hörte, dass Sie ein anderes Buch mit noch mehr grossen Einfällen herausbringen. Und dass Sie beide befreundet sind ...

Bitte sagen Sie Mies meine besten Grüsse. Ebenso Hans Richter, wenn Sie ihn kennen. Im nächsten Jahr werde ich eine Ausstellung mit weiteren Collagen von anderen Malern im Museum of Modern Art, New York haben. Ich musste Norwegen am 9. April 1940 verlassen, als die Deutschen einfielen. Mein Sohn wurde nach dem Krieg norwegischer Staatsbürger. Er ist ein ausgezeichneter Fotograf. Er baut jetzt in Paris die norwegische Ausstellung auf. Meine Frau ist tot. In Hannover. Krebs. Ich bekam die Nachricht während meiner ersten Ausstellung in London und hatte nicht einmal erfahren, dass sie krank war. Jetzt stelle ich in der London Gallery (Museum) aus. Ich male und modelliere abstrakt, wie immer. Das Museum of Modern Art hat mir ein Stipendium gewährt. Ich baue dafür eine Merz Barn. In Elterwater. Die grösste Plastik meines Lebens. Herr Pierce stellte mir die Scheune zur Verfügung. Er ist ein einfacher Landwirt und Landschaftsgärtner. Er und sein Sohn helfen mir sehr viel. Ich selbst bin sehr krank, aber noch hoffe ich, meine Arbeit in drei Jahren zu beenden. Meine Freundin Wantee hilft mir sehr viel. Ihr verdanke ich, dass ich noch lebe.

Nun hoffe ich von Ihnen zu hören. Natürlich unternehme ich nun weiter keine Schritte in der Angelegenheit »Großstadtbauten«, weil ich nur Ihre Pläne stören könnte.

Herzliche Grüsse, Ihr sehr ergebener   Kurt Schwitters.

An Katherine S. Dreier

                    4 Millans Park
                    Ambleside, Westmorland, England
                    8. 11. 47

Liebe Miss Dreier!
Ein wenig spät schicke ich Ihnen eine Merz-Zeichnung zu Ihrem siebzigsten Geburtstag. Mit dem herzlichsten Wunsch, dass er noch oft glücklich wiederkehren möge.
In einigen Tagen werde ich britischer Staatsbürger sein. Ich bin sehr stolz und denke an die Möglichkeiten, die mir dies gibt. Nun kann ich reisen.

Wie ich gehört habe, wird meine Ausstellung von Februar bis April sein. Es wäre möglich für mich, an der Eröffnung teilzunehmen, wenn mich jemand einladen würde. Vielleicht das Museum. Vielleicht ein Kurator. Ich könnte auf dem billigsten Weg reisen. Aber da ich krank bin, muss ich zu zweit reisen, beide Strecken, mit meiner Pflegerin (Wantee). Ich würde zur Eröffnung meine Lautsonate vortragen. Was denken Sie darüber?

Nun muss ich eine alte Geschichte von Ella Bergmann-Michel in Eppstein im Taunus, Deutschland, SCHMELZ berichten. 1926 gab oder schickte sie Ihnen einige Bilder von sich und ihrem Mann. Sie wurden ausgestellt und verschwanden danach. Sie fragte mich und Sie danach, und wir konnten beide keine Auskunft geben. Sie waren verloren, und Frau Michel gab sich zufrieden. Aber sie sind *nicht mehr* verloren. Sie fand sie alle 3 in dem neuen Katalog der Yale Universität. Sie war sehr erfreut, weil sie sie gern hat, und sie ist glücklich, sie wieder gefunden zu haben, und sie ist stolz, dass sie sich in der Harvard Universität befinden und dort für die moderne Kunst wirken. Sie bittet mich nun, an Sie deshalb zu schreiben, weil ich ein guter Freund von Ihnen bin. Sie möchte die Bilder dort lassen und macht sich nichts daraus, wie sie hingekommen sind. Aber sie fragt, ob sie nicht etwas Geld dafür bekommen könnte oder besser ein Paket mit Nahrungsmitteln für jedes Bild und ein Paar Schuhe für ihre Tochter, deutsche Grösse 39. Bitte seien Sie nicht böse auf mich, ich habe nichts damit zu tun, aber Sie werden herausfinden, wie die Bilder zur Harvard Universität gekommen sind.

Zum Weihnachtsfest und zum neuen Jahr sende ich Ihnen meine besten Grüsse. Alles Gute

Ihr sehr ergebener

Kurt Schwitters.

An Margaret Miller

Ambleside
8. 11. 47

Liebes Fräulein Miller!

In einigen Tagen werde ich die englische Staatsbürgerschaft bekommen. Ich bin sehr glücklich, weil ich bisher ein Gefangener in einem fremden Land war, das, ich gebe es zu, sehr freundlich zu mir war.

Aber ich konnte nicht reisen. Nun kann ich, und es wäre möglich, nach USA zu kommen, wenn jemand interessiert sein sollte und mich einladen würde. Ich hatte Sie schon früher wegen der Lautsonate gefragt. Ich würde zum Beispiel 20 Minuten meine Sonate zur Eröffnung der Collage-Ausstellung vortragen. – Ich würde gern bei dieser Gelegenheit die Sonate für das Radio sprechen. Vielleicht würde das die Reise finanzieren. Das Museum würde die Schallplatten verkaufen. Die Sonate aufzunehmen und die Platten zu pressen, ist nicht sehr kostspielig. Aber der Weg dorthin. Meinen Sie, dass es jemand tun würde? Ich benutze natürlich die billigste Klasse, aber ich kann nicht reisen ohne meine Pflegerin, denn ich bin krank. Können Sie überlegen, an wen ich schreiben kann? Ich biete die Sonate auf Platte zu sprechen gegen 2 Tickets von England nach USA und zurück. Ich kann ausserdem ein Bild geben. Ich bin sicher, das würde der Ausstellung neue Anziehungskraft verleihen . . . Bitte überlegen und handeln Sie schnell.

Nun eine andere Frage. Die Rate von 250 $ ist nicht angekommen. Da ich allein am Merzbau arbeite, bin ich fast am Ende. Ich muss ausserdem viel Material kaufen, damit ich weiterarbeiten kann. Glauben Sie, dass das Geld diesmal irgendwo verlorengegangen sein kann? Jedenfalls bitte ich Sie, *mir* nun $ 500 auf mein Konto bei der Midlands Bank Ambleside, Westmorland zu überweisen. Und wenn Sie nachforschen würden, wo *vielleicht* die 250 $ geblieben sind, wäre ich Ihnen sehr dankbar. [. . . . . .]

An Ernst Schwitters

Ambleside,
29. 11. 47

Lieber Ernst!
Heute morgen kam Dein Brief vom 23. 11. Ich erfahre, dass Du knapp bist mit Geld. Ich weiss, dass Du später zurechtkommen wirst, es wird alles in Ordnung kommen in Amerika oder anderswo, aber ich kann Dir *jetzt* helfen mit 20 £. Sie sind für mich bestimmt. Und ich weiss nicht, was ich hier für Weihnachten kaufen soll. Keine Marken, nichts zu bekommen. Deshalb schrieb ich an Gabrielson, dass er Dir vor Weihnachten die 20 £ senden soll, die er mir schuldet. Das ist mein Geschenk. Für Dich, Eve und Bengt. Es ist nicht viel, aber es wird irgendwie irgendwo helfen. Es könnte

Schwierigkeiten geben, es zu senden, deshalb gebe ich den Auftrag jetzt. Von hier aus gibt es keine Möglichkeit. Kauf einige Sachen für Bengt. Ich weiss, wie schön Weihnachten in Lysaker ist, und wir sind mit unserer Liebe bei Euch.

Du musst nicht denken, dass ich Dich nicht mehr oder nicht so sehr liebe wie einst. Es war unser Entschluss, in zwei Ländern zu leben. Das hat keinen Einfluss. Aber es ist vielleicht besser. Auch um das Leben kennenzulernen.

Ich bin nun ein schwieriger Mensch, nicht mehr der jüngste. Ich konzentriere mich meistens nur auf die 3–4 Stunden Arbeit, sonst liege ich im Bett und schlafe. Ich muss es. Aber ich hatte Glück, dass ich es nicht nötig habe, mehr zu arbeiten. Für das nächste Jahr und länger habe ich genug zum Leben.

Ich dachte, es sei auch gut, Mr. Gabrielson jetzt zahlen zu lassen, dann bin ich einen Schritt weiter in meiner Absicht, ihn zu malen. Hast Du meinen Brief mit der Absicht, nach Europa zu reisen, gelesen? Es mag sein, dass es nur ein Traum ist. [. . . . . .]

Durch unsere Trennung hat in der Tat jeder von uns eine neue Richtung eingeschlagen. Wir beide haben und müssen haben als erstes Ziel, zu Hause zu leben, ich mit Wantee, Du mit Bengt und Eve. Und zweitens, ich und Wantee wissen von Dir, Eve und Bengt. Das ist anders als zu der Zeit, als ich in Lysaker lebte und als wir in Barnes lebten. Aber das ist ganz natürlich und immer veränderlich. Aber wir müssen mit den *Nächsten* zusammenleben, und wir müssen mit irgend jemand zusammenleben. Ich muss es auch. Aber da gibt es nichts zwischen uns, das ich oder Du vergessen. Niemals. Mir geht es gut, aber ich bin schwach.

[. . . . . .] Die Merzbarn ist 5 × 5 Meter gross. Vor einer Woche sprang ein grosses Stück Fussboden heraus. Eine neue Abstraktion. Ich liebe den Merzbau II in Lysaker sehr und hoffe, ihn auch einst zu beenden. III ist noch *weniger* dadaistisch. Ich kann jetzt keine Portraits malen, ich brauche alle meine Kräfte für die Merz Barn. [. . . . . .]

Wantee weiss, dass ich wirklich krank bin, und hilft mir so viel, dass ich mich *nicht* übernehme, wenn ich arbeite. Das einzige, was ich verloren habe, ist Energie und Willenskraft. [. . . . . .]

Ich brauche noch ein paar Farben in Tuben in der Merz Barn, natürlich nur für die letzte Übermalung. Ich brauche Zinkweiss, dieselbe Sorte für die Barn wie für das Bildermalen. *Kein* Pulver, ich kann es nicht mischen. [. . . . . .]

An Ernst Schwitters

Ambleside,
Dienstag, 9. 12. 47

Lieber Ernst!
Ich liege wieder im Bett. Ich dachte diesmal wirklich, dass ich Dich rufen lassen müsste, wenn Du mich noch einmal sehen wolltest. Doch dachte ich, es sei nicht angenehm zu sitzen und zu warten, wenn jemand stirbt. Ich war sehr krank, und weil es mit meinem Herzen schlimm steht, könnte ich ganz plötzlich sterben, doch kann es auch sein, dass ich noch 10 Jahre lebe.
Ich stieg den Berg hinauf in Windermere vom Kino bis zum Bahnhof und kam atemlos an. Am nächsten Tage ging ich auf einen kleinen Berg in Elterwater, nach Mrs. Pierces Haus, und da geschah es; ich war ganz ausser Atem und erschrak so sehr, dass ich stundenlang weinte wie jemand, der stirbt. Ich konnte nicht einen Schritt gehen. Dr. Lancaster sagte, mit Digitalis und Morphium und vollkommener Bettruhe würde er mich nochmals kurieren. Nun liege ich im Bett mit geöffnetem Munde und lebe. Ich bin froh, dass ich Dich nicht gerufen habe. Am Tage kann ich ein wenig schlafen.
Aber du musst es wissen, dass ich plötzlich sterben werde, vielleicht in 10 Jahren. Zu meinem Tode kann ich Dich ja nicht bitten. Ich denke mir, das Blut in meiner Lunge zirkuliert verkehrt. In einer Woche wird das getrocknete Blut verschwinden, und für *dieses Mal* wird es mir so gut gehen wie vorher. Aber stelle Dich auf eine kurze Nachricht ein! Ich schicke Dir diesen Brief. Er soll Dir sagen, dass wir drei, Helma, Du und ich, füreinander lebten und daher auch nach dem Tode einander gehören.
[. . . . .]
Ich küsse Dich

Daddy.

BIOGRAPHISCHE HINWEISE

1887
20. Juni Kurt Hermann Eduard Karl Julius Schwitters als einziges Kind der Geschäftsleute Eduard und Henriette Schwitters in der Veilchenstraße in Hannover geboren.
Während der Kindheit Depressionen und epileptische Anfälle, die im Alter seltener und schwächer werden.

1908 Abitur am Realgymnasium I Hannover.

1908–1909 Studium an der Kunstgewerbeschule Hannover.

1909 Verlobung mit Helma Fischer, Cousine zweiten Grades, Lehrerin für neuere Sprachen.

1909–1914 Studium an der Königlichen Kunstakademie in Dresden bei den Professoren Carl Bantzer, Gotthard Kühl und Emmanuel Hegenbarth.

1912 Reise mit dem Mäzen Körting nach Italien (Gardasee).

1915 Heirat mit Helma Fischer. Wohnt in Hannover, Waldhausenstraße 5, zusammen mit den Eltern in einem der fünf vom Vater erworbenen Häuser.

1915–1916 Während mehrerer Monate in Opherdicke (in einer von Körting vermittelten Schloßruine).

1917
März–Juni Militärdienst auf einer Schreibstube in Hannover.

1917–1918 Im Eisenwerk Wülfel bei Hannover zum Hilfsdienst als Maschinenzeichner verpflichtet.
Expressionistisch-futuristische Bilder und (nach dem Vorbild August Stramm) Gedichte.

1918	Geburt des Sohnes Ernst. Erste abstrakte Bilder in der Galerie »Der Sturm« in Berlin ausgestellt.
1918–1919	Studium der Architektur an der Technischen Hochschule Hannover.
1919	Erstes MERZbild (Assemblage mit dem Wortfragment MERZ, 1923 vom Stadtmuseum Dresden erworben, 1937 in der Ausstellung »Entartete Kunst« gezeigt, seither verschollen). In der Zeitschrift »Der Sturm« erscheinen der Artikel »MERZmalerei« und Gedichte, darunter »An Anna Blume«, im Verlag Paul Steegemann in Hannover der Gedichtband »Anna Blume«. Ausstellung mit Paul Klee und Johannes Molzahn in der Galerie »Der Sturm«.
1920	Acht Merzlithographien erscheinen bei Paul Steegemann. Im gleichen Verlag veröffentlicht Christof Spengemann »Die Wahrheit über Anna Blume«. Otto Nebel gibt das »Sturmbilderbuch IV« über Kurt Schwitters heraus. Die »Société Anonyme« in New York zeigt Arbeiten von Kurt Schwitters.
1921	Vortragsreise mit Raoul Hausmann, Hannah Höch und Helma Schwitters nach Prag. Hausmanns phonetisches Gedicht »fmsbw« regt Schwitters zur »Sonate in Urlauten« an. Ausstellung in der Galerie Goltz in München; in deren Zeitschrift »Der Ararat« erscheinen der autobiographische Text »MERZ«, literarische Texte und Abbildungen von MERZarbeiten.
1922	Teilnahme am Dada-Treffen in Weimar. »Anna Blume. Dichtungen« (um zahlreiche Stücke, insbesondere Übersetzungen des Anna-Blume-Gedichts, vermehrte neue Auflage der Ausgabe von 1919) erscheint bei Paul Steegemann; »Memoiren Anna Blumes in BleiE. Eine leichtfaßliche Methode zur Erlernung des Wahnsinns für jedermann von Kurt Merz Schwitters« bei Walter Heinrich, Freiburg i. Br.; »Elementar. Die Blume Anna. Die neue Anna Blume. Eine Gedichtsammlung aus den Jahren

1918–1922. Einbecker Politurausgabe« im Sturm-Verlag. Ausstellung mit Otto Gleichmann und Wilhelm Gross in der Galerie Herbert von Garvens-Garvensburg in Hannover.

1922–1923   Dada-»Feldzug« durch Holland mit Theo van Doesburg, Nelly van Doesburg und Vilmos Huszár.

1923   Zusammenarbeit mit Hans Arp (»Franz Müllers Drahtfrühling«) und Hannah Höch in Sellin auf Rügen.
Beginn des MERZbaus im Haus Waldhausenstraße 5 in Hannover.
Die ersten Nummern der von Schwitters herausgegebenen Reihe »MERZ« erscheinen: MERZ 1: »Holland-Dada«, MERZ 2: »i«, MERZ 3: »Kurt Schwitters. Sechs Lithos auf den Stein gemerzt« (Mappe), MERZ 4: »Banalitäten«, MERZ 5: »7 Arpaden« (Mappe mit Lithographien von Hans Arp), MERZ 6: »Imitatoren watch step!«. »Tran Nr. 30. Auguste Bolte (ein Lebertran) von Kurt Merz Schwitters« erscheint im Sturm-Verlag.
Ausstellung im Kunstsalon Richter in Dresden.

1924   MERZ 7: »Tapsheft«, MERZ 8/9 (zusammen mit El Lissitzky redigiert): »Nasci«, MERZ 11: »Typoreklame«, MERZ 12 (zusammen mit Käte Steinitz): »Der Hahnepeter«. – Zusammen mit Käte Steinitz: »Die Märchen vom Paradies«, Apossverlag Hannover.
Ausstellung in der Kestnergesellschaft in Hannover.

1925   MERZ 13: »Merz-Grammophonplatte« (Scherzo der Lautsonate, gesprochen von Kurt Schwitters). – Zusammen mit Käte Steinitz und Theo van Doesburg: »Die Scheuche. Märchen«, Apossverlag.
Ausstellung in der Galerie »Der Sturm« in Berlin.

1926   Einige Monate bei Lajos d'Ebneth in Kijkduin (Holland).
MERZ 18/19 (= Reihe »Neue Architektur« des Apossverlags): Ludwig Hilberseimer: »Großstadtbauten«.
Ausstellung mit Lajos d'Ebneth und Arnold Topp in der Galerie »Der Sturm«.

1927   Gründet zusammen mit W. Baumeister, W. Dexel, C. Domela, R. Michel, J. Tschichold u. a. den »ring neuer werbegestalter« und zusammen mit C. Buchheister, R.

Jahns, H. Nitzschke und F. Vordemberge-Gildewart »Die Abstrakten Hannover«.
»Große Merzausstellung« (Wanderausstellung durch mehrere deutsche Städte und Moskau).

1928 Eigene Kollektion (44 Arbeiten) innerhalb der »Großen Berliner Kunstausstellung«.

1929 Erste Reise nach Norwegen.
Typographische Leitung des Projekts »Dammerstock-Siedlung« (Walter Gropius) in Karlsruhe.

1930 Beteiligung an der Ausstellung »cercle et carré« in Paris und Mitarbeit an der Zeitschrift gleichen Namens.

1931 Tod des Vaters.
Längerer Aufenthalt im norwegischen Hochgebirge.
MERZ 21: »Erstes Veilchenheft«, MERZ 24: »ursonate«.
Der Süddeutsche Rundfunk sendet am 5. 5. »Anna Blume« und »Scherzo der Ursonate«, gesprochen von Kurt Schwitters.
Mitglied der Gruppe »abstraction, création, art non-figuratif« und Mitarbeiter der gleichnamigen Zeitschrift.

1933 Mehrere Monate auf der Insel Molde im Moldefjord (Westnorwegen).

1934 Mietet ein Haus auf Molde.

1936 Beteiligung an den Ausstellungen »Cubism and Abstract Art« und »Fantastic Art, Dada, Surrealism« im Museum of Modern Art in New York.

1937
1. Januar Endgültige Emigration. Läßt sich in Lysaker bei Oslo nieder.
Beginn der Arbeit am zweiten Merzbau.

1938 Beteiligung an der Ausstellung »Modern German Art« der Tate Gallery in London.

1939 Mitarbeit an der von Sophie Taeuber-Arp herausgegebenen Zeitschrift »Plastique«.

| 1940 | Flucht mit dem Sohn vor den deutschen Truppen. |
| 9. April | |

8. Juni | Überfahrt mit dem Eisbrecher »Fritjof Nansen« nach England. Internierung, zunächst in Edinburgh, dann in verschiedenen Lagern, am längsten schließlich in Douglas auf der Isle of Man.

| 1941 | Entlassung aus der Internierung. |
| Dezember | |

1942 | Schwitters bezieht zusammen mit seinem Sohn ein Haus im Londoner Vorort Barnes, lebt vom Porträtieren.

1943 | Bei einem Luftangriff wird der MERZbau in Hannover zerstört.

1944 | Tod von Helma Schwitters in Hannover.
Schlaganfall. Schwitters wird von Edith Thomas (»Wantee«) betreut.
Ausstellung in der Modern Art Gallery in London.

1945 | Tod der Mutter in Hannover.
Übersiedlung mit Edith Thomas nach Little Langdale bei Ambleside (Westmoreland, Lake District).

1946 | Infolge eines Oberschenkelbruchs mehrere Monate bettlägerig.
Arbeit an der mit Hausmann geplanten Publikation »PIN«.

1947 | Beginn des dritten MERZbaus (»Merzbarn«) mit Hilfe eines Stipendiums des Museum of Modern Art in New York auf Cylinders Farm von Harry Pierce in Little Langdale.

17. Juni | Blutsturz.

| 1948 | Kurt Schwitters stirbt im Krankenhaus von Kendal bei |
| 8. Januar | Ambleside an Herzversagen. |

KOMMENTAR

Schwitters hat während längerer Zeiträume seine Korrespondenz numeriert und zeitweilig Durchschriften zurückbehalten. Daraus läßt sich errechnen, daß er etwa 12 000 bis 16 000 Briefe und Karten im Laufe seines Lebens geschrieben hat. Nur ein Bruchteil davon wurde bisher aufgefunden. Und wiederum nur ein Teil davon konnte in diese Auswahl aufgenommen werden.

Viele Vorlagen sind in einem Zustand, der ihre Erschließung außerordentlich erschwert. Da Schwitters außerdem den »meschuggen way« auch in seiner Korrespondenz liebte, ist der Herausgeber überzeugt, daß er sich trotz redlichen Bemühens und trotz der überaus sorgfältigen redaktionellen Betreuung des Bandes durch den Ullstein Verlag nicht selten geirrt haben wird. Dennoch wurde auf die Darlegung der philologischen Diskussion der Textherstellung im einzelnen Fall verzichtet – der Anmerkungsteil hätte sonst das Mehrfache seines jetzigen Umfangs ausgemacht. Um der besseren Benutzbarkeit willen beschränkt sich der Kommentar auf solche Erklärungen, die dem Verständnis der Briefe und ihrer Eigenart dienlich sein könnten. Statt ausgedehnter Rechtfertigungen bittet der Herausgeber deshalb um Nachsicht überall dort, wo er der Tücke des Materials aufgesessen sein sollte.

Die Texte wurden so getreu wie möglich transkribiert, nur ganz offensichtliche Schreibfehler wurden korrigiert, nicht aber die Eigenheiten ihrer Orthographie und Interpunktion. Die Übersetzungen der englischen Briefe stammen, wenn nichts anderes vermerkt ist, vom Herausgeber. In einigen Fällen findet sich der Text des Originals in diesem Kommentar. Alle Eingriffe des Herausgebers sind durch eckige Klammern gekennzeichnet:

[...]   = Auslassung eines Wortes.
[.....]   = Auslassung einer größeren Passage.
[...?...] = Nicht erschließbare Stelle.

In eckige Klammern Eingeschlossenes ist Hinzufügung des Herausgebers. Kursiv gesetzte Wörter sind im Briefteil solche, die von Schwitters selbst durch Unterstreichung hervorgehoben worden sind, im Kommentarteil hingegen Personen und Textstellen, auf die sich die Erläuterung bezieht. Eigentümlichkeiten des Originals, die in der Druckfassung nicht erkennbar sind – etwa Zeichnungen, Darübergeschriebenes etc. –, sind durch Sterne gekennzeichnet und im Kommentar erklärt.

2. 5. 1909

Richard Schlösser: Maler, Sammler und vermutlich Lehrer an der Kunstgewerbeschule in Hannover, die Schwitters nach dem Abitur am Hannoverschen Realgymnasium I von 1908 bis 1909 besucht hat.

Carl Bantzer (1857–1941): Vertreter realistischer Heimatkunst, später Direktor der Kunstakademie Kassel.

Willingshausen: Künstlerkolonie (Bantzer, Ubbelohde, Thielmann) wie zur gleichen Zeit Worpswede (Mackensen, Modersohn, am Ende, Vogeler) und Dachau (Hölzel, Dill).

Oskar Walzel (1864–1944): Literaturhistoriker. Unter seinen Werken: »Deutsche Romantik« (1908), »Wechselseitige Erhellung der Künste« (1917), »Gehalt und Gestalt im Kunstwerk der Dichtung« (1925), »Das Wortkunstwerk« (1926).

Dieser Brief ist der früheste, der bisher aufgefunden wurde.

12. 6. 1918

Christof Spengemann (1877–1952): Kunstkritiker der sozialdemokratischen Zeitung »Volkswille«, im Hauptberuf Werbeleiter einer hannoverschen Firma, nach 1933 politisch verfolgt, mit Frau und Sohn inhaftiert. Veröffentlichte »Die bildende Kunst im neuen Hannover« (1919), »Kunst, Künstler und Publikum. Fünf Kapitel als Einführung in die heutige Kunst« (1919), »Die Wahrheit über Anna Blume. Kritik der Kunst. Kritik der Kritik. Kritik der Zeit« (1920). Nachgelassene Prosa (darunter der Science-fiction-Roman »Y«) noch unveröffentlicht.

Secession: 1917 trennte sich eine progressive Gruppe hannoverscher Maler und Bildhauer vom Kunstverein Hannover und veranstaltete im Frühjahr 1918 die erste eigene Ausstellung, an der auch Schwitters beteiligt war.

Bernhard Dörries (geb. 1898): Maler, Mitglied der hannoverschen Secession, seit 1938 Professor an der Hochschule für Bildende Künste in Berlin.

31. 3. 1919

Walter Dexel (1890–1974): Maler, Kunsthistoriker, Typograph, Reklamegestalter. Er promovierte 1916 bei Botho Gräf in Jena, war von 1916–1928 Ausstellungsleiter des Kunstvereins Jena, seit 1928 Dozent an der Kunstgewerbeschule in Magdeburg, 1935 als »entartet« entlassen, 1936 Professor an der Hochschule für Kunsterziehung in Berlin, 1942 suspendiert, 1942 bis 1955 baute er in Braunschweig die »Formsammlung«, eine historisch und systematisch geordnete Präsentation von Gebrauchsformen, auf. Als Maler hat er schon sehr früh einen wesentlichen Beitrag zum Konstruktivismus geleistet.

Fabrikstadtbilder: »Gegenständlicher Konstruktivismus« (Neumann), den Dexel nach kubistischen und expressionistischen Anfängen entwickelt hatte.

14. 6. 1919
Gleichmanns: S. Anmerkung zum 27. 5. 1946 und 6. 10. 1946.

25. 6. 1919
Internationalen: Internationale Vereinigung der Expressionisten, Kubisten und Futuristen.

27. 6. 1919
Im Besitz der Staatsbibliothek Preußischer Kulturbesitz Berlin, früher Preußische Staatsbibliothek, Sturm-Archiv II/12.
John Schikowski (1867–?): Feuilletonredakteur des »Vorwärts«.

30. 12. 1919
Im Besitz der Staatsbibliothek Preußischer Kulturbesitz Berlin, früher Preußische Staatsbibliothek, Sturm-Archiv.
Herwarth Walden (= Georg Levin, geb. 1878, nach 1930 in der Sowjetunion umgekommen): Musiker, Kunstkritiker, Schriftsteller (Lyrik, Romane, 11 Dramen). Walden gründete 1910 die Zeitschrift »Der Sturm« und veranstaltete von 1912 an expressionistische, futuristische und kubistische Ausstellungen.
Rudolf Blümner (1873–1945): Theoretiker und Promoter des »Sturm«. Nach Promotion und Habilitation als Jurist Bühnenlaufbahn unter Max Reinhardt in Berlin, setzte sich vor allem für expressionistische Dichtung ein.
B. T.: »Berliner Tageblatt«, wahrscheinlich verwechselt mit der »Neuen Berliner Zeitung«, in der am 1. 8. 1919 Ernst Cohn-Wiener die »Sturm«-Ausstellung von Schwitters unter der Überschrift »Auch eine Kunstausstellung« besprochen hatte. Die Entgegnung Blümners erfolgte im »Sturm«, 10. Jg., Nr. 5 unter dem Titel »Auch ein Kunstkritiker«.
Gedichtband Anna Blume: »Anna Blume. Dichtungen«, Schwitters' erste Gedichtsammlung, erschien als Nr. 39/40 der Reihe »Die Silbergäule« im Verlag Paul Steegemann in Hannover.

21. 3. 1920
Im Besitz der Staatsbibliothek Preußischer Kulturbesitz Berlin, früher Preußische Staatsbibliothek, Autogr. I/159.
Roland Schacht: Übersetzte »Anna Blume« ins Französische.

10. 4. 1920
Franz Müller: »Daß Kurt Schwitters an einem großen Roman herumdichtet, war vorauszusehen ... Franz Müllers Drahtfrühling – der Liebesroman der Anna Blume ...« (»Der Marstall«, Heft 1, 1920).
Tran: So bezeichnete Schwitters jene Artikel, in denen er sich mit seinen Kritikern auseinandersetzte.

Die Postkarte mit einem Portraitfoto von Schwitters ist adressiert: Herrn Futisch Stock u. Co. p. Adr. Herrn Chr. Spengemann, Hannover, Podbielskystr. 58/I. Redaktion d. Ztg. Revon.

18. 4. 1920
* Der Brief läßt drei verschiedene Handschriften erkennen und ist mehrfach gedreht worden.
** An dieser Stelle befindet sich ein Stempelabdruck mit der handschriftlichen Erklärung: »Stempel Ku Wi.«.
*** Es folgt eine figürliche Zeichnung, in die an entsprechender Stelle die Worte »Stöcke« und »HEMD« eingetragen sind.
† Es folgt die Zeichnung eines pfeildurchbohrten Herzens, einer rauchenden Kirche und eines Rechtecks mit Zahlenangaben.
Dritte Zweemannnummer: Der Artikel erschien in Heft 4/1920, S. 13–14.

20. 4. 1920
Im Besitz der Staatsbibliothek Preußischer Kulturbesitz Berlin, früher Preußische Staatsbibliothek, Autogr. I/159.
Zeichnungen: Merzzeichnungen aus dem Besitz von Herrn und Frau Schacht, die im »Sturm« ausgestellt werden sollten.

29. 4. 1920
Arp: S. Anmerkung zum 4. 9. 1920.
Film: Schwitters hat sich zeitlebens für den Film interessiert und immer wieder versucht, mit Produzenten und Schauspielern (z. B. Charlie Chaplin, den er sehr schätzte) in Kontakt zu kommen. Der Filmregisseur Robert Siodmak beauftragte Schwitters (vermutlich) 1926, das Drehbuch für einen komischen Film zu schreiben. Er erarbeitete es zusammen mit Raoul Hausmann.

17. 8. 1920
Oskar Schlemmer (1888–1943): Lehrte 1920–1929 am Bauhaus, bis 1932 in Breslau, bis 1933 in Berlin.
Willi Baumeister (1889–1955): 1919 erste konstruktivistische »Mauerbilder«. Lehrte 1928–1933 in Frankfurt a. M., ab 1946 in Stuttgart. Führender Theoretiker der abstrakten Malerei: »Das Unbekannte in der Kunst« (1947).
Kuwitter: Kurt Schwitters.
Zweemann: Christof Spengemann war Mitherausgeber der Zeitschrift »Der Zweemann«, von der 10 Nummern erschienen sind.
Die Abbildung (Merzplastik »Der Lustgalgen«) der beidseitig beschriebenen Postkarte ist überklebt.

4. 9. 1920
Hans (Jean) Arp (1887–1966): Maler, Bildhauer, Dichter. Er stand vor
dem 1. Weltkrieg dem »Blauen Reiter« nahe, wurde zum Mitgründer
von »Dada« 1916 in Zürich, siedelte 1922 nach Paris über, wandte sich
dem Surrealismus zu, arbeitete seit 1930 vor allem als Bildhauer, beteiligte sich 1931 an der Gründung von »Abstraction-Création«. Unter seinen
Veröffentlichungen: »Der Vogel Selbdritt« (1920), »Die Wolkenpumpe«
(1920), »Der Pyramidenrock« (1924), »Weißt du schwarzt du. Gedichte«
(1930), »On my way. Poetry and Essays 1912–47« (1948), »Le siège de
l'air. Poèmes 1915–1945« (1946), »Unsern täglichen Traum . . .« (1955).
Dieser Brief erschien in der Zeitschrift »Die Pille«, Nr. 13, 1920.

16. 10. 1920
Im Besitz der Staatsbibliothek Preußischer Kulturbesitz Berlin, früher
Preußische Staatsbibliothek, Autogr. I/160,2.
Die Pille: Wochenschrift, herausgegeben von Bernhard Gröttrup,
erschien von 1920–1922 in Hannover.

18. 11. 1920
Kathedrale: »Die Kathedrale. 8 Lithos« (»Die Silbergäule«, 41/42, Verlag
Paul Steegemann, Hannover [1920]).
Max Burchartz (1887–1961): Maler und Kunstpädagoge. Er kam 1918
nach Hannover, nahm 1921 Verbindung zum Bauhaus auf, wurde 1926
Lehrer an der Folkwangschule in Essen, 1933 entlassen. Kunstpädagogi-
sche Werke: »Gleichnis der Harmonie« (1949), »Gestaltungslehre«
(1953), »Schule des Schauens« (1962).
Von der Heydt: Rheinischer Kunstmäzen, stiftete das Von-der-Heydt-
Museum in Wuppertal.
Nierendorf: Kunsthandlung in Berlin.

20. 11. 1920
Im Besitz der Staatsbibliothek Preußischer Kulturbesitz Berlin, früher
Preußische Staatsbibliothek, Autogr. 1/160, 2.

Vor 25. 11. 1920
Dieser Brief erschien unter der Überschrift »Kurt Schwitters an den
Schweizer Dadaisten Arp. Brombeeren (2)« in der Zeitschrift »Die Pille«
I/13, 1920 und wurde in Kurt Schwitters: Das literarische Werk, Band 2
Prosa 1918–1930, herausgegeben von Friedhelm Lach, Verlag M.
DuMont Schauberg, Köln 1974, S. 47 nachgedruckt.

27. 11. 1920 (Spengemann)
Leaouiehse: Luise Spengemann, verheiratet mit Christof Spengemann.
Novembergruppe: Im November 1918 in Berlin gegründete Vereinigung

revolutionärer Künstler unterschiedlicher Richtungen. Aus dem Rundschreiben vom 13. 12. 1918: »Die Zukunft der Kunst und der Ernst der jetzigen Stunde zwingt uns Revolutionäre des Geistes (Expressionisten, Kubisten, Futuristen) zur Einigung und engem Zusammenschluß.«
* Aufgeklebte »Offene Marke« (= Bezugsmarke).
Lehmann: Ernst Schwitters.

27. 11. 1920 (Schacht)
Im Besitz der Staatsbibliothek Preußischer Kulturbesitz Berlin, früher Preußische Staatsbibliothek, Autogr. I/161.
Tristan Tzara: S. Anmerkung zu 1936.

1. 12. 1920
Im Besitz der Staatsbibliothek Preußischer Kulturbesitz Berlin, früher Preußische Staatsbibliothek, Sturm-Archiv.
Paul Westheim: Einflußreicher Kunstkritiker.
* Aufkleber.

11. 12. 1920 (Schacht)
Im Besitz der Staatsbibliothek Preußischer Kulturbesitz Berlin, früher Preußische Staatsbibliothek, Autogr. I/160.
Übersetzung: Schachts Übertragung der »Anna Blume« ins Französische.

11. 12. 1920 (Spengemann)
In den Brief sind zugeschnittene Abbildungs- und Textstücke eingeklebt. Neben der Reproduktion eines Schweines, auf die M E R Z geschrieben ist, steht in fremder Handschrift: »Mögst Du stets wie dieses Schwein in der Kunst wühlen und gedeihn. Ihre Mari H [. ? .]«
Zornenschmidt: Vermutlich der Verleger Rudolf Goldschmidt.

31. 1. 1921
Bauhaus: Schwitters hat sehr früh mit dem Bauhaus in Weimar Verbindungen angeknüpft. Er hat dort und in Dessau Vorträge gehalten.

10. 2. 1921
Walter Gropius (1883–1969): Architekt, Gründer und Leiter des Bauhauses bis 1928, emigrierte 1934 nach England und wurde 1937 an die Harvard University, Cambridge (Mass.) berufen. Schwitters hat mehrfach Beiträge von ihm in der Zeitschrift »Merz« veröffentlicht und bei der Errichtung der Dammerstocksiedlung mit ihm zusammengearbeitet.

5. 3. 1921
In das Portraitfoto von Schwitters auf der beidseitig beschriebenen Postkarte ist hineingezeichnet.
* Es folgt eine Kompositionsskizze der Arbeit von W. Dexel.

Vor 12. 5. 1921
Dieser Brief erschien unter der Überschrift »Kurt Schwitters an Arp«
in der Zeitschrift »Die Pille« II/19, 1921 und wurde in Kurt Schwitters:
Das literarische Werk, Band 2 Prosa 1918–1930, herausgegeben von
Friedhelm Lach, Verlag M. DuMont Schauberg, Köln 1974, S. 47 nachgedruckt.
des großen Franz Müller: Anspielung auf den Roman »Franz Müllers
Drahtfrühling«, von dem einige Teile erhalten sind und an dem Arp –
wie auch bei anderen Texten (z. B. »Der Würfel«, »Die Piepmänner und
das Schwein«) – mitgearbeitet hat.

27. 5. 1921 (Dexel)
Herbert von Garvens-Garvensburg (1883–1953): Kunstsammler, Mit-
gründer der Kestnergesellschaft. Die Galerie von Garvens in Hannover
bestand von 1920 bis 1923.
Paul Steegemann: Verlegte seit 1919 in Hannover und nach 1927 in
Berlin Streitschriften, satirische, politische, biographische und klassische
Literatur. Die wichtigste Buchreihe war »Die Silbergäule«.
diesen bildschönen Kopf: Portraitfoto von Schwitters, überklebt.
Biedermann: Bedeutende Buchhandlung in Jena. Kartenverkauf.

27. 5. 1921 (Spengemann)
* Aufkleber.

2. 6. 1921
Johannes Molzahn (1892–1966): Expressionistischer Maler, später abstrakte Tendenzen, stand dem Bauhaus nahe.

12. 6. 1921
4. 2.: Es handelt sich vermutlich um einen Schreibfehler, denn der Leseabend fand am 4. 7. 1921 im »Rosensaal« in Jena statt.
Kestnergesellschaft: Am 10. 6. 1916 gegründete Gesellschaft zur Förderung und Verbreitung zeitgenössischer Kunst. Die Kestnergesellschaft
erfüllte und erfüllt diese Aufgabe durch beispielhafte Ausstellungen,
Publikationen und Vortragsveranstaltungen.
Paul Erich Küppers (1888–1922): Erster Leiter der Kestnergesellschaft,
setzte sich vor allem für die Expressionisten und Kubisten ein.
Mama, da steht ein Mann: Topos des Prosastückes »Ursachen und
Beginn der großen glorreichen Revolution in Hannover«.

16. 7. 1921
Frau Dr. Schmidt: Frau des Dresdener Museumsdirektors und Schwit-
tersanhängers (erwarb »Das Merzbild«) Paul F. Schmidt.
Kritiken: Bezieht sich auf den Vortragsabend von Schwitters am 4. 7.
1921 in Jena.

10. 9. 1921

Amselfall: Ansichtskarte mit Prebischtor und Prebischtorkegel, adressiert: Herrn und Frau Louischan Spengemann, Hannover, Podbielskystraße.

Hanna Höch (geb. 1889): Malerin, lebt in Berlin-Heiligensee. Sie war der zartere Genius der lautstarken Berliner Dadaisten um Raoul Hausmann, befreundet mit Hans Arp und vor allem mit Kurt Schwitters, der ihrem Vornamen ein zweites h anfügte, damit man Hannah wie Anna (Blume) auch von hinten lesen kann.

Raoul Hausmann: S. Anmerkung zum 18. 6. 1946.

29. 10. 1921

Der Text, in verschiedenen Gruppen und Richtungen geordnet, ist mit Zeichnungen, Pfeilen usw. durchsetzt. Die Zeichnung einer Mausefalle trägt am Sockel die Aufschrift: »filla emil filla emil filla emil«. Über beide Innenseiten des Briefes ist mit großen Rotstiftlettern »S P E C K« geschrieben und quer dazu: »vahschtehste?«

Groß: Es handelte sich sehr wahrscheinlich um George Grosz.

4. 11. 1921

Behne Adi: Adolf Behne (1885–1948), Kunsthistoriker, unter seinen Publikationen: »Der moderne Zweckbau« (1923, 1964).

20. 12. 1921

August Heitmüller (1873–1935): Maler, der Neuen Sachlichkeit verpflichtet, Mitglied der Hannoverschen Sezession.

2. 3. 1922

Der Brief ist eine Collage aus Zeitungsteilen, die zum Teil ganzflächig aufgeklebt und zum Teil abzuklappen sind, sowie handschriftlichem Verbindungstext. Außer den in den fortlaufenden Text einbezogenen Zeitungsausschnitten sind noch folgende angemerzt:

>»O alte Zeit, wo bist du hin?
>Du gingest und ich blieb.
>Und ach, seit ich dir ferne bin,
>Hab ich dich doppelt lieb.
>
>Ich denke deiner spät und früh
>Wie an mein fernes Glück,
>Und dennoch, dennoch wünsch' ich nie:
>O kehrtest du zurück!«

Darunter: »Rapid«, »Teplicit Beste Einreibung«. Die dem fortlaufenden Brieftext zugehörige Zeile »Dresden, 150 Pfund« ist einer Fotografie des

Kaisers aufgeklebt, die den Vermerk trägt: »Eine Aufnahme des früheren Kaisers, die Prinz Oskar in Doorn gemacht hat. Copyright Keystone View Co.« – ANNA BLUME ist zum Teil verdeckt von einem abklappbaren Ausschnitt »Mordsache Wildhagen!«.

14. 7. 1922
Dieses ist Auguste Bolte: Bezieht sich auf eine Abbildung der Sturm-Werbekarte mit dem Hinweis: »Text- und Illustrationsprobe (Echantillon de texte et d'illustration) (Sample of text and illustration) Aus Kurt Schwitters: Tragödie/Tran 22 im Maiheft 1922 der Zeitschrift *Der Sturm*«.

14. 8. 1922
Revon: Hannover von hinten, das Han (nah) »als überflüssig« weggelassen.

24. 8. 1922
Ihre Ausstellung: Ausstellung von Hinterglasbildern und Aquarellen Walter Dexels bei von Garvens.
Anje: Jena (s. Revon).

4. 9. 1922
Vrestorf: Schwitters hat sich mehrfach auf Gut Vrestorf bei Lüneburg aufgehalten. Darüber berichtet Johann Albrecht von Rantzau (unter dem Pseudonym Joachim von Dissow) in dem Buch »Adel im Übergang« (1961), S. 43 ff.

13. 9. 1922
Theo van Doesburg (C. E. M. Küpper) (1883–1931): Maler, Architekt, Publizist. Er gründete 1917 mit Mondrian die folgenreiche Zeitschrift »De Stijl« und unternahm zahlreiche Vortragsreisen, Verbindung mit Mies van der Rohe, Le Corbusier und dem Bauhaus in Weimar, Freundschaft mit Arp und Schwitters. Seit 1924 entwickelt er den Elementarismus, 1930 gibt er die Zeitschrift »Art Concret« heraus. Unter seinen Schriften: »Le Mouvement nouveau dans la peinture« (1917), »Grundbegriffe der neuen gestaltenden Kunst. Bauhausbuch« (1925).
* Aufkleber »ANNA BLUME«.
Dada-Tournee Holland: Darüber berichtet Schwitters in einem Brief vom 14. 11. 1946 an Raoul Hausmann für dessen Buch »Courrier DADA« (1958). Nelly van Doesburg verfügt über eine detaillierte Dokumentation dieser Unternehmung.
Bonsels: Vielleicht fehlerhafte Schreibung von J. K. Bonset = Pseudonym Theo van Doesburgs.

** Es folgen drei Entwürfe für typographische Gedichte.

19. 9. 1922
Mit Rotstift darüber geschrieben: »Ich habe neue Zähne. Begabt aber faul und doch so fleißig.«
Frau Dr. Steinitz: S. Anmerkung zum 11. 1. 1938.
Eckart von Sydow: Nachfolger von Küppers in der Leitung der Kestnergesellschaft.

24. 9. 1922
Petro (Nelly) van Doesburg: Pianistin, verheiratet mit Theo van Doesburg, lebt in dem nach seinen Plänen errichteten »Haus der Zukunft« (Verwirklichung des Elementarismus) in Meudon bei Paris.
El Lissitzky (1890–1947): Russischer Konstruktivist, Maler (Praunen = geometrisch-abstrakte Reliefs) und Architekt (Kabinett der Abstrakten im Landesmuseum Hannover 1927, rekonstruiert 1968). Während seines Aufenthaltes als Gast der Kestnergesellschaft in Hannover entwickelte sich eine enge Zusammenarbeit mit Schwitters, »Merz« 8/9 (»Nasci« Band 2) erschien »unter der Redaktion von El Lissitzky und Kurt Schwitters«.
Karl Peter Röhl: Dadaistischer Maler, stand dem Bauhaus nahe, lebt in Kiel.
Werner Graeff (geb. 1901): Mitglied der »Stijl«-Gruppe und der Novembergruppe, Mitgründer der Zeitschrift »G« (Gestaltung), entwarf Partituren für abstrakte Filme. Nach der Rückkehr aus der Emigration (Spanien, Schweiz) war er Lehrer an der Folkwangschule in Essen.
Laszlo Moholy-Nagy (1895–1946): Nach Jurastudium und Ausbildung als Maler wurde er Bauhausmeister (1923–1928) und wandte sich dem Film, der Fotografie, dem Theater und der industriellen Formgebung zu. 1937 gründete er das »New Bauhaus« in Chicago. Unter seinen Schriften: »Malerei, Photographie, Film. Bauhausbuch« (1927), »Vom Material zur Architektur. Bauhausbuch« (1929), »The New Vision and Abstract of an artist« (1928, [4]1947), »Vision in Motion« (1947).

17. 10. 1922
das Weib entzückt: Anspielung auf eine in »Merz« 4 veröffentlichte »Banalität«: »Das Weib entzückt durch seine Beine. Ich bin ein Mann, ich habe keine.«
* Zeichnung mit stilisierter Hand, die ein Herz durchbohrt.

9. 11. 1922
ohne Gleichen: Anspielung auf die in Thüringen gelegenen Burgen »Die drei Gleichen«; die Sage von der Doppelehe eines Grafen von Gleichen ist häufig literarisch verwendet worden (A. v. Arnim, W. Schmidtbonn, R. Herzog u. a.).

Vor 1923

Manifest: Wahrscheinlich »Manifest Proletkunst«, unterzeichnet von Theo van Doesburg, Hans Arp, Christof Spengemann, Kurt Schwitters und Tristan Tzara, veröffentlicht in »Merz« 2.

Iwan Puni (Jean Pougny) (1894–1956): Maler, unterzeichnete mit Malewitsch das suprematistische Manifest 1916, stellte im »Sturm« aus, Mitglied der Novembergruppe.

Viking Eggeling (1880–1925): Ursprünglich Zeichenlehrer, wurde er Mitglied der Züricher Dada-Gruppe, enge Freundschaft mit Hans Richter. Über Rollbilder kam er zum ersten abstrakten Film »Diagonal-Symphonie« (Erstaufführung 1922).

13. 1. 1923

Es handelt sich um eine Postkarte mit der Reproduktion eines akademisch gemalten Ölbildes: »Kurt Schwitters, Stilleben mit Abendmahlskelch; 1909.« In das Buch des abgebildeten Stillebens ist eingetragen: »Abs. Schwitters, den Haag, Kliewonstraat 18.« Quer über den übrigen Text ist mit Rotstift geschrieben: »Holland ist großer Merz dada siegt.«

3. 2. 1924

Merzabend: Die Veranstaltung fand im »Prinzessinnenschlößchen« in Jena statt.

Programms und Karten wie diese: Der Text steht auf der Rückseite einer »Einladung zum Merzabend« mit der Reproduktion eines Merzbildes »Das Kreuz des Erlösers«, die u. a. verspricht: »Lesen Sie die Zeitschrift *Merz,* und auch Sie werden gesund werden.« Weiterhin wird berichtet: »MERZABENDE fanden statt u. A. in Amsterdam, Berlin, Braunschweig, Bremen, Delft, Drachten, Dresden, Einbeck, den Haag, Haarlem, Hamburg, Hannover, s'Hertogenbosch, Hildesheim, Jena, Leer, Leiden, Leipzig, Lüneburg, Magdeburg, Prag, Rotterdam, Sellin, Utrecht, Weimar.«

24. 4. 1924

Walter Heinrich: Verleger in Freiburg i. B., hatte den vierten Band mit Anna-Blume-Texten als Schnitter-Buch herausgebracht (1922). Der erste war als »Anna Blume. Dichtungen« bei Paul Steegemann erschienen (1919), der zweite als veränderte Auflage – vor allem erweitert – des ersten im gleichen Verlag (1922), der dritte als »Elementar. Die Blume Anna. Die neue Anna Blume. Eine Gedichtsammlung aus den Jahren 1918–1922. Einbecker Politur Ausgabe« im Sturm-Verlag (1922).

15. 7. 1924

J.K.V.: Jenaer Kunstverein.

22. 7. 1924
Der Brief bricht ohne Unterschrift ab. Vermutlich fehlt ein Blatt. Unter
Umständen ist er unbeendet erst mit der endgültigen Ablehnung des
Manuskripts und der Postkarte von 1925/26 abgeschickt worden.

5. 9. 1924
i: Merz 2. nummer i. »i ist der erste Buchstabe, i ist der einfachste
Buchstabe, i ist der einfältigste Buchstabe. Ich habe diesen Buchstaben
zur Bezeichnung einer spezialen Gattung von Kunstwerken gewählt, deren Gestaltung so einfach zu sein scheint, wie der einfältigste Buchstabe
i. Diese Kunstwerke sind insofern konsequent, als sie im Künstler im
Augenblick der künstlerischen Intuition entstehen. Intuition und Schöp-
fung des Kunstwerkes sind hier dasselbe. . . . Die einzige Tat des Künstlers bei i ist Entformelung durch Begrenzung eines Rhythmus . . . Merz
ist umfassend, i ist die Spezialform von Merz, i ist die decadence von
Merz.«
Alexander Dorner: S. Anmerkung zum 12. 12. 1937.

23. 9. 1924
Otto Ralfs: Industrieller, Kunstsammler, früh befreundet mit Kandinsky,
Gründer der »Gesellschaft der Freunde junger Kunst« in Braunschweig.

25. 9. 1924
Piet Zwart: Mitglied des »ringes neuer werbegestalter«.
Vilmos Huszár: Mitglied der »Stijl«-Gruppe, zeigte während der Dada-
Tournee durch Holland mechanische Puppen.

16. 2. 1925
Katherine S. Dreier (von Schwitters anfangs irrtümlich mit y geschrieben): Amerikanische Kunstsammlerin. Sie gründete zusammen mit Marcel Duchamp und Man Ray 1920 in New York die legendäre »Société
Anonyme«, setzte sich vor allem für die europäische Moderne in USA
ein, veröffentlichte 1923 »Western Art and New Era«, bereiste mehrmals
Europa und stellte 1926 die »International Exhibition of Modern Art«
mit 307 Arbeiten von Künstlern aus 23 Ländern zusammen. Ihr vor
allem ist es zu danken, daß Schwitters in den Vereinigten Staaten schon
früh geschätzt wurde. Im Museum of Modern Art in New York befindet
sich die umfangreichste Schwitters-Sammlung.

22. 3. 1925
* An dieser Stelle ist eine kreisförmige Collage eingefügt.
Scheuche: S. Anmerkung zum 22. 4. 1925.
** Es folgt eine Kartenskizze.

22. 4. 1925
Russland: Die geplante Rußlandreise fand ebenso wie die nach Ungarn nicht statt.
Das Heft: »Die Scheuche. Märchen«, typographisch gestaltet von Kurt Schwitters, Käte Steinitz und Theo van Doesburg, wurde durch Aufkleber als »Merz 14/15« deklariert.
Ludwig Hilberseimer: S. Anmerkung zum 25. 10. 1947. Das erwähnte Buch erschien 1926 als »Großstadtbauten« und erhielt den Aufdruck »Merz 18/19«.
Der Schlußteil des Briefes fehlt.

13. 5. 1925
Jacob van Domselaer (geb. 1890): Holländischer Komponist (Klaviermusik, eine Symphonie).

15. 8. 1925
Grammophonplatte: Scherzo der Ursonate, 1925 in Hannover aufgenommen und als »Merz 13« angeboten. Kurt Schwitters hat das Scherzo – ebenso wie »Anna Blume« – am 5. 5. 1932 noch einmal auf eine Schallplatte des Süddeutschen Rundfunks gesprochen. Die 1958 bei Lords Gallery in London postum erschienene Schallplatte »An Anna Blume. – Die Sonate in Urlauten« enthält eine von Kurt Schwitters gesprochene Kurzfassung der Sonate und »An Anna Blume«, die übrigen Teile wurden von Ernst Schwitters und Philip Granville rezitiert.

Jahreswechsel 1925/26
Die Postkarte mit einem Portraitfoto von Schwitters, in das er hineingezeichnet hat, ist adressiert an:
Herrn Rolf Mayr
Kölln
Viersenerstr. 10/IIIr (oder Fünfsenerstraße?)

21. 1. 1926
Reklame: Schwitters arbeitete für die Firmen Bahlsen (Keksfabrik), Günther Wagner (Pelikan), Norta (Tapeten), Weise Söhne (Pumpenfabrik) und die Stadt Hannover. 1929 wurden Schwitters alle graphischen Arbeiten bei der Errichtung der Dammerstock-Siedlung in Karlsruhe (Leitung Walter Gropius) übertragen; die Stadt Karlsruhe versicherte sich daraufhin seiner als Werbebeauftragten.
Entwurf für Buchheister: S. Abb. S. 103.

6. 4. 1926
Der Kopf des Portraitfotos von Schwitters (Postkarte) ist mit einer konstruktivistischen Zeichnung versehen und kommentiert: »Wie ein bür-

gerlicher Kopf durch einfache Mittel zur schwebenden Architektur wurde.« Außer Kurt Schwitters haben noch Helma Schwitters, Hannah Höch und Hans Stuckenschmidt unterschrieben.

Hans Heinz Stuckenschmidt (geb. 1901): Musikwissenschaftler, Musikkritiker, der sich vor allem für moderne Musik einsetzt. Unter seinen Büchern: »Arnold Schönberg« (²1957), »Strawinsky und sein Jahrhundert« (1957), »Schöpfer der Neuen Musik« (1958).

6. 7. 1926

Lajos d'Ebneth: Vom Stijl beeinflußter abstrakter Maler. Schwitters führte ihn bei Herwarth Walden ein, der 1926 eine Ausstellung mit Arbeiten von ihm, Arnold Topp und Kurt Schwitters veranstaltete. – Zu den Arbeiten, von denen Schwitters schreibt, gehören »Kleines Seemannsheim«, »Merzbild mit gelbem Klotz« und »Cicerone«.

16. 9. 1926

Will Grohmann: Kunsthistoriker und Kunstkritiker. Unter seinen Büchern: »Bildende Kunst und Architektur zwischen den beiden Kriegen« (1953), »Paul Klee« (1954).

Lissi: = El Lissitzky. Die typographische Umsetzung der Lautsonate, die Schwitters Lissitzky angetragen hatte, hat dann für die Buchausgabe (Merz 24, 1932) Jan Tschichold besorgt.

Belsterly: Sekretärin von Katherine S. Dreier.

Pussis: Die Schwestern Baby und Pussy Fröhlich waren Haustöchter bei den Familien Steinitz und Schwitters.

5. 1. 1927

Hanns Krenz (1887–1969): Mitarbeiter von Herbert von Garvens, von 1924 bis 1930 Leiter der Kestnergesellschaft, Kunstsammler und -händler.

Rilkefeier: Rilke-Gedächtnisfeier der Kestnergesellschaft am 7. 1. 1927, veranstaltet von Johann Frerking.

29. 1. 1927

Harald Lloyd, Buster Keaton, Charlie Chaplin: Die bedeutendsten amerikanischen Stummfilmstars. Vor allem mit Charlie Chaplin hat Schwitters immer wieder – vergeblich – Verbindung aufzunehmen versucht.

5. 3. 1927

Rudolf Jahns (geb. 1896): Maler musikalischer Abstraktionen, »Sturm«-Künstler, Mitglied der »abstrakten hannover«.

Hans Nitzschke (1903–1944): Architekt, schloß sich mit Friedel Vordemberge-Gildewart, mit dem er ein Atelier der Kestnergesellschaft teilte, zur Gruppe »K« zusammen. Unter dem Einfluß des »Stijl« wandte er sich auch der abstrakten Malerei und der Gebrauchsform zu.

Friedel Vordemberge-Gildewart (1899–1963): Konsequent konstruktivistischer Maler, Architekt, Werbegraphiker, Typograph. Er lebte von 1919 bis 1935 in Hannover (Verbindung mit Lissitzky und van Doesburg), 1936 in Berlin, 1937 bis 1938 in der Schweiz, seit 1938 in Amsterdam und lehrte von 1954 bis 1962 an der Hochschule für Gestaltung in Ulm.

4. 5. 1927
Eugène Jolas (1894–1952): Amerikanisch-französischer Schriftsteller und Übersetzer. Er gab mit Elliot Paul die Zeitschrift »Transition« heraus, in deren Nr. 3, 8/1927, 21/1932, 22/1933 und 24/1936 dann Beiträge von Schwitters erschienen.
Marcel Duchamp (1887–1969): Vielseitiger Anreger, kam er 1915 aus Frankreich nach New York, präsentierte das erste »ready made« und wurde mit Man Ray und Francis Picabia zum Mittelpunkt des New Yorker Dadaismus, später mit Max Ernst und André Breton zum Promoter des Surrealismus. Die Verbindung zu Schwitters ergab sich, als er Katherine S. Dreier während einer ihrer Europareisen begleitete.
Katalog: Katalog der »International Exhibition of Modern Art«.

27. 6. 1927 (van Doesburg)
Schriftsysteme: Vgl. dazu: »Anregungen zur Erlangung einer Systemschrift. I–II«. In: »Der Sturm«, XIX, No 1, 2/3, 1928.

27. 6. 1927 (Dreier)
Robert Michel (geb. 1897): Nach einem Flugzeugabsturz im I. Weltkrieg wandte er sich der Malerei zu. Er darf zusammen mit seiner Frau Ella Bergmann-Michel als einer der wichtigsten Pioniere der Collage gelten. 1920 verließen sie, unzufrieden mit dem Dogmatismus des Bauhauses, Weimar und zogen sich auf die Schmelzmühle in Vockenhausen im Schwarzwald zurück, die in der Folgezeit zum Refugium avantgardistischer Künstler wurde. 1927 wurde dort unter dem Vorsitz von Schwitters der »ring neuer werbegestalter« gegründet. Schwitters war häufig längere Zeit zu Gast. In den zwanziger Jahren wirkte Robert Michel außerdem als Architekt, Industriedesigner und Werbegraphiker. 1933–1945 »emigrierte« er in die Fischereiwirtschaft, für die er neue Methoden erfindet (Elektrofischfang, biologische Verfahren).
Ella Bergmann-Michel (1896–1971): Nach ironisch-dadaistischen Anfängen gelangte sie zu einem farbig sehr sensiblen sachlichen Konstruktivismus. In den dreißiger Jahren (bis zum Kriegsausbruch arbeitete sie im Sommer in ihrem Londoner Atelier) erweiterte sie diesen um surrealistische Elemente.
Daß Schwitters bei den »le deux« Michels auf eine verwandte Kunst- und Lebensauffassung traf, sei durch ein Beispiel belegt. Wie Schwitters benutzt Robert Michel die alltägliche Kommunikationsform des Briefes

als Möglichkeit eines mehrbödigen Spiels voller Anspielungen: »Dear Monseigneur – (Vergissmeinnicht: 3141 BRD!) – ›THANK's‹ anbei *ob* ›Ihrigem‹ -70-VI-10- ab dort. ANBEI, d. h. hier ›stundenlange‹ ›*Ersatzteile*‹ für Schwittersbriefe! – (Die gibt's in Marburg – Hessen – längst schon ›zu-ersteigern-entre‹ nous-bei jener dortigen Auktion, ob *ANNA* plus des Doller's-BLUME!) – Insoweit: ›RENDEZVOU's‹ – bitte – noch länger vertagen. – Lesen Sie, Mijnheer im Urlaub, mal heutige ›Lektüre‹ von 1933 bis 1953/54 und so fort. – Aber ohne ›Antwort‹, wenn's eben geht, des Blutdruck's wegen Monseigneur. Denn abends im Heute sind ›les deux‹ – zusätzlich – bis auf demnächst ihrem ›old‹ – CANADA – Freund verpflichtet. ›this man‹ vom ›NEUEN FRANKFURT‹ war nach Adolf's Unternehmen: Norwegen, bereits in London und vermittelte uns ›the first‹ Wiedervereinigung mit K. S. als er im Internierungslager dort – (niedergeschlagen vor Kummer) – die erste Hilfe nötig brauchte. – Denken Sie sich dazu bitte ›was Sie wollen‹, aber vergessen Sie es *nie:* auch der schweizer letzte Botschafter des III. REICHES lebte s. Zt. im ›Gästehaus‹ der Reichsregierung zu Eppenhain im Taunus. So etwa 2,5 km – oberhalb der Fischzucht Vockenhausen – noch heute ›liegend‹, *stehend:* ›Glück der Schmelz‹, im II. WELTKRIEG, bis dass ›the Theater‹ zu Ende war. – AMEN! – Bis auf unsere, *kauft* man Schwittersbriefe –(nach der MERZ-BIBEL!)– kilometerlange, am Markt unter der Theke: Marburg + Stuttgart + Düsseldorf bis N, Y, the City!–

Als ›OLD‹ – ›Ting's‹ – plus ›GREE's‹ + I.A. gez: EBMRM«

ein grosses Café: »L'Aubette« in Straßburg.

Max Ernst (geb. 1891): Er gründete 1919 mit Arp und Baargeld die Kölner Dada-Gruppe, ging 1922 nach Paris und wurde zum Exponenten des Surrealismus. Er wurde 1939 interniert, gelangte 1941 in die Vereinigten Staaten und lebt seit den fünfziger Jahren in Frankreich. Max Ernst hat Schwitters' 1951 erschienene »La Loterie du Jardin Zoologique« (»Die zoologische Gartenlotterie«) und die 1967 erschienene französische Ausgabe der »Auguste Bolte« illustriert.

2. 7. 1927
Walter Borgius: Ehemaliger Generalsekretär des Deutschen Außenhandelsverbandes, der sich infolge eines Unfalls aus seinem Beruf zurückgezogen hatte, sich mit Schrift- und Schreibreformen befaßte und Schwitters Zusammenarbeit angeboten hatte. Daraus wurde jedoch nichts.

14. 8. 1927
Helma Schwitters (geb. Fischer): Seit 1915 mit Kurt Schwitters verheiratet.

27. 9. 1927

Carl Buchheister (1890–1964): Maler, »Sturm«-Künstler, Vorsitzender der »abstrakten hannover«, Mitglied von »abstraction, création, art non-figuratif«. In den zwanziger Jahren benutzte er vorwiegend »reine« Materialien für seine geometrischen Konstruktionen, zuletzt verwendete er organische Bestandteile. War zeitlebens mit Schwitters eng befreundet. * Es folgt eine Zeichnung.

26. 4. 1929

Alexej von Jawlensky (1864–1941): Er kam nach Kadettenschule und Studium bei Repin 1896 aus Rußland nach München, trat der »Neuen Künstler-Vereinigung« und später der Gruppe »Die blauen Vier« bei. Obwohl Schwitters den mystischen Expressionismus nicht schätzte, setzte er sich für Jawlensky ein. 1924/25 hatte er zusammen mit Jawlensky und Arp eine Ausstellung in der Kestnergesellschaft.

Wassily Kandinsky (1866–1944): Begründer und Theoretiker der abstrakten Malerei. Nach Jurastudium kam er 1896 nach München, beteiligte sich an der »Blaue-Reiter«-Ausstellung, lebte 1914–1921 in Moskau (Lehrer der dortigen Akademie) und war 1922–1933 Lehrer am Bauhaus. Unter seinen Schriften: »Über das Geistige in der Kunst« (1912), »Klänge« (1913), »Punkt und Linie zur Fläche. Bauhausbuch« (1926). – Schwitters hatte mit Kandinsky Kontakt über Otto Ralfs, den »Sturm«, das Bauhaus und die Kestnergesellschaft, in einigen Bildtiteln taucht sein Name auf (»Kandinsky über Jerusalem«).

12. 5. 1929

Max Gaede: Schauspieler und Regisseur, Ende der zwanziger Jahre in Hannover tätig. – Um welche Revue (Schwitters verstand darunter alle Bühnenunternehmungen im Sinne seiner Vorstellung vom Gesamtkunstwerk) es sich handelt, läßt sich nicht ermitteln. Es gibt mehrere Entwürfe aus der zweiten Hälfte der zwanziger Jahre: »Das Totenbett mit Happyend«, »Frau Meier«, »Das Irrenhaus von Sondermann«, »Karlchen, warum hast du das getan?«, »Es kommt darauf an«, »Der Zoobär«, »Oben und Unten«. Das 1929 von Kurt Schwitters und Käte Steinitz fertiggestellte Opernlibretto »Der Zusammenstoß« wurde von der Zeitschrift »Anbruch« prämiiert. 1928 arrangierte er zusammen mit Käte Steinitz das »Fest der Technik« (Musik Walter Gieseking), nachdem er schon vorher am »Zinnoberfest« mitgearbeitet hatte.

1931 (Buchheister)
Hülldesheim: Hildesheim

1931 (Unbekannt)
* Zeichnung, in die das Wort VEILCHEN und die Jahreszahl 1931 einbezogen sind.

Veilchen: = MERZ 21 (»erstes VEILCHENHEFT«)

10. 8. 1932
Schwitters hatte Buchheister MERZ 2 geschickt und auf die Titelseite geschrieben: »Für Hans Buchheister vom Herausgeber.« Dieser hatte daraufhin darübergeschrieben: »Ich heisse *Carl* nicht Hans.« Das hat Schwitters schließlich zum abgedruckten Text auf der Innenseite des MERZ-Heftes veranlaßt, nicht aber zur Änderung der Schreibung in seiner Korrespondenz mit Buchheister.

1936 (Tzara)
Tristan Tzara (Pseud. für Sami Rosenstock) (1896–1963): Schriftsteller. Er gehörte zu den Begründern das Dadaismus und wurde sein unermüdlicher Manager. – Zu Schwitters unterhielt er spätestens seit dem Dada-treffen am Bauhaus in Weimar vielfältige Verbindung.
Sendung: Es handelte sich um Filme mit Aufnahmen von abgerissenen Hitlerplakaten, Lebensmittelkarten etc., die Tzara später in der Zeit-schrift »Regards« veröffentlicht hat. (Nach Hans Richter: »Dada – Kunst und Antikunst«, 1964).
Herr S.: Das ist Schwitters selbst, der sich seit 1930 jährlich längere Zeit in Norwegen aufhielt, bis er 1937 endgültig emigrierte.

18. 3. 1937
Helma wird Ihnen sagen, weshalb ich hier bleiben muss: Die Gestapo hatte mehrmals versucht, ihn festzunehmen. Die Freunde Christof, Luise und Walter Spengemann wurden wegen politischer Aktivitäten zu langjährigen Zuchthausstrafen verurteilt.
Unsere Insel: Hjertøy im Moldefjord, wo sich Schwitters eine alte Schmiede gemietet hatte.
Heinrich Campendonk (1889–1957): Maler, beteiligt am »Blauen Reiter«. Als er 1933 aus der Düsseldorfer Akademie als »entartet« entlassen wor-den war, berief ihn die Akademie in Amsterdam.

24. 7. 1937
Djupvasshytta: Dort hielt sich Schwitters sommers mehrere Monate auf, um Bilder für den notwendigen Lebensunterhalt zu verkaufen.
Hans Freudenthal: Professor für Mathematik in Amsterdam. Ihn und seine Frau hatte Schwitters in Norwegen kennengelernt.

29. 8. 1937
Elisabeth Buchheister: Verheiratet mit Carl Buchheister.

13. 10. 1937
Karls Brief: Carl Buchheister war ebenso wie Schwitters zum »entarteten Künstler« erklärt worden.

320

12. 12. 1937
Alexander Dorner (1899–1957): Museumsleiter und Kunsthistoriker. Er leitete von 1922 bis 1936 das Provinzial-Museum in Hannover und machte es zu einem Zentrum zeitgenössischer, vor allem konstruktivistischer Kunst. »Er hat der abstrakten Kunst zum Siege verholfen« (Gropius). 1937 emigrierte er in die USA und lehrte am Bennington College und an der Brown University. Seine wichtigste Veröffentlichung: »The Way beyond Art« (1957).

Nansenpass: Ausweis für politische Flüchtlinge auf Grund des Genfer Abkommens vom 5. 7. 1922, der Staatenlosen vom Internationalen Nansenamt für Flüchtlinge in Genf ausgestellt wurde.

Ernst Schwitters (geb. 1918): Einziger Sohn von Kurt und Helma Schwitters, international bedeutender Fotograf. Er flüchtete mit seinem Vater 1937 nach Norwegen und 1940 nach England, beide Male unter dramatischen Umständen. In England übernahm er bis zum Kriegsende die Leitung der Ausstellungsabteilung beim Informationsbüro der norwegischen Exilregierung. 1945 ging er zurück nach Norwegen.

Alfred H. Barr: Leiter des Museum of Modern Art in New York. 1936 hatte er Arbeiten von Schwitters in den Ausstellungen »Cubism and Abstract Art« und »Fantastic Art – Dada – Surrealism« gezeigt.

20. 12. 1937
Edith Tschichold: Verheiratet mit Jan Tschichold. Edith Tschichold hat die Korrespondenz zwischen Schwitters und seinen Angehörigen und Freunden in Hannover während seiner Emigration vermittelt und sich für ihn in der Schweiz eingesetzt.

Jan Tschichold (geb. 1902): Graphiker, Schrift- und Buchkünstler. Er hat durch die Entwicklung neuer Schriften (»Saskia«, »Transito«) und seine theoretischen Werke bedeutenden Einfluß auf die Entwicklung der Typographie erlangt. Unter seinen Büchern: »Die neue Typographie« (1928), »Eine Stunde Druckgestaltung« (1930), »Geschichte der Schrift in Bildern« (³1951), »Meisterbuch der Schrift« (1952), »Chinesische Farbendrucke« (²1953). – Mit Schwitters war er seit den zwanziger Jahren befreundet, gehörte mit ihm dem »ring neuer werbegestalter« an und verwendete Entwürfe von ihm in seinen Büchern.

11. 1. 1938
Kate T. Steinitz: Kulturhistorikerin, bedeutende Leonardo-Expertin, Honorary Curator der Elmer Belt Library of Vinciana an der University of California in Los Angeles. Sie kam 1918 mit ihrem Mann, dem Arzt Dr. Steinitz, nach Hannover. Es entwickelte sich sehr rasch eine enge Freundschaft und intensive Zusammenarbeit mit Schwitters. Sie war beteiligt an »Hahnepeter«, »Die Scheuche«, »Die Märchen vom Paradies«, am Opernbuch »Der Zusammenstoß« und an den Revuen »Fest der Technik«, »Zinnoberfest«; sie gründete zusammen mit Schwitters den Aposs-

Verlag. 1933 emigrierte sie in die USA. Unter ihren Büchern: »Kurt Schwitters. Erinnerungen aus den Jahren 1918–30« (1963), »Kurt Schwitters. A Portrait from Life« (1968).
Ille: = Ilse, Tochter des Ehepaars Steinitz.
Dr. Gustav Pfitzer: Pseudonym für Kurt Schwitters, nach Kate T. Steinitz der Name eines Lesebuchautors.

15. 2. 1938 (von der Porten)
Ihr Brief: Es handelte sich um eine Anfrage nach Merzbildern an Helma Schwitters.

15. 2. 1938 (Steinitz)
Lieber Hans Arp: Mit Bleistift auf die Durchschrift des Briefes an Kate T. Steinitz geschrieben. Vermutlich hat Schwitters eine Ausfertigung an Hans Arp geschickt.
H.: Helma Schwitters.
Kr.: Christof Spengemann.
* Die Durchschrift bricht ohne Unterschrift ab.

10. 5. 1938
Sophie Taeuber-Arp (1889–1943): Malerin, seit 1921 mit Hans Arp verheiratet. Ursprünglich auf textile Gestaltung beschränkt, wandte sie sich der konkreten geometrischen Malerei zu. Als Mitglied der Tanzschule Labano beteiligte sie sich an den Züricher Dada-Veranstaltungen. 1926 siedelte sie mit Arp nach Meudon bei Paris über
Atelier: Später von Schwitters »Merzbau II« genannt, es wurde 1951 durch Feuer zerstört.
»Plastique«: Von Sophie Taeuber-Arp, Hans Arp und Cesar Domela betreute Zeitschrift, von der 5 Nummern erschienen sind.
Lyonel Feininger (1871–1956): Kubistischer Maler. Er beteiligte sich am »Blauen Reiter«, gehörte zur Gruppe »Die Blauen Vier«, war 1919 bis 1933 Bauhausmeister und kehrte 1937 in seine Geburtsstadt New York zurück. – Schwitters hatte mit Feininger Bilder getauscht und eigene nach ihm benannt (»Bild Lyonel. Wie eine Landschaft von Feininger«).
Pyramidenrock: = »Der Pyramidenrock«, Gedichtsammlung von Hans Arp (1924).

21. 5. 1938
kleines gedicht für grosse stotterer und *die liebe* (Hans Arp gewidmet): erschienen im 4. Heft von »Plastique« (1939).

18. 7. 1938
Carola Giedion-Welcker (geb. 1895): Kunsthistorikerin und -kritikerin. Unter ihren Büchern: »Plastik des XX. Jahrhunderts. Volumen und Raumgestaltung« (1955). Sie nahm eine Reihe von Schwitters-Gedichten

in ihre 1946 erschienene »Anthologie der Abseitigen« (Neuausgabe 1965), das »klassische Lesebuch der Moderne« (Arp) auf.

Direktor: = Sigfried Giedion-Welcker (1888–1968), Professor für Kunstgeschichte an der Universität Zürich und der Harvard University (USA). Unter seinen Büchern: »Space, Time and Architecture« (1941), »A Decade of Contemporary Architecture« (1941). – Das Ehepaar Giedion-Welcker hat sich schon sehr früh in der Schweiz für Schwitters eingesetzt. »Ich kenne nur 3 Menschen, von denen ich annehme, daß sie mich in meiner Säule restlos verstehen werden: Herwarth Walden, Doktor S. Giedion und Hans Arp« (Schwitters).

22. 7. 1938

Dass Sie Ihr Geld verloren haben: Katherine S. Dreier hatte einen großen Teil ihres Vermögens an die Kidnapper ihres Bruders verloren.

Naum Gabo (Nahum Pevsner) (geb. 1890): Bildhauer. Er begann nach einem Ingenieurstudium unter dem Eindruck des Kubismus mit abstrakten Materialkonstruktionen, ging 1933 nach London und 1946 nach den USA. – Schwitters stand mit ihm seit Beginn der zwanziger Jahre in Verbindung – er »bewohnte« eine Höhle im Merzbau – und traf mit ihm später in London wieder zusammen.

* Hier bricht der Brief ab und wird erst am 3. 6. 1939 (geschrieben von Helma Schwitters) fortgesetzt und abgeschickt.

8. 8. 1938

Peter: Sohn von Jan und Edith Tschichold.

Dem Brief ist ein drittes Blatt mit einer Federzeichnung angefügt, darüber: »Hier sieht es etwa so aus:«, darunter: »Das ist der Wasserfall, nach der Erinnerung.«

13. 3. 1939

Falkenthal: Ein in den zwanziger Jahren von einer norwegischen Familie adoptierter Berliner, mit dem sich Schwitters angefreundet hatte.

22. 5. 1939

Der Abdruck dieses Briefes folgt einer Durchschrift, die ohne Unterschrift abbricht. Das Original ist nicht erhalten.

16. 6. 1939

Henriette Schwitters: Mutter von Kurt Schwitters.

Esther Schwitters: Erste Frau von Ernst Schwitters.

* Es folgt eine Zeichnung mit dem Vermerk: »Auf dem Wege nach Djupvasshytta.«

Weihnachten 1939

s.: Esther Schwitters; *r.:* Ernst Schwitters.

26. 2. 1940
Väterchen: Dr. Steinitz.
E und E: Ernst und Esther Schwitters.
Josef Albers (geb. 1888): Maler. Er war 1923–1933 Meister am Bauhaus, 1933–1948 Lehrer am Black Mountain College und seit 1950 an der Yale University, New Haven.
Elmer Belt: Dazu Kate Steinitz: »Diese Begegnung wurde schicksalshaft für mich, denn sie brachte mir meine Lebensstellung. Elmer Belt ist ein großer Chirurg, war damals auch Präsident des California Board of Health.«
Lu und Kr: Luise und Christof Spengemann.
intellektueller Kindergarten: So hatte Kate T. Steinitz die jungen Künstler und Studenten der Kunstgeschichte, die in ihrem Hause verkehrten, in ihrem Brief bezeichnet.

18. 8. 1940
interniert: Nach jeweils kurzen Aufenthalten in Middlothean (Schottland), Edinburgh, York und Manchester wurde er schließlich in ein Lager auf der Isle of Man gebracht.
Er.: Ernst Schwitters.
Es.: Esther Schwitters.

24. 12. 1940
* Ein Pfeil weist auf die Zeichnung der genannten Bootsschaufel auf dem unteren Briefrand.

8. 1. 1941
* Es folgt eine Raumskizze, in der die aufgeführten Gegenstände eingezeichnet und mit Buchstaben gekennzeichnet sind.

5. 4. 1941
* Federzeichnung einer Narzisse.

17. 5. 1941
grosser Festtag: Am 17. 5. 1814 wurde in Eidsvoll nach jahrhundertelanger dänischer Vorherrschaft die norwegische Unabhängigkeit ausgerufen.
* Hier ist die in den folgenden Sätzen beschriebene Zeichnung eingefügt.

27. 5. 1941
Madonna: Bestandteil des Merzbaus in Hannover.

17. 8. 1941
* Die Stelle aus dem Brief des Malers Müller-Blensdorf ist im Original englisch zitiert.

23. 12. 1941
* Es folgt die Zeichnung eines Nagels mit der Angabe: »50 cm lang«.
** Es folgt die Zeichnung eines Schirms, Anspielung auf die Groteske »Der Schürm«.
*** Es folgt die Zeichnung eines Papageis, Anspielung auf die Groteske »Schacko«, in der »Derrr Rruudolf« eine Rolle spielt.
† Es folgt die Zeichnung eines Weihnachtsbaumes.

18. 3. 1942
Grußformel und Unterschrift sind nicht mehr lesbar.

22. 9. 1942
Grußformel und Unterschrift sind nicht erhalten.

23. 11. 1942
Arthur Segal (1875–1944): Maler. Geboren in Rumänien, kam er über Paris zur Dada-Gruppe in Zürich. Er beeindruckte durch Kompositionen, die auf seiner »chromatischen Farbtonleiter« basierten. – Schwitters hatte schon in den zwanziger Jahren Arbeiten von ihm in der Zeitschrift »MERZ« veröffentlicht.
* Es folgen ornamental-konstruktivistische Wellenlinien.

30. 12. 1942
Rudolf Olden: Sekretär des PEN-Clubs in London.
Marguerite Hagenbach: S. Anmerkung zum 27. 2. 1945.

16. 7. 1943 (Sluzewsky)
Wantee: = Edith Thomas. S. Anmerkung zum 4. 1. 1946.

1. 11. 1944
Übersetzung aus dem Englischen.
Sir Herbert Read (geb. 1893): Englischer Dichter, Kunsttheoretiker und Kritiker. Unter seinen zahlreichen Büchern: »The meaning of art« (1931), »Art and society« (1937), »The philosophy of modern art« (1952), »Annals of innocence and experience« (^{2}1946), »Collected poems« (1953), »Icon and idea« (1955), »A concise history of modern painting« (1959), »Education through art« (^{3}1961), »Worte sagen aus/Vocal avoval. Gedichte« (1962), »To hell with culture« (1963).
Artikel: Read hatte das Vorwort im Katalog zur Ausstellung von Schwitters verfaßt, die Jack Bilbo in seiner »Modern Art Gallery« 1944 in London veranstaltet hat. U. U. bezieht sich der Brief auch auf eine Rezension der Ausstellung durch Read.

10. 12. 1944
Der Schluß des Briefes ist nicht erhalten.

27. 2. 1945
Marguerite Arp-Hagenbach: Verheiratet mit Hans Arp, nachdem dieser durch den Tod Sophie Taeubers in eine Phase tiefer Depressionen geraten war. Ihre mehrfach beschriebene bedeutende Sammlung, die auch wichtige Stücke von Schwitters enthält, wurde 1970 im Rijksmuseum Kröller-Müller, Otterlo öffentlich zugänglich (»Verzameling Marguerite Arp-Hagenbach«).
Antoine Pevsner (1886–1962): Bildhauer. Er begründete mit seinem Bruder Naum Gabo als Gegenstück zu Malewitschs Suprematismus den Konstruktivismus.
* Hier bricht die Durchschrift ab, das Original ist verloren.

4. 3. 1945
Schwägerin: = Käthe Kramer. S. Brief vom 1. 10. 1947.
Oskar Müller: Besitzt eine der bedeutendsten Privatsammlungen moderner Kunst in der Schweiz. Er und seine Frau Annie interessierten sich schon in den zwanziger Jahren für Schwitters.

1. 9. 1945
Übersetzung aus dem Englischen.
Free German League: 1946 veröffentlichte der »Freie Deutsche Künstlerbund« die Broschüre »Kleine Sammlung«, die eine Abbildung der Plastik »Cicero« von Schwitters enthielt.

1. 1. 1946 (Henriette Schwitters)
Papa: Der Vater (Eduard Schwitters) war 1931 gestorben, Helma Schwitters 1944, Die Mutter starb 1945.

1. 1. 1946 (Dux)
Walter Dux: Gemeinsamer Freund von Kurt Schwitters und Christof Spengemann, der nach England emigriert war und bei dem Schwitters nach seiner Entlassung aus dem Internierungslager sehr oft zu Gast war.

4. 1. 1946
Übersetzung aus dem Englischen.
Edith Thomas: Pflegerin und Freundin, mit der Kurt Schwitters in seinen letzten Lebensjahren zusammen lebte. Sie berichtet über Schwitters in: Michel Seuphor: »L'Art abstrait« (1949) und Stefan Themerson: »Kurt Schwitters in England, 1940–48« (1958).
Dr. Johnston: Er hat Schwitters in dessen letzten Lebensjahren behandelt.

26. 1. 1946
Nachricht über meine Mutter: Christof Spengemann hatte den Tod der Mutter mitgeteilt.

31. 1. 1946
Bört: Mundartlicher Ausdruck für Regal (Bord).

15. 2. 1946
Die erste Seite des mit Bleistift geschriebenen Briefes ist kaum lesbar, die letzte – vierte – ist mit einer Zeichnung (auf einen Kreis in der Mitte zulaufende Linien und Schraffuren) und dem auf dem Kopf stehenden Signum MERZ versehen.
Dr. Pfeiffer: Rechtsanwalt in Hannover, der nach der Emigration von Schwitters die Eigentumsverhältnisse geregelt hatte.
* Dem Brief vom 15. 2. 1946 angefügt.

16. 2. 1946
Übersetzung aus dem Englischen.
Eve Schwitters: Verheiratet mit Ernst Schwitters seit 1945.

25. 4. 1946
* Es folgt ein Lageplan des Merzbaus.
** Es folgt ein Grundriß von Balkon, eigentlichem Merzbau und Vorraum.

29. 4. 1946
* Es folgt eine Skizze.
Abstraction Création: Am 15. 2. 1931 auf Initiative der Brüder Naum Gabo und Antoine Pevsner gegründete Vereinigung abstrakter Künstler, der auch Schwitters und Buchheister angehörten. Ihre Ausstellungen und Publikationen haben die bildende Kunst in Paris, insbesondere in den vierziger Jahren, nachhaltig beeinflußt.

27. 5. 1946 (Gleichmann)
Otto Gleichmann (1887–1963): Maler und Kunstpädagoge in Hannover. Er gehörte der Hannoverschen Sezession an. Seine Bilder, deren magischer Expressionismus Theodor Däubler besonders anzog, wurden 1937 als »entartet« aus den öffentlichen Sammlungen entfernt.

27. 5. 1946 (Spengemann)
* Es folgt eine Kartenskizze.
Böckchen: Walter Spengemann, Sohn von Christof und Luise Spengemann.

18. 6. 1946
Übersetzung aus dem Englischen von Raoul Hausmann.
Raoul Hausmann (1886–1971): Maler, Dichter, Fotograf, Psychologe, Bildhauer. Während des I. Weltkriegs war er Mitarbeiter der anarchisti-

schen Zeitschrift »Die freie Straße«, der »Aktion« und des »Sturm«, in den zwanziger Jahren fast aller avantgardistischen Periodika (»Die Pleite«, »Die Pille«, »Der Zweemann«, »Merz« usw.). Zur gleichen Zeit wie John Heartfield entwickelte er die Photomontage, unabhängig von den französischen Collagisten stellte er mit Hannah Höch »Klebebilder« her. Seit 1905 mit dem Architekten und späteren »Oberdada« Johannes Baader befreundet, gründete er 1918 den Berliner »Club Dada«, der sich vor allem durch das sozialkritische Engagement von Grosz, Hausmann und Heartfield vom Züricher Dada abhob, und als sein Sprachrohr die Zeitschrift »Dada«. 1933 emigrierte er zunächst nach Spanien, 1939 nach Frankreich. Er war zeitlebens mit Schwitters eng befreundet. – Unter seinen Veröffentlichungen: »Material der Malerei, Plastik und Architektur« (1918), »Hurra! Hurra! Hurra!« (1921, ²1970), »Courrier DADA« (1958), »Hyle« (1969), »SAGEMORCIM« (1970), »Sprechspäne« (1962), »PHONEMES 1918 bis 1974« (1971), »R.L.Q.S. VARIE EN 3 CASCADES« (1971), »Am Anfang war Dada« (1972).
Jack Bilbo: Seefahrer, Schriftsteller, Kneipier, Maler.
E.L.T. Mesens: Surrealistischer Maler und Schriftsteller. Er betrieb nebenher die »London Gallery«, publizierte das »London Bulletin« und verlegte einige avantgardistische Schriften.

27. 6. 1946
Übersetzung aus dem Englischen von Raoul Hausmann.
Geschichte über Dada: »Courrier DADA«.
Petronella van Doesburg: = Nelly, auch Petro van Doesburg.
12. 6.: Geburtstag Hausmanns.

16. 7. 1946
A. Löhdefink: Generaldirektor der Sparkasse der Stadt Hannover, in den zwanziger Jahren Stadtrat und »Auftraggeber« von Schwitters.

17. 7. 1946
Käthe: = Kate T. Steinitz.
Erich Bergmann: Treuhänder und Verwalter der Schwitters gehörenden Häuser in Hannover.
was ich über den schnellen Graben schrieb: Vgl. Brief vom 3. 4. 1946.
Richard Seiffert-Wattenberg (1874–1945): Maler, Konservator, Schriftsteller. Er war von 1917 bis 1930 Vorsitzender der Hannoverschen Sezession.

24. 7. 1946 (Domela)
Übersetzung aus dem Englischen.
Cesar Domela (geb. 1900): Maler, lebt in Paris. Er verließ 1919 Holland, gehörte zur Berliner »Novembergruppe« und schloß sich dann dem

»Stijl« an. Seit dem Ende der zwanziger Jahre konstruiert er aus verschiedenen Materialien abstrakte Reliefs.

24. 7. 1946 (Spengemann)
* Der eingerückte Text stammt von Dr. Dux.
Kirchrode: Vorort von Hannover.
Stapo: Helma Schwitters war mehrmals von der Gestapo verhört worden, zuletzt, als sie sich bereits schwer krank im Krankenhaus befand.
** Dieser Teil des Briefes richtet sich an Luise Spengemann.

25. 7. 1946 (Spengemann)
Karrischan: Die Einfügung von »arr«, auch an späteren Stellen dieses Briefes, ist eine Anspielung auf die Gewohnheit von Schwitters, junge Mädchen als »Arren« zu bezeichnen. Kate T. Steinitz zitiert in ihrem Buch »Kurt Schwitters. Erinnerungen aus den Jahren 1918–30« aus einem Brief vom 12. 6. 1947: »Es muß 1924 oder so gewesen sein. Ich arbeitete für das Bauhaus. Es war kurz nach dem Autounfall in der Heide, Ülzen. Diesmal kam ich auf dem Rade vom Rathaus und sah zwei bildschöne Arren auf dem Bürgersteig. Ich wollte mit Schwung aufs Fahrrad steigen und sah gleichzeitig über die Schulter zu den Arren. Wenn ich das nicht getan hätte, wäre ich nicht auf ein stehendes Auto gefahren. Und hätte mir nicht den linken Arm ausgerenkt. ... dabei kann ich mich nicht mal mehr an die zwei Arren ARR-innern.«

25. 7. 1946 (Hausmann)
Übersetzung aus dem Englischen von Raoul Hausmann.

8. 8. 1946
Übersetzung aus dem Englischen von Raoul Hausmann. Es folgt der englische Text des Originals:

Dear Raoul Houseman,
I thank you specially for the 3 little pinetrees. I knew it in German, but had almost forgotten it. I had a bad time, sorrows and bad weather, there came the 3 little pinetrees. And the court with four directions. A square square. Nothing could be more boring than this courtgard without sunshine. People cannot comprehend it, because people have not the proper use of their senses. Nevertheless it is there. It bores them, but it must be protected against the dustbin. Therefore are the 3 little pinetrees without sun. That ist the common moral. »Das moderne Feigenblatt«. Really it is true, and your story is very very good. Real dadaism. Specially in the details.

NEWS
SWEN
ASOTEN
ASOWES

A play with serious problems. That is art. And you can tell anybody, wherever he may be, that you are a real artist. But people dont believe it because .. you are a Reformator and Confessor. You ennoy people by telling them the truth, that they are generally stupid. That they cannot see, not hear, not feel, not think. That they instead of seeing with their eyes, see through their intellect. That intellectual people are more stupid than common people. – I really think that your 3 little pine trees are your masterwork. And I wish you luck. But I fear that it is to intelligent for intellectual thinking. You make yourself to your own ennemy. Houseman against Hausmann, North against South, West against East, Nouth against Worth, Est against Weast. Therefore I have to finish, to avoid complications.

To avoid
To avoid
To avoid
Zelloloid.

Wantee and I are greeting you and Heta over the Ocean. I against you, Wantee against Heta.

	I	Love	
	you	Ovel	
dada	Wantee	Velo	MERZ
	Heta.	Elov	

Herbst ist es, und die Gardinen sind leer.

15. 8. 1946
Übersetzung aus dem Englischen.
eine ausgezeichnete Idee: Hausmann hatte vorgeschlagen, gemeinsam eine Zeitschrift zu gründen. Die Geschichte dieses Vorhabens und die Materialien dazu enthält das 1962 von Jasia Reichardt herausgegebene Buch »PIN and the story of PIN«.

27. 8. 1946
Übersetzung aus dem Englischen von Raoul Hausmann.

31. 8. 1946
Übersetzung aus dem Englischen von Raoul Hausmann.

2. 9. 1946
Übersetzung der englischen Passage – »The right thing of Phan . . . . . .
bevor es zu spät ist« – von Raoul Hausmann.

5. 9. 1946
Übersetzung aus dem Englischen.

9. 9. 1946
Übersetzung aus dem Englischen von Raoul Hausmann.
* Es folgt ein Entwurf für Konstruktionen von Buchstaben aus Buch-
staben für PIN.
** Es folgt eine Abwandlung des ersten Buchstabenentwurfs.
*** Es folgt eine Erweiterung des Entwurfs.

10. 9. 1946
Übersetzung aus dem Englischen.
Robert Delaunay (1885–1941): Französischer Maler. Nach neoimpressionistischen Anfängen hatte er wesentlichen Anteil an der Entwicklung
des Kubismus. 1911 gehörte er zum »Blauen Reiter«. Für die folgenden
chromatischen Abstraktionen führte Apollinaire die Bezeichnung
»Orphismus« ein. Das Stadium, auf das Schwitters anspielt, ist gekennzeichnet durch die Rückkehr zur Gegenständlichkeit und zum Portrait
in den zwanziger Jahren.
Peggy: = Peggy Guggenheim. S. Anmerkung zum 14. 11. 1946.
Hans Richter (geb. 1888): Maler, Filmpionier. Er hatte früh Kontakt
zum »Sturm«, 1916 zum Dadaismus, 1920 zur »Novembergruppe«. Von
besonderer Bedeutung war seine Begegnung und Zusammenarbeit mit
Viking Eggeling. 1921 entstand sein erster abstrakter Film »Rhythmus
21«. 1933 emigrierte er nach Frankreich, 1941 nach New York. – Seine
Besuche bei Schwitters hat er beschrieben in dem Buch »Dada – Kunst
und Antikunst« (1964).

18. 9. 1946
* Die nun folgende Beschreibung des Anwesens der Familie Dux ist
durch eine Lageskizze verdeutlicht.

20. 9. 1946
Übersetzung aus dem Englischen von Raoul Hausmann. Es folgt der
englische Text (ohne die beiden Disudas von »Alptraum«).
* Für das Wort Haus hat Schwitters die Zeichnung eines Hauses in
Mannsgestalt eingefügt.

DEAR [HAUS]*MANN!

I have good news. Mr. Mesens wishes to see the whole material for our booklet. That does not mean anything, but is better than nothing. He decided now to give out a booklet of 15 – 20 Merz drawings in colourprint. I go therefore in November to London, to start the print. Also he will give out about 10 Grammophon accords of my Ursonate. Perhaps he aggrees that I mention there your name. I will try it. Anyhow in the advertizing for it. Now I thought: »Schmiede den Eisen, bis er warm wird.« When I could show him in November a numero PIN, I could make him print it. He is in London the only man for us.

Now I have something to think about. I would not name us two in the preface. There shall not many people be interested to read it. And may be, we would at any time perhaps like to take poems of somebody else. We write: *Éditeurs*, not: *Seuls éditeurs*. Raoul Hausmann and *Kurt* Schwitters. I would say, it is sufficient, and we know that there is no other editor. And *Kurt* Schwitters is the same as Merz, and is better known than Merz Schwitters. Would you now, please, arrange one number (numero) for Mesens. As you like it. But I think not to much letterpoems. But the key for reading letterpoems in their form as sound poems. Letter poems can be read in different ways. After someones taste. I do sound poems, and the key gives the manner, how I would read them and as anybody *could* read them. You do letter poems and must translate them in the key, that anybody *could* read them. Of course, it may be read quite different. The translation gives only one key of reading it.

I like your sun. Let us do the pin head with this *sun sign*. (see 4.) Can and will and would you work it through, if you please? If the London Gallery edits it, PIN would be the right name, and the main language had to be English. Pin and Phan cannot understand. That is the right and that is the left thing of Phan.

Now send me the preface once more, worked through, and we have a real thing to send to Sweeney. (Not Barr. Barr has no more influenza.) May I be honest. Your Nightmare aught to be made readable. You have to cancel all, what is not to be read. For example: »88« because you have to say in which language. Or: »B«, because »b« is simpler. And you should work more with the rhythm. To me are the number of letters to like for a composition. I will try to make a disuda of your Nightmare, because the idea of the Nightmare is very good. As good as Obervogelgesang. I write it separately. [... ...]

Key for reading sound poems

As the English language is very difficult for exact sounds, I choose the simpler sounds of the German language. A e i o u are simple sounds, not ou, or ju, as o and u in English.

And I go back to simple consonants. If consonants may be expressed by 2 others, I dont use them, for example instead of z in German sounds, I say ts.

If two vocals are written, that means a longer sound than one. If two vocals shall be spoken as two, I separate them. aa is a long a, a a are two a.

Consonants are without sound. Shall they be with sound, the vocal of the sound is to be written: b be bö bee if vocals as bp dt gk follow one another, they are to be spoken single. bbb as three single b. If some f h l j m n r s w ch sch (sh) follow one another, they are not to be spoken as some single, but as one long consonant. c q v x y z are not used. w is not double u as in English, but like the English v. Big letters are like small, they only mark a better separation. The english vocals a, i are printed ä, ei; the french u = ü; the norwegian ø = ö.

Dear Houseman! Do you know to make the key for sounds better? Anyhow I work now through after this key.

The real disuda of the Nightmare (z is in this poem, because it is simpler to write than ts)
[. . . . . .]
We had for PIN to write, how the vocals and consonants have to be pronounced. For this poem Nightmare=disuda it is obviously in the German prononciation. And the vocals: b c d f g h j k p – – I get mixed up. And it is much simpler, we both speak it as I wrote in my Ursonate Seite 154–5. You should work it through for PIN. Make it so, that it can give to everybody a system for speaking the following numbers also. It was thought through very thoroughly for my kind of speaking. If you speak different, do the prescriptions different. Perhaps you translate it in french and english. I think this key for reading would make the booklet valuable. And we can show something to the lettristes. I have the impression, that your poems are indeed letterpoems. In the contrary my poems are soundpoems. It would be interesting to write your poems as letterpoems and give a translation with the single poem to sounds. But do not take such signs as in the books for learning a foreign language. There must also be something to do for the speaker. 5. 6. is only a version of Nightmare. It is not final. Work it more through as composition of sounds.

Now, read it with my kind of writing and alter it, as you like, that it gets good for your conception. We have a big advantage, when we make soundpoems with a key readable for everyone. Otherwise it is allmost like a bluff from Dadatime. It is readable. And for everyone. Please dont be angry for making your work, it gets better.

Now, dear Raoul, I beg you to give me your view about it. We have time to make a real thing, the real thing of phan.

All my love, I cannot understand, that we didnot work allready tenth of years together.
My best regards to *Heta!*

MERZ.

3. 10. 1946
Übersetzung aus dem Englischen von Raoul Hausmann.

6. 10. 1946
Lotte Gleichmann-Giese (geb. 1890): Malerin, seit 1915 verheiratet mit Otto Gleichmann. Sie gehörte der Hannoverschen Sezession an, war Mitgründerin der »Gedok« (Bund deutscher und österreichischer Künstlerinnen) und deren langjährige Leiterin.

8. 10. 1946
Die englischen Partien des teils englischen, teils deutschen Textes wurden übersetzt.
* Es folgt eine Skizze der Oberschenkelhalsfraktur.

15. 10. 1946
Übersetzung aus dem Englischen von Raoul Hausmann.
* Es folgt eine Skizze der Fraktur.

22. 10. 1946
Übersetzung aus dem Englischen von Raoul Hausmann.

30. 10. 1946
Übersetzung aus dem Englischen von Raoul Hausmann.
ein Buch mit 6 deutschen und 6 französischen Dichtern: Carola Giedion-Welcker: »Poètes á l'Ecart. Anthologie der Abseitigen« (1946, ²1965).

11. 11. 1946
Frau Morph: Claere Morf, erste Frau Walter Spengemanns.

14. 11. 1946
Übersetzung aus dem Englischen von Raoul Hausmann.
Peggy Guggenheim: Sie hatte 1942 in New York die Galerie »Art of this Century« gegründet. Befreundet mit den wichtigsten Künstlern der Moderne, hat sie avantgardistische Kunst wesentlich gefördert. 1947 kehrte sie mit ihren Sammlungen nach Europa zurück.
»Café des Westens«: Bekannter Künstlertreffpunkt in Berlin.

18. 12. 1946 (Gleichmann)
»Brücke«: Expressionistische Künstlervereinigung von 1905 bis 1913. Sie wurde von Ernst Ludwig Kirchner, Erich Heckel und Karl Schmidt-Rott-

luff in Dresden gegründet, später kamen Max Pechstein, Emil Nolde und Otto Mueller hinzu. – Obwohl Schwitters zur gleichen Zeit in Dresden studierte, hat er sie damals nicht zur Kenntnis genommen.
Max Pechstein (1881–1955): Maler. Er reiste 1913 nach den Palau-Inseln, wurde 1914 von den Japanern gefangengenommen, floh nach Deutschland und wurde Soldat. 1923 wurde er Mitglied der Preußischen Akademie der Künste in Berlin, 1933 als entartet mit Berufsverbot belegt.

18. 12. 1946 (Buchheister)
Der Nachsatz ist auf den Rand der ersten Seite geschrieben.

19. 12. 1946
Übersetzung aus dem Englischen von Raoul Hausmann. –

31. 12. 1946 (Hausmann)
Übersetzung aus dem Englischen.
* Es folgt eine Zeichnung, in die die Jahreszahl 1947 einbezogen ist.

Januar 1947
Übersetzung aus dem Englischen.
alle diese Bilder: Katherine S. Dreier hatte ihre Sammlung der Yale University, New Haven, gestiftet, später auch die Dokumente der »Société Anonyme«, darunter die Korrespondenz mit Kurt und Helma Schwitters.
Justus Bier (geb 1899): Er leitete die Kestnergesellschaft seit 1930. 1936 zum Rücktritt gezwungen, emigrierte er in die USA, wurde Professor für Kunstgeschichte in Louisville, Kentucky, später Direktor des North Carolina Art Museum in Raleigh, North Carolina.
Ben Nicholson (geb. 1894): Maler. Nach neoimpressionistischen und kubistischen Anfängen beschäftigte er sich mit dem abstrakten »Bildraum«. Zusammen mit Naum Gabo und J. L. Martin gründete er 1937 »Circle«. 1940–1955 lebte er mit seiner Frau, der Bildhauerin Barbara Hepworth, und Gabo in St. Yves in Cornwall, das so zum Zentrum der neueren englischen Kunst wurde.
Henry Moore (geb. 1898): Bekanntester englischer Bildhauer der Gegenwart.
Moho: = Moholy-Nagy.

2. 2. 1947
aufschlussreiche Skizze: Lotte Gleichmann-Giese hatte von dem zerstörten Haus Waldhausenstraße 5 eine Zeichnung angefertigt (im Schwitters-Archiv in Lysaker). In einem früheren Brief hatte sich Schwitters für das abweisende Verhalten seines Hausverwalters gegenüber der Malerin entschuldigt, der die Absicht ihres Besuchs mißverstanden hatte.
Marc Chagall (geb. 1889): Surrealistischer Maler. 1910–14 lebte er,

befreundet mit Apollinaire, in Paris, 1917 gründete er in Witebsk eine Malschule. 1922 siedelte er nach Berlin, 1931 nach Paris, 1941 in die USA über. 1947 kehrte er nach Frankreich zurück. – Der frühe Schwitters hat sich sehr von Chagall beeindrucken lassen. In der Gedichtsammlung »Anna Blume« findet sich ein Gedicht »An eine Zeichnung Marc Chagalls«, es bezieht sich auf »Der Trinker« (1911). In noch stärkerem Maße hatte Otto Gleichmann Einflüsse von Chagall aufgenommen.

Paul Klee (1879–1940): Maler. 1911 nahm er mit den Künstlern des »Blauen Reiter« Verbindung auf, 1912 empfing er von Picasso und Rousseau wesentliche Anregungen, 1914 unternahm er mit Macke und Moilliet eine Reise nach Tunis. 1921 wurde er an das Bauhaus, 1930 an die Akademie in Düsseldorf berufen. 1933 entlassen, übersiedelte er nach Bern. – Schwitters war mit Klee während dessen Tätigkeit im Bauhaus in Weimar befreundet.

16. 2. 1947
Übersetzung aus dem Englischen von Raoul Hausmann.

27. 3. 1947
Emil Nolde (Emil Hansen) (1867–1956): Expressionistischer Maler. Er war Schüler von Hölzel, gehörte zur »Brücke«, gründete die »Neue Sezession« in Berlin, nahm Verbindung auf zu Ensor sowie zum »Blauen Reiter« und wurde zum Mitglied der Preußischen Akademie der Künste ernannt. 1937 wurde er als »entartet« diffamiert und 1941 mit Malverbot belegt. – Buchheister war bis 1933 Vorsitzender des »Reichsverbandes bildender Künstler Deutschlands« der Provinz Hannover und hatte dadurch Verbindung mit Nolde.

29. 3. 1947 (Hausmann)
Übersetzung aus dem Englischen.
* Der Brief an Gabrielson folgt im Anschluß an diesen.

29. 3. 1947 (Gabrielson)
Hjalmar Gabrielson: Sammler, der bereits 1922 Bilder von Schwitters erworben hatte. Im Katalog »Sammlung Gabrielson Göteborg, Erwerbungen 1922–23 Berlin« (mit Beiträgen von A. Behne, L. Hilberseimer, S. Friedländer) ist das »Kirschbild« von Schwitters reproduziert.
Alfred Kubin (1877–1959): Zeichner und Schriftsteller. Seit seiner ersten Mappe 1903 sind zahlreiche Zeichnungen und Buchillustrationen dämonisch-spukhaften Inhalts erschienen, 1909 veröffentlichte er den Roman »Die andere Seite«.
Richard Huelsenbeck (1892–1974): Psychiater und Schriftsteller. Er gehörte zu den Begründern des Dadaismus in Zürich und Berlin. Unter seinen zahlreichen Publikationen: »Schalaben, Schalomai, Schalame-

zomai« (1916), »Phantastische Gebete« (1916), »En avant Dada. Eine Geschichte des Dadaismus« (1920), »Mit Witz, Licht und Grütze. Auf den Spuren des Dadaismus« (1957), »Dada. Eine literarische Dokumentation« (1964). – Er verhinderte die Aufnahme von Schwitters in den Berliner »Club Dada«, was Schwitters' Verspottung des »Hülsendadaismus« zur Folge hatte.

Hugo Ball (1886–1927): Schriftsteller und Dramaturg. Er gehörte zu den Begründern und Trägern des Dadaismus in Zürich. Unter seinen Büchern: »Kritik der deutschen Intelligenz« (1919), »Byzantinisches Christentum« (1923), »Die Flucht aus der Zeit« (1927, [2]1946).

1. 4. 1947 (Ernst und Eve Schwitters)
Übersetzung aus dem Englischen.
* Es folgt eine Planskizze mit Erläuterungen.
Junior: Anspielung auf das erwartete Enkelkind.

10. 4. 1947
Übersetzung aus dem Englischen von Raoul Hausmann.

18. 4. 1947
Übersetzung aus dem Englischen.

21. 5. 1947
Übersetzung aus dem Englischen.
Eine veränderte Fassung des Gedichts hat Stefan Themerson in »Kurt Schwitters in England, 1940–48« (1958) veröffentlicht.

12. 6. 1947
Übersetzung aus dem Englischen.
Baaderscher Dadaismus: Johannes Baader (1875–1958), mit Raoul Hausmann befreundet, war eine der Hauptfiguren des aktivistischen Berliner Dadaismus. Als »Oberdada« warf er während der Gründungsversammlung der ersten deutschen Republik in Weimar Flugblätter mit der Überschrift »Das grüne Pferd« von der Galerie. Im Berliner Dom unterbrach er den Hofprediger Dryander mit der lautstarken Versicherung: »Jesus Christus ist mir wurscht!«

25. 6. 1947
* Es folgt ein eingeklebter Bildausschnitt.
** Der folgende Text ist mit einem transparenten Verpackungspapier überklebt.

3. 7. 1947
Gästebuch: Jetzt im Städtischen Museum Braunschweig.

2. 9. 1947
Harry Pierce: Er berichtet in der Zeitschrift »Das Kunstwerk«, Heft 3–4, 1953 über »Die letzte Lebenszeit von Kurt Schwitters«.

3. 9. 1947
Ein Hannoverbuch: Ein von Christof Spengemann geplantes Buch.
Morphinistin: Wortspiel mit dem Namen (Claere) Morf.

28. 9. 1947
Übersetzung aus dem Englischen.
*Es folgen Planskizzen der Merz Barn mit Angaben und Erläuterungen.

29. 9. 1947
* Es folgt die Zeichnung einer stilisierten Topfpflanze.

1. 10. 1947
Käthe Kramer: Schwester von Edith Tschichold. Sie hatte sich kurz vor dem Tode Helma Schwitters' mit dieser getroffen und ausführlich brieflich darüber berichtet.

6. 10. 1947
Übersetzung aus dem Englischen.
* Es folgt die Zeichnung einer Schere.

25. 10. 1947
Dieser Brief befindet sich im Besitz des Bauhaus-Archivs Berlin.
Übersetzung aus dem Englischen.
Ludwig Hilberseimer (1885–1966): Architekt und Städteplaner. Er war seit 1928 am Bauhaus in Dessau, seit 1938 am Illinois Institute of Technology in Chicago tätig. Er ist insbesondere durch seinen Dezentralisationsplan für Chicago bekannt geworden. Unter seinen Veröffentlichungen außer den von Schwitters herausgegebenen »Großstadtbauten«: »Großstadtarchitektur« (1927), »Internationale neue Baukunst« (²1928), »The New City« (1944), »The New Regional Pattern« (1949).
Mies van der Rohe (geb. 1886): Architekt. Er war von 1929 bis 1933 Direktor des Bauhauses in Dessau, seit 1934 Leiter der Architekturabteilung am Illinois Institute of Technology in Chicago. Seine Bevorzugung von Beton, Glas und Stahl ist von großem Einfluß auf die moderne Architektur gewesen. – Schwitters ist mit ihm mehrmals in Dessau zusammengetroffen.

8. 11. 1947 (Dreier)
Übersetzung aus dem Englischen.

8. 11. 1947 (Miller)
Übersetzung aus dem Englischen.
Der Schluß des Briefes ist nicht erhalten.

29. 11. 1947
Übersetzung aus dem Englischen.
Grußformel und Unterschrift fehlen.

9. 12. 1947
Übersetzung aus dem Englischen.

ADRESSATEN

Arp, Hans (Jean): 4. 9. 1920, vor 25. 11. 1920, vor 12. 5. 1921, vor 1923.
Artists Section of the Free German League of Culture in Great Britain:
1. 9. 1945.
Blattner: 26. 1. 1931.
Borgius, Walter: 2. 7. 1927, 13. 7. 1927, 17. 7. 1927.
Brandes, Carla: 16. 7. 1946.
Buchheister, Carl: 27. 9. 1927, 1931, 10. 8. 1932, 29. 4. 1946, 18. 12. 1946,
27. 3. 1947.
Buchheister, Elisabeth: 29. 8. 1937.
Dexel, Grete: 6. 10. 1921, 2. 3. 1922, 2. 6. 1922, 14. 7. 1922, 14. 8. 1922,
4. 9. 1922.
Dexel, Walter: 31. 3. 1919, 14. 6. 1919, 31. 1. 1921, 10. 2. 1921, 5. 3.
1921, 27. 5. 1921, 2. 6. 1921, 12. 6. 1921, 16. 7. 1921, 15. 4. 1922, 29. 5.
1922, 24. 8. 1922, 19. 9. 1922, 9. 11. 1922, 17. 12. 1922, 13. 1. 1923,
26. 1. 1924, 3. 2. 1924, 24. 2. 1924, 15. 7. 1924, 25. 9. 1924.
Dexel, Grete und Walter: 29. 10. 1921, 20. 12. 1921, 26. 1. 1923.
Dexel, Familie: 4. 11. 1921.
van Doesburg, Nelly: 17. 10. 1922, 13. 5. 1925, 6. 4. 1926, 22. 5. 1939,
10. 9. 1946, 21. 5. 1947.
van Doesburg, Theo: 13. 9. 1922, 5. 9. 1924, 5. 9. 1925, 9. 11. 1925.
van Doesburg, Theo und Nelly: 6. 9. 1924, 22. 3. 1925, 22. 4. 1925,
4. 9. 1925, 21. 1. 1926, 27. 6. 1927.
Domela, Cesar: 24. 7. 1946, 12. 10. 1946.
Dorner, Alexander: 12. 12. 1937.
Dreier, Katherine S.: 16. 2. 1925, 15. 8. 1925, 6. 7. 1926, 16. 9. 1926,
29. 1. 1927, 4. 5. 1927, 27. 6. 1927, 26. 4. 1929, 27. 2. 1930, 18. 3. 1937,
24. 7. 1937, 13. 10. 1937, 22 7. 1938, 3. 7. 1939, Januar 1947, 18. 4.
1947, 6. 10. 1947, 8. 11. 1947.
Dungert, Max: 31. 1. 1924.
Dux, Walter: 1. 1. 1946.
Gabrielson, Hjalmar: 29. 3. 1947.
Gaede, Max: 12. 5. 1929.
von Garvens, Herbert: 24. 9. 1922.
Giedion-Welcker, Carola: 18. 7. 1938.
Gleichmann, Otto: 27. 5. 1946, 18. 12. 1946, 2. 2. 1947.
Gleichmann-Giese, Lotte: 6. 10. 1946.

Guttmann, B.: 31. 12. 1919.

Hagenbach (Arp-Hagenbach), Marguerite: 27. 2. 1945, 11. 6. 1947, 2. 9. 1947.

Hallgarten: 16. 7. 1943.

Hausmann, Raoul: 18. 6. 1946, 27. 6. 1946, 25. 7. 1946, 8. 8. 1946, 15. 8. 1946, 27. 8. 1946, 31. 8. 1946, 2. 9. 1946, 9. 9. 1946, 20. 9. 1946, 3. 10. 1946, 15. 10. 1946, 22. 10. 1946, 30. 10. 1946, 14. 11. 1946, 19. 12. 1946, 31. 12. 1946, 16. 2. 1947, 29. 3. 1947, 10. 4. 1947, 12. 6. 1947.

Herz: 23. 12. 1941.

Hilberseimer, Ludwig: 25. 10. 1947.

Höch, Hannah: 27. 2. 1924.

Internierungslager, Leitung: 8. 1. 1941.

Jahns, Rudolf: 5. 3. 1927.

Kramer, Käthe: 1. 10. 1947.

Krenz, Hanns: 5. 1. 1927, 20. 8. 1947.

Mayr, Rolf: 22. 7. 1924, 1925/26.

Michel, Robert: 2. 12. 1934.

Miller, Margaret: 8. 11. 1947.

von der Porten: 15. 2. 1938.

Ralfs, Otto: 23. 9. 1924, 4. 1. 1927, 3. 7. 1947.

Read, Herbert: 1. 11. 1944.

Rogger: 16. 7. 1943.

Schacht, Roland: 21. 3. 1920, 20. 4. 1920, 16. 10. 1920, 20. 11. 1920, 27. 11. 1920, 11. 12. 1920.

Schikowski, John: 27. 6. 1919.

Schlösser, Richard: 2. 5. 1909.

Schlüter und Bühring, Verlag: 24. 4. 1924.

Schwitters, Ernst: 13. 3. 1939, 16. 7. 1939, 28. 7. 1941, 8. 10. 1946, 29. 11. 1947, 9. 12. 1947.

Schwitters, Ernst und Esther: 17. 8. 1941.

Schwitters, Eve: 16. 2. 1946.

Schwitters, Ernst und Eve: 5. 9. 1946, 1. 4. 1947.

Schwitters, Ernst, Eve und Bengt: 28. 9. 1947.

Schwitters, Helma: 14. 8. 1927, Weihnachten 1939, 24. 12. 1940, 29. 3. 1941, 5. 4. 1941, 17. 5. 1941, 27. 5. 1941, 11. 6. 1941, 22. 8. 1941, 25. 9. 1941, 21. 11. 1941, 18. 3. 1942, 22. 9. 1942.

Schwitters, Henriette: 18. 8. 1940, 1. 1. 1946, 5. 1. 1946.

Schwitters, Helma und Henriette: 21. 7. 1941.

Schwitters, Henriette, Ernst und Esther: 16. 6. 1939.

Segal, Arthur: 23. 11. 1942.

Sluzewsky: 16. 7. 1943.

Spengemann, Christof: 12. 6. 1918, 25. 6. 1919, 10. 4. 1920, 18. 4. 1920, 29. 4. 1920, 17. 8. 1920, 18. 11. 1920, 27. 11. 1920, 11. 12. 1920, 27. 5. 1921, 27. 5. 1946, 24. 7. 1946, 25. 7. 1946, 11. 11. 1946, 18. 11. 1946, 27. 12. 1946, 1. 4. 1947, 16. 5. 1947, 18. 7. 1947, 29. 9. 1947.

Spengemann, Christof und Luise: 10. 9. 1921, 27. 9. 1922, 26. 1. 1946,
   3. 4. 1946, 25. 4. 1946, 17. 7. 1946, 18. 9. 1946, 25. 6. 1947, 3. 9. 1947.
Spengemann, Walter: 16. 12. 1946.
Steinitz, Kate T.: 11. 1. 1938, 15. 2. 1938, 26. 2. 1940.
Taeuber-Arp, Sophie: 10. 5. 1938, 21. 5. 1938.
Thomas, Edith: 4. 1. 1946.
Tschichold, Edith: 20. 12. 1937, 8. 8. 1938, 30. 12. 1942, 10. 12. 1944,
   4. 3. 1945, 1. 1. 1946, 31. 1. 1946, 15. 2. 1946.
Tzara, Tristan: 1936.
Unbekannt: 1931.
Walden, Herwarth: 30. 12. 1919, 1. 12. 1920.

VERZEICHNIS DER ABBILDUNGEN

NAMENREGISTER

Die Ziffern nach den Namen verweisen auch auf jene Seiten, auf denen die betreffende Person nur in Umschreibungen genannt wird.

Jean Cocteau

Kino
und
Poesie

Notizen

Ausgewählt von Klaus Eder

Ullstein Buch 36071

Jean Cocteaus Notizen zu
einem »poetischen Kino«
aus den Jahren 1925 bis 1963
sind in diesem Band ver-
sammelt: Artikel, Porträts
von Künstlern und Schau-
spielern sowie Entwürfe
zu Filmprojekten, die durch
Fotos aus Cocteaus Filmen
illustriert werden.

Ullstein KunstBuch